基于供给视角的
石油动员机理研究

Research on Mechanism of Petroleum Mobilization Based on the Supply Perspective

张纪海 著

北京理工大学出版社
BEIJING INSTITUTE OF TECHNOLOGY PRESS

内 容 提 要

为维护国家石油安全，本书从石油产品供给与需求平衡分析入手，以石油产业链为研究对象，以提供稳定的石油产品超常供给能力为目标，围绕石油动员这一主线，针对石油动员链、石油动员潜力、石油动员模式等开展研究。全书共分 10 章，包括绪论、石油动员理论概述、石油动员链构建、石油动员供应链优化、石油动员参与主体、石油动员潜力释放机理、成品油动员物流网络设计、石油对外贸易动员、石油动员法律体系、石油动员预案。本书作为国内第一部石油动员研究专著，适用于从事国民经济动员、行业动员、石油动员理论研究的科研人员及国民经济动员领域的博硕士研究生，对政府部门制定石油动员决策、政策具有实际指导意义，对从事相关工作的科技人员也具有参考价值。

版权专有　侵权必究

图书在版编目（CIP）数据

基于供给视角的石油动员机理研究／张纪海著．—北京：北京理工大学出版社，2018.12
ISBN 978 - 7 - 5682 - 3836 - 6

Ⅰ.①基…　Ⅱ.①张…　Ⅲ.①石油工业 – 供求预测 – 研究 – 中国　Ⅳ.①F426.22

中国版本图书馆 CIP 数据核字（2017）第 057101 号

出版发行／北京理工大学出版社有限责任公司
社　　　址／北京市海淀区中关村南大街 5 号
邮　　　编／100081
电　　　话／（010）68914775（总编室）
　　　　　　（010）82562903（教材售后服务热线）
　　　　　　（010）68948351（其他图书服务热线）
网　　　址／http：//www.bitpress.com.cn
经　　　销／全国各地新华书店
印　　　刷／三河市华骏印务包装有限公司
开　　　本／710 毫米 ×1000 毫米　1/16
印　　　张／18.25　　　　　　　　　　　　　　责任编辑／张慧峰
字　　　数／285 千字　　　　　　　　　　　　　文案编辑／张慧峰
版　　　次／2018 年 12 月第 1 版　2018 年 12 月第 1 次印刷　责任校对／周瑞红
定　　　价／78.00 元　　　　　　　　　　　　　责任印制／王美丽

图书出现印装质量问题，请拨打售后服务热线，本社负责调换

序

  石油是现代工业的血液,石油动员是现代国民经济动员的重要组成部分。石油动员研究是当代国民经济动员学研究的重要领域,相关研究也是开展国民经济动员学科建设的重要途径。自 1998 年国家经济动员办公室依托北京理工大学的办学条件设立国家国民经济动员教育培训中心以来,北京理工大学国民经济动员学术团队就开始了学科建设的艰苦探索,筚路蓝缕,泣血当歌,学术团队积累了一批研究成果,本书就是这些研究成果的一部分,也是学术团队第一次以专著的形式出版研究成果。

  国民经济动员学是新兴交叉学科,主要涉及探索国民经济动员规律的研究工作。在国民经济动员领域,一直存在着不同的研究纲领。这些研究纲领相互竞争、相互促进与交叉融合极大地推动了国民经济动员学的发展。北京理工大学国民经济动员学术团队秉持管理学导向型国民经济动员学研究纲领。在这种研究纲领的指导下,我们主要从以下几个方面开展了学科建设工作:

  第一,立足于对国民经济动员对象的研究。国民经济动员的本质是动员国民经济。在现代社会大生产的条件下,国民经济呈现为一个高度复杂的体系,即国民经济体系,所以,国民经济动员就是动员国民经济体系。我们的这种观点得到了学术界和国民经济动员实践领域专家的普遍认同,时任国家发展和改革委员会国防动员研究发展中心主任的任民研究员也在其专著和讲课时不止一次指出,国民经济动员就是动员国民经济。因此,我们学术团队注重研究如何动员国民经济体系，研究国民经济体系在被动员时的规律性。

第二，注重关于国民经济动员联盟的研究。在管理学导向型研究纲领的指导下，我们学术团队吸收现代管理学的研究成果，提出了"敏捷动员"理论，这种理论也得到了知名专家学者的肯定和支持，国内知名国防经济学专家、国防大学教授库桂生在讲课时多次指出：敏捷动员是当代主流的国民经济动员理论。敏捷动员的现实载体就是动员联盟，所以，我们曾对动员联盟开展过比较深入的研究，本书作者张纪海副教授就是这方面的主力。

第三，着眼于国民经济动员资源保障的全过程。我们认为国民经济动员的实质就是在特定条件下，实现特定资源的超常规供给，为应战应急提供资源支撑。所有应战应急资源都是现代社会大生产的产物，不能仅仅把目光局限于最终产品，而应关注这些产品得以产出的链条，所以，我们提出了"国民经济动员链"的概念，这一点也与学术界的有关研究成果不谋而合。殊途同归的局面从一个侧面证明了我们提出的理论是与时代的发展相适应的。

第四，面向国民经济动员任务开展有关研究。传统的战争动员、国防动员和国民经济动员理论研究，通常是面向行业的，而我们认为在现代社会化大生产的条件下，任何行业都只是国民经济体系的一个组成部分，任何一个行业都无法单独完成特定资源的保障任务，必须面向动员任务，把不同的行业组织起来才能完成动员任务，所以，我们又提出了"集成动员"理论。这方面的研究是对我们长期从事国民经济动员研究工作的总结和深化，也得到了国家经济动员办公室的高度重视，并专门下达了研究课题。

第五，基于保障国家安全的总体需求开展研究。传统的国民经济动员理论脱胎于战争动员理论，注重研究应战的国民经济动员。我们认为在新世纪新阶段，威胁国家安全的不仅仅是战争，也包括其他非传统安全威胁。所以，我们学术团队较早提出了"应战应急一体化"的思路。中央国家安全委员会提出总体国家安全观以后，我们的学术研究就有了更明确的理论指导和深化的方向。所以，我们的有关研究不仅侧重应战的资源保障，也重视应急的资源保障；我们不仅着眼于保障国家军事安全，也注重研究保障经济安全。以本书的主题石油动员为例，不仅应战需要石油，应急需要石油，实际上，应对石油资源供给的波动，保障石油资源的稳定供给也是石油动员的重要目标。

第六，注意引入现代管理学的研究成果。我们提出的"敏捷动员""动员联盟""国民经济动员链""集成动员"等理论都借鉴了现代管理学、工业工程学等学科的理念，但是，我们步伐并不止于此，我们除了借鉴和移植现代管理学的理念以外，我们也同样注重引入现代管理科学的手段和方法。立足于北京理工大学管理科学与工程一级学科的优势，我们把管理科学与工程学科中的方法和手段引入到国民经济动员的学科建设当中，以期提高国民经济动员学的学科建设水平。

我们认为，"敏捷动员"是现代国民经济动员的理念，"动员联盟"是"敏捷动员"的现实载体，"国民经济动员链"是组建"动员联盟"的内在依据，"集成动员"是实现"敏捷动员"的途径，现代管理科学的手段与方法是深化国民经济动员学研究的重要工具。学术团队取得的这些学术成果，无不包含着张纪海副教授的汗水，他的这本著作也是我们学术成果的一种具体展现。

张纪海副教授是北京理工大学国民经济动员学术团队的骨干，也是参与创立北京理工大学"国民经济动员学"交叉学科博士点的骨干，更是学术团队发展的组织者之一。他是我指导的第一个博士生，自2002年入学算起，也在这个领域奋斗了15个春秋了。到如今，他也弟子满门了，带领着他指导的博士研究生和硕士研究生，走江南、闯漠北，上讲台、下基层，求理论、谋方法，观大局、抠细节，孜孜以求，无怨无悔。他在国民经济动员理论研究方面和国民经济动员实践领域也享有较高的威信，这是我甚感欣慰的。他的研究成果以专著的形式出版，也是我非常高兴的一件事。

北京理工大学国民经济动员学术团队的教育培训、科学研究和学科建设，得到了国家经济动员办公室、工业和信息化部有关司局、全国各地国民经济动员机构、国防大学等高等院校、国家发展和改革委员会国防动员研究发展中心等研究机构，以及全国诸多专家、学者的广泛支持和大力鼓励。我们拿出这点研究成果，也是初步尝试，一方面向支持我们的领导、专家、学者汇报，另一方面也是希望得到有识之士的批评和指正，以便我们更好地开展学术研究和学科建设，无愧于我们的使命。

在此，祝贺本书的出版，也敬请关注我们后续出版的相关著作！

孔昭君

2018年12月4日

前　　言

　　石油是信息化战争的"血液"和现代经济的命脉，对维护国家安全和促进经济发展具有重要的作用。海湾战争、伊拉克战争等都与石油有关，世界各国日益重视维护本国的石油安全。然而，石油安全由石油安全水平衡量，受石油产品供给和需求的影响。传统的石油安全研究主要针对常态下的石油产业，而缺乏对战时、急时等危机状态下石油产业的研究。因此，本书主要是为弥补危机状态下石油产业研究的不足而开展研究的。

　　石油动员是维护国家石油安全的重要手段，也是国民经济动员的重要内容。国民经济动员活动是伴随着战争产生的，因而早期的国民经济动员理论是从战争动员理论发展起来的，强调国民经济运行状态的转变。随着战争形态由机械化战争向信息化战争转变，高技术局部战争已经成为未来战争的重要形式，新时期的国民经济动员理论不再强调国民经济运行状态的转变，而是将国民经济动员定义为"国家调集经济资源潜力和社会的物力、财力应对紧急事态的活动"。这一转变也带来了国民经济动员理论和方法创新的革命。国内外的学者和实际工作者运用管理学、经济学、军事学、计算机科学等多学科的理论和方法开展了大量的国民经济动员研究工作。国民经济动员理论涉及国民经济体系的各个方面，体系庞杂，研究难度大。为了夯实国民经济动员理论基础，适应新时期国民经济动员理论发展的需要，本书作者及所在学术团队选取石油动员这一重要领域，综合运用多学科的理论与方法，创新国民经济动员的研究方法，陆续开展了石油动员链、石油动员潜力、石油动员物流网络、石油动员模式、石油动员体制、石油贸易动员等方面的研究工作，取得了阶段性的研究成果。

十几年来，作者所在学术团队一直致力于石油动员研究，坚持理论结合实际，从实际动员管理工作中提炼出科学问题开展研究，不断将相关研究成果总结、凝练到专著中，并且将研究成果应用于实际工作中。令人鼓舞的是，我们的研究成果在实际动员工作中发挥了很好的作用。本书旨在对多年来石油动员的研究工作进行系统的总结。全书由张纪海负责构思和统稿，共分10章，第1章、第2章、第3章、第9章、第10章由张纪海执笔，第4章、第5章、第6章、第7章、第8章是在作者发表的学术论文、指导的硕士论文的基础上，根据构建石油动员理论体系的需要，重新梳理、撰写而成，在此对鄂继明、王超、张萌萌、薛琦、夏芸、张劝劝对石油动员理论研究所做出的贡献表示诚挚的感谢。

多年来，常常使我们引以为豪的是北京理工大学国民经济动员教育培训中心融洽的工作氛围和良好的团队合作精神，没有大家的共同努力，就没有今天这样的收获和成果。为此，要深深感谢为撰写本书做出贡献和给予大力支持的孔昭君、刘铁忠和陈妍老师，没有他们的倾力支持，本书也难以完成。另外，在本书出版过程中，张湖源、王之乐、巩玲君、乔静杰、卓晓静、李冰、郭旭东等博士、硕士研究生也做了大量的工作，在此表示感谢。

本书出版得到了"985"工程（二期）"国防科技管理与国防动员哲学社会科学创新基地"的支持，在此表示感谢。

由于作者水平有限，书中难免存在不妥之处，敬请读者批评指正。

作　者

目 录

第1章 绪 论 ……………………………………………………………… 1
　1.1　什么是石油动员 ………………………………………………… 1
　1.2　石油动员的产生与发展 ………………………………………… 4
　1.3　石油动员的地位和作用 ………………………………………… 7
　1.4　关于本书 ………………………………………………………… 8
　参考文献 ……………………………………………………………… 10
第2章 石油动员理论概述 ……………………………………………… 13
　2.1　常态下石油资源供需特征 ……………………………………… 13
　2.2　危态下石油资源供需特征 ……………………………………… 16
　2.3　危态下石油产品超常供给能力 ………………………………… 16
　2.4　本章小结 ………………………………………………………… 28
　参考文献 ……………………………………………………………… 29
第3章 石油动员链构建 ………………………………………………… 31
　3.1　我国石油产业的发展现状 ……………………………………… 32
　3.2　石油产业链中成品油的来源 …………………………………… 36
　3.3　石油动员链的内涵及特征 ……………………………………… 38
　3.4　石油动员链的构建 ……………………………………………… 41
　本章小结 ……………………………………………………………… 47

参考文献 49

第 4 章　石油动员供应链优化研究　51
4.1　石油动员供应链存在的问题　51
4.2　石油动员供应链鲁棒性优化　53
4.3　石油动员供应链瓶颈识别与控制　72
4.4　石油动员供应链优化策略　79
本章小结　82
参考文献　83

第 5 章　石油动员参与主体研究　85
5.1　石油动员参与主体界定　85
5.2　石油动员参与主体博弈行为分析　86
5.3　石油动员参与主体间关系分析　88
5.4　中央政府与地方政府间委托代理博弈模型　90
5.5　政府联盟与石油企业间博弈模型及系统仿真　95
5.6　提高石油动员参与主体协作效率的政策建议　117
本章小结　118
参考文献　118

第 6 章　石油动员潜力释放机理研究　121
6.1　石油动员潜力生成机理研究　121
6.2　石油动员潜力释放的系统动力学建模　129
6.3　石油动员潜力释放的系统动力学仿真　140
6.4　加强石油动员潜力建设的政策性建议　160
本章小结　162
参考文献　163

第 7 章　成品油动员物流网络设计　165
7.1　成品油动员物流网络的基本理论　165
7.2　成品油动员物流网络的构建模式　172
7.3　成品油动员物流中心的布局　176
7.4　成品油动员物流网络关键节点的选择　186
7.5　广东省成品油动员物流网络设计　193
本章小结　209
参考文献　210

第 8 章 石油对外贸易动员 211
- 8.1 我国石油对外贸易的国际环境分析 211
- 8.2 世界石油贸易发展的主要特点分析 216
- 8.3 我国石油对外贸易现状分析及贸易模型 220
- 8.4 影响我国石油贸易的因素分析 224
- 8.5 我国石油对外应急贸易动员国家潜力分析和动员手段分析 226
- 8.6 我国石油对外应急贸易动员的组合贸易模型构建 231
- 本章小结 237
- 参考文献 237

第 9 章 石油动员法律体系 239
- 9.1 石油动员法律法规体系的内涵 239
- 9.2 国外石油动员法律体系建设现状与总体特点 241
- 9.3 我国石油动员法律体系的现状及存在的问题 243
- 9.4 完善我国石油动员法律体系的建议 247
- 本章小结 250
- 参考文献 250

第 10 章 石油行业动员预案体系 251
- 10.1 构建石油行业动员预案体系的目的及原则 251
- 10.2 我国石油行业动员预案体系总体结构 254
- 10.3 按动员职能划分的专项动员预案 257
- 10.4 按石油产业链划分的专项动员预案 259
- 10.5 加强我国石油行业动员预案体系建设的建议 260
- 本章小结 262
- 参考文献 262

附录 1 省级石油行业总体动员预案 263
附录 2 企业成品油动员生产专项预案 269

第 1 章
绪 论

在和平与发展作为时代主题的今天,对于任何一个国家或地区而言,能源安全都是一个关乎国家或地区生存、经济和社会可持续发展的重要议题。而不可再生资源——石油是信息化战争的"血液"和现代经济的命脉,对促进经济发展和实现国家安全具有十分重要的作用。石油动员既可以保障军队作战中石油产品的持续供应,又能满足重大突发事件对石油产品的超常规需求,它是维护国家石油安全的重要手段。

1.1 什么是石油动员

1.1.1 石油及石油产品

石油是古地质年代的有机物质(主要是单细胞植物,如蓝—绿海藻类和单细胞动物,如孔虫类)沉积后,经过长期物理、化学变化而成,是深埋于地下岩石中的液态的、以碳氢化合物为主要成分的可燃矿产。在石油产业中,一般将直接从地下采出来、没有经过加工提炼的液体或半固体石油称为原油;而主要以气体形式存在的石油一般称为天然气。石油产品可以划分为石油炼制产品和石油化工产品两大类。

石油炼制产品是指以石油、天然气为原料进行加工，生产出符合使用标准的多种油品，它是多种性质相近的烃类化合物的混合物。常用的油品大体上可以划分为两大类：第一类油品如汽油、煤油、柴油、燃料重油、沥青、石油焦、液化石油气等各种属于动力燃料范畴的油品，统称"燃料油品"；第二类油品如润滑油、润滑脂以及石蜡等，可归类为"润滑油品"。石油被炼制成汽油、煤油、柴油等油品，用来作为飞机、轮船、内燃机车等的燃料，这使交通运输业得到了空前的发展，而交通运输业处于生产和消费的中间环节，在国民经济中占有十分重要的地位。润滑油、润滑脂、石蜡等润滑油品在减少机器部件之间的磨损，保护机件，节约能耗等方面大显身手。因此，石油是现代工业"流动的血液"和主要能源，也是现代交通运输工具的主要动力燃料。

石油化工产品大都是单一的化合物，所以石油化工产品讲求纯度、分子结构等。生产石油化工产品的过程主要分为三大步骤：第一步要从石油或石油气中制造出一级基本有机原料；第二步要用一级基本有机原料制造醇、醛、酮、酸、氨等基本有机原料；第三步才能进行各类石油化工产品的有机合成，制成合成树脂、合成纤维、合成橡胶、合成洗涤剂、化学肥料、炸药等石油化工产品。石油化工产品具有多种用途，被广泛地应用于经济社会发展的各个领域。

1.1.2 石油动员的定义

在现代社会化大分工的条件下，任何一个企业都不可能单独完成生产经营活动。石油动员作为一种资源保障活动，需要通过连接一系列的环节、联系多个参与主体共同完成。张纪海等（2011）对石油动员做了如下定义：

石油动员是指为维护国家安全，满足战争和应急管理对石油产品的需要，国家有计划、有组织提高石油产业的应变力，合理配置石油的勘探、开发、储运、炼化、消费等环节，将石油动员潜力转化为石油动员实力，超常增加石油及相关产品供给的活动。国家在宏观层面上依托石油产业链、在中观层面上依托石油供应链、在微观层面上依托石油物流开展石油动员。

广义的石油动员是指围绕石油的转化与利用，对石油产品形成过程所有环节的动员活动。狭义的石油动员是指为保障石油产品超常供给，对石油产业链的勘探、开发、生产及储运、加工和销售等环节的动员活动，涉及宏观、中观和微观三个层次的动员活动。本书以狭义石油动员为研究重点。另外，成品油是典型的石油产品，具有供应链条长、供应过程复杂等特点，因此本书以成品油动员为核心开展研究。

石油动员是历史的产物，随着战争规模、样式以及战争需求的变化，同时伴随着科学技术及现代工业的不断发展，石油动员概念本身也在不断变化。石油动员主要涉及石油相关资源的配置问题，既有石油资源在经济建设与国防建设中的配置问题，也有在国防体系、应急体系内部的配置问题。

1.1.3 石油动员的理论基础

石油动员理论是国民经济动员理论体系的重要组成部分，同时也是在多学科理论的基础上产生和发展起来的，其中管理学与经济学理论对石油动员理论的形成最具影响。

一是管理学。石油动员活动会调集各类石油资源，实际上是在特定条件下通过调控石油产业体系实现的。因此，石油动员的核心在于对石油产业体系的调控，而研究调控石油产业体系的方法和手段则是管理学的主要任务。"管理是设计并保持一种良好环境，使人们在群体状态下高效率地完成既定目标的过程"，也有人将管理定义为一个协调工作活动的过程，以便能够有效率和有效果地同别人一起或者通过别人实现组织的目标。因此，管理学理论和方法被广泛地运用于石油动员研究。

二是经济学。石油动员的目的是急时、战时实现石油产品的供需平衡，保障石油产品的超常规供给。经济学的核心思想是资源配置。石油动员需要解决的核心问题也是在应急应战等特殊约束条件下，优化配置石油资源。公共经济学、计量经济学、产业组织理论、国际经济学、经济增长理论、宏观经济学和博弈论等经济学理论和分析工具在石油动员的研究中得到了很好的应用。

1.1.4 石油动员理论对国民经济动员学科的贡献

国民经济动员是为了保障国家安全，应对战争或突发事件的需求，有计划、有组织地提高国民经济应变能力，使国民经济由平时状态转入战时状态所开展的一系列活动。我国国民经济动员理论是在国防动员和国民经济动员实践中逐步发展起来的，经过多年的研究、探索、积累和创新，已经初步形成了国民经济动员理论体系。其中，敏捷动员理论是北京理工大学国民经济动员学术团队近年来持续探索的国民经济动员核心理论，并以此为导向，进一步发展了动员联盟、集成动员、动员链等理论和方法，敏捷动员理论被国家经济动员办公室评价为新时期主流动员理论。

石油动员作为国民经济动员的一部分，是一种典型的行业动员方式。石油动员理论以现代管理学和经济学理论为基础。石油动员理论的发展也促进了国民经济动员及相关学科的发展。石油动员理论对国民经济动员学的贡献主要集中在运用博弈论、供应链理论、复杂网络、系统仿真等理论和方法对国民经济动员中的行业动员、动员模式、动员潜力、动员预案等问题进行了分析和研究，深化了国民经济动员学的理论研究。

北京理工大学国民经济动员学术团队在开展石油动员组织关系研究中引入了博弈论方法，同时又对博弈论的应用研究起到了一定的推进作用。其中，基于多主体博弈关系的石油动员研究分析了石油动员参与主体的博弈行为，并建立了委托代理模型，给出了政府与石油企业博弈关系的支付函数，丰富了研究动员主体关系的理论和方法。学术团队在多篇文章中阐述了石油动员链的概念，并对其进行了详细分析。石油动员链是一种典型的动员联盟，相关研究丰富了敏捷动员理论。

1.2　石油动员的产生与发展

1.2.1　石油动员的产生

能源安全是国家安全的重要组成部分，能源安全问题也是一种典型的非传统安全威胁。非传统安全威胁包括经济安全、能源安全、金融安全、环境安全、信息安全、恐怖主义等内容，其中能源短缺可以影响人们生活，产生社会安全问题，进而影响国家安全。从现实情况来看，能源安全出现问题是供需双方矛盾的表现，是一种供需失衡的状态。能源安全问题包括供应安全和需求（消费）安全两方面，在现实生活中，这两方面的问题往往同时出现。

能源安全问题最早出现在第一次世界大战前夕，丘吉尔主张用石油替代煤炭作为英国海军的主要动力，于是英国开始了以石油为主要燃料的时代。当时丘吉尔所诠释的能源安全原则是"石油供应安全的关键在于多元化，且仅在于多元化"。1973 年石油危机爆发，国际社会高度重视能源安全问题，把能源安全战略作为国家安全战略的重要组成部分。美国的《新世纪的国家安全战略》（2000）中关于能源安全的表述是："在提供能源保障方面，采取保护措施以及为提高能源效用和寻找替代能源而进行的研究工作"。Michael E. Brown（2003）提出，能源安全包含三个层次，即供应安全、经济安全和环境安全。能源安全是一个与能源危机相对应而被广泛使用的概念，也是经济安全的重要内容，是世界各国面临的共同问题。能源安全问题的表现形式因国而异，它受到能源在该国经济结构中的地位、消费规模以及对外依存度等因素的影响。

石油是创造社会财富的关键因素之一，也是影响全球政治格局、经济秩序和军事活动的最重要的一种商品。石油安全是经济安全乃至国家安全的重要组成部分，在第一次石油危机后受到西方发达国家的高度重视，几乎所有国家都把石油安全置于能源战略的核心位置。

国际能源署（IEA）从其政策目标出发，提出了一个比较宽泛的石油安全概念，认为"石油安全是保证在成员国内达到最高级别的经济可持续发展、最广泛的就业和不断提高生活水平，同时保持财政稳定性，对世界经济发展做出贡献的石油安全保障"。其基本目标是：①运行并改善能够妥善处理石油供应中断问题的各种系统；②通过与非 IEA 成员国、工业部门及国际组织之间的合作，促进全球范围内能源政策合理化；③建立一个关于国际石油市场的永久性信息系统；④通过开发替代能源，提高能源利用效率，逐步改进世界能源供需结构；⑤帮助各成员国实现能源政策和环境政策一体化。同时，IEA 将石油供应中断量达到上年净进口量的 7% 确定为石油安全警戒线。

国务院发展研究中心在研究报告《中国能源发展战略与政策研究》中提出："所谓石油安全，就是保障数量和价格上能够满足经济社会持续发展所需要的石油供应；所谓石油不安全主要体现在石油供应突然中断或暂时短缺、价格暴涨对一个国家经济的损害，其程度主要取决于经济对石油的依赖程度、油价波动幅度以及政府应变能力。应变能力包括战略储备、备用产能、替代能源、预警机制等。"

多年来，石油安全的内涵和外延一直处于变化之中。本书认为：石油安全就是平时、急时石油产品供应能够满足经济社会持续发展和维护社会稳定的需求；战时石油产品能够保障国防和军事安全需求。石油安全由石油产品供给与需求关系测度，供给与需求持平时石油安全水平较高；供给逐渐小于需求，出现供不应求现象，石油安全水平下降；供给逐渐大于需求，出现石油产品过剩或过度动员现象，造成资源浪费，石油安全水平下降。

从微观层面看，石油在国民经济各部门有着广泛的用途，被誉为"工业的血液"；从宏观层面看，石油对国民经济发展起着举足轻重的作用。石油既作为燃料被广泛用于工业、农业、交通运输业和国防建设，又作为原料促进了石油化学工业的发展，推动了经济的高速增长。可以说石油供给的可靠性和价格波动影响着各国宏观经济走势，牵动各国的经济决策。"二战"后，几次全球性经济危机均与石油有关。油价上涨对西方经济秩序的直接干扰表现为通货膨胀。据美国政府统计，国际油价每桶上涨5美元，一年后全国消费物价指数就将上涨1个百分点。随着科技进步和产业结构的调整，石油危机对世界经济的影响明显减弱，但是，石油的稳定供给与安全运输仍是国家安全的重要组成部分。

同时，石油在国防和军事上具有极其重要的地位。高效、轻便、可使用液体燃料的内燃机以及使用燃油的汽车、轮船、飞机等的发明，使得石油成为陆、海、空战争的动力源。在现代战争中，无论是世界大战，还是局部战争，都是建立在大量消耗石油产品的基础之上的。不论在战时，还是在和平时期，军事装备的现代化、机械化均离不开石油燃料的有效保障。因此，石油是形成国防实力和军队战斗力的重要保证。

石油安全关系到每一个国家和地区、每一个企业乃至于个人的切身利益。随着国际安全形势的变化以及各国应急管理体系的发展，为维护石油安全而开展的石油动员应运而生。

1.2.2　石油动员的发展

在石油动员方面，国外学者的研究更多地集中于应急管理领域，对动员过程中涉及的一些现实问题关注较少；国内在国民经济动员领域已有较多的研究成果，但具体到石油动员这个层面，缺少系统的研究成果，大部分仍是聚焦于石油行业动员的某一个方面。

我国石油行业应急管理工作已在应急组织体系、制度体系、预案体系、保障体系以及技术支撑体系建设等方面取得了长足进展，并在应对各类重大突发事件中成效显著，形成了相对完整的应急管理体系。朱伟

(2007)指出，面对全球愈演愈烈的能源竞争，必须采取有力措施确保国家能源安全，从能源生产、运输、储备等环节上充分考虑国防需求，对能源动员的保障任务及保障规模进行量化、预测，进而实现能源动员的科学化、现代化、系统化，确保高效实施能源动员。蒋胡民（2008）通过分析汶川地震的应急物资供应情况，指出我国成品油应急供应中存在的一些问题，包括成品油资源储备不足、成品油库容相对不足与不平衡等。吕涛（2011）对比分析了我国与西方国家应对突发性石油短缺的机制，指出了我国突发性能源短缺应急体系存在的问题，包括应急监测预警不力，应急响应的组织化、协同化、信息化程度不高，应急储备体系尚未建立，应急响应缺乏制度保障和政策依据等，然后从应急法规体系、应急预案体系、应急组织体系、监测预警体系、应急储备体系五个方面，提出了我国构建突发性能源短缺应急体系的基本思路。

孔昭君（2009）将国民经济动员潜力界定为：在国民经济体系因战争或紧急事态而被动员的状态下增加的资源超常供给能力。借鉴孔昭君教授提出的"国民经济动员链"的概念，张纪海（2011）从产业链视角对石油动员做出了具体定义，并在总结国内外石油行业的产业结构及发展特点的基础上，分析了石油产品超常规供给能力的来源，重点研究了动员石油储备、临时增产石油产品、压缩石油产品销售及限制石油产品用途、临时增加石油资源进口四种动员模式，并指出石油动员的本质目的是稳定地提供石油产品的超常供给能力。张纪海等（2011）在分析世界各国能源动员法律体系建设现状与特点的基础上，针对我国能源管理与国民经济动员管理的现实需求与特点，提出从健全法律体系结构、完善法律内容、增强法律应用性三个方面完善我国能源动员法律体系的建议。

总之虽然石油安全问题逐渐引起政府、各类研究机构和学者的重视，但对石油动员的认识仍有待加强，研究领域有待进一步拓展。

1.3　石油动员的地位和作用

1.3.1　石油动员是国民经济动员的重要基础领域

海湾战争、伊拉克战争、科索沃战争等高技术局部战争表明，石油仍是现代战争消耗的主要能源，越来越多的武器装备将石油作为主要能源，而石油的供给是相对有限的，因此需要在战时、急时开展石油动员。而石油动员是国民经济动员的重要组成部分，科学合理的石油动员是维护国家石油安全的重要保证，也是完善"平时服务、急时应急、战时应战"的国民经济动员体制的基础。

1.3.2　石油动员是调节国防建设和经济建设的重要手段

经济建设与国防建设的矛盾是困扰世界各国的一个难题，经验表明：通过建立高效、合理、适宜的石油动员体制是缓解两者矛盾的有效途径之一。

一般来说，和平时期国家战略的重点是进行经济建设，同时也要进行相应的国防建设，因此必须保持一定的石油资源保障能力。通常，和平时期所保持的石油资源保障能力并不能满足战争的需要，但国家不可能在和平时期投入巨大财力以保持战时庞大的石油资源保障能力，因此，石油动员就成为调节国防建设和经济建设的重要手段之一。和平时期通过实施军民融合战略，在石油企业中形成相应的石油动员能力，以此作为国防能源供应的后备力量，有利于国家把有限的财力和资源投入到经济建设的同时又能保证满足未来战争的需要。

1.3.3　石油动员是国家综合实力的重要组成部分

军事上有一项重要的战略是"不战而屈人之兵"，平时做好石油动员准备工作，不断提高石油动员能力，以石油动员带动能源动员，并以此彰显国防实力，表明我国时刻做好可持续抗击来犯之敌的准备，使潜在敌人不敢轻举妄动，从而起到"不战而屈人之兵"的作用。经验表明：平时的石油动员准备越充分，平战转换的速度就越快，一国的石油动员潜力就能迅速转化为国防实力，从而支撑国防力量建设，同时也有助于国家综合实力的提升。

1.4　关于本书

近些年，石油的战略地位日益凸显，在众多科研机构和学者的共同努力下，我国石油动员理论从无到有，从基本概念研究到理论体系建设，取得了长足的进步，为国民经济动员学科的持续发展奠定了理论基础。

但是，我国的石油动员研究与西方发达国家石油保障能力研究还存在很大的差距，突出表现在以下两个方面：其一，在理论研究方面，我国学者往往只是从各自学科领域对石油供给进行研究，缺乏系统性的分析；同时，我国学者往往把研究重点放在常态下的石油供给，缺少对危态下石油供给的分析。其二，在研究方法上，国内学者对石油供给能力的研究大多停留在链条上，缺乏对石油供应网络及动员网络的分析；对石油供给主体只进行定性化的分析，缺乏定量及规范化的研究。

我国的石油动员研究若要取得长足的发展，必须实现转型，必须实现体系化的理论建设。为此，推出一部体系化的总结已有石油动员研究成果的专著，对于我国石油动员由分散化研究向体系化研究转型至关重要。经典动员思想之所以能够得以检验、复制与传播，体系化的专著是其不可或缺的重要手段。是否有体系化的专著，也成为相关研究领域是否成熟的基本标志之一。

在国内外学者重点关注常态下石油供需问题研究的情况下，本书通过分析常态下对石油产品的异常需求（如中国南方地区多次出现的"油荒"问题），危态下对石油产品的异常需求（如现代化战争对石油产品的需求、突发事件应急管理对石油产品的需求）以及石油产业链自身的安全状况对石油供给的影响，研究能够实现石油产品稳定超常供给的石油动员体系，以满足危态下对石油产品的需求。

本书认为，石油动员理论是以维护石油安全为目标，为满足石油产品的异常需求，指导国家或区域调整石油产业链、供应链或物流系统形成石油动员链，最终提供稳定的石油产品超常供给能力的理论。石油动员理论体系框架如图1.1所示。

危态下的石油产品需求具有较强的不确定性，需求时间、位置和数量等方面难以预测，因此本书强化对供给侧的研究，努力在保持石油产业链、供应链、物流系统稳定性的基础上提高石油产品的超常供给能力，力求实现以供给侧的"不变"应对需求侧的"万变"。本书是石油动员理论研究的前期研究成果，主要研究了危态下石油供给侧的动员模式，以期为政府及相关学者提供研究思路和实践参考。

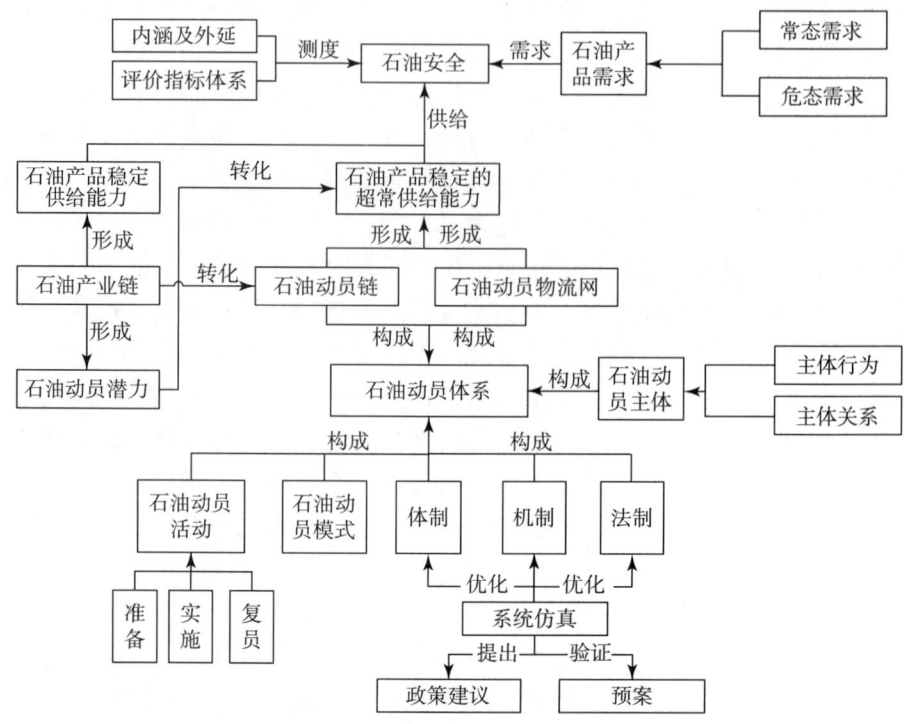

图 1.1 石油动员理论体系框架

参考文献

[1] 海因茨·韦里克,哈罗德·孔茨. 管理学——全球化视角 [M]. 北京:经济科学出版社,2004.

[2] 斯蒂芬·P·罗宾斯,玛丽·库尔特. 管理学 [M]. 北京:中国人民大学出版社,2004.

[3] 郭瑞鹏. 应急物资动员决策的方法与模型研究 [D]. 北京:北京理工大学,2006.

[4] 侍田田,周建平,毕智勇. 我国国民经济动员建设迈上新台阶 [N]. 中国国防报,2007.

[5] 张纪海,李婷,王超. 基于产业链视角的石油动员潜力构成要素研究 [J]. 北京理工大学学报(社会科学版),2011,(06):68-72.

[6] 孔昭君. 论国民经济动员链［J］. 北京理工大学学报（社会科学版），2012，（01）：71-76.

[7] 中国能源安全与发展研究课题组. 中国能源安全与发展研究［M］. 北京：中国计量出版社，2003.

[8] 单卫国. 试论石油安全［J］. 国际石油经济，2003，（10）：5-11，63.

[9] V. D. Ladoucette. Security of Supply is Back on the Agenda［J］. Middle East Economic Survey（MESS），2002，（11）：18-19.

[10] Eric D. Larson, Wu Zongxin, Pat DeLaquil. Future Implications of China's Energy-Technology choices［J］. Energy Policy，2003（31）：1189-1204.

[11] 吕涛. 突发性能源短缺的应急体系研究［J］. 中国人口资源与环境，2011，（04）：105-110.

[12] 蒋胡民. 中国石油集团汶川大地震成品油应急供应分析［J］. 国际石油经济，2008，（07）：63-68，92.

[13] 朱伟. 能源动员：必须高度关注的国防安全课题［J］. 国防，2007，（02）：64.

[14] 张纪海，张萌萌，李婷. 我国能源动员法律体系研究［J］. 北京理工大学学报（社会科学版），2011，（03）：73-78.

[15] 孔昭君. 加快国民经济动员链建设，推进军民融合式发展［C］.//中国工程院. 中国工程科技论坛第123场——2011国防科技工业科学发展论坛论文集. 2011：5.

第 2 章 石油动员理论概述

石油安全是国家能源安全的重要组成部分，而石油动员是维护石油安全的重要保障，石油动员实践离不开正确理论的指导，因此，石油动员基础理论的丰富性和多样性对于做好石油动员工作具有十分重要的现实意义。本章通过分析石油动员机理，提出了石油动员理论框架，并对其中的核心理论进行了阐述，为未来的石油动员研究提供了理论依据和方向。

2.1 常态下石油资源供需特征

2.1.1 常态下石油资源系统特征

石油资源系统是比较典型的资源运行系统，主要包括生产、流通、消费、存贮四大部分。生产是将自然资源和中间产品变换成社会所需石油资源的部分。流通是实现国家、地区间石油资源的流动和向消费者传递的部分。消费是利用石油资源来满足人们各种需要的部分。存贮是在满足石油流通和消费之后所保有的部分。这四部分构成从输入到输出的动态变换过程，形成相互联系、相互制约的整体，如图 2.1 所示。

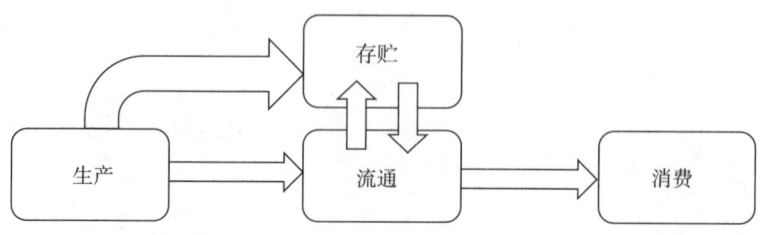

图 2.1 石油系统运行体系

一般情况下，生产部分依据存贮、流通、消费确定。存贮部分来自生产和流通，其储备量依政治经济形势和经济承受能力而定。流通部分是连接各个部分的桥梁。石油资源通过生产、流通保障消费需求，并补偿各变换过程的自身消耗。石油资源各部分存量除受自身消耗影响外，各部分之间的转换效率是影响其存量的重要因素。从某一时刻来说，石油资源系统资源总量是该时刻石油资源系统各部分可用资源存量总和。但是，受到转换效率的影响，各部分可用资源存量总和并不能够全部发挥作用。

2.1.2 常态下国防石油资源需求特征

为维护国家安全，应对战争和重大突发事件，国家必须保持一定量的国防或战略石油资源。战略石油资源由国家购买、储备，一经确定之后，便不参与通常意义的经济循环，其容量规模过大将制约经济发展，具体规模容量视形势需求和经济承受能力而定。

石油资源系统的生产能力是有限的，储备总量也是有限的。依据经济学原理，石油资源国防与非国防需求存在剪刀差的关系，前者增加的部分等于后者减少的部分，即通常所说的增加一定量的大炮生产和消费，必须以减少相同价值的黄油生产和消费为代价。把资源分成国防与非国防两部分，则形成连通器结构，如图 2.2 所示。

通常，非国防部分是相对稳定的，国防部分变动较大，国防部分通过连通器带动非国防部分变化。当国防消费增加时，消费连通器中国防部分下移，使国防石油资源增加，非国防石油资源减少，通过信号传递刺激，流动和生产变换也要做相应的调整。[1] 当把石油资源系统看作一个整体的连通器结构时，在总量固定的情况下，生产、流通、消费和存贮各部分也存在此消彼长的关系。

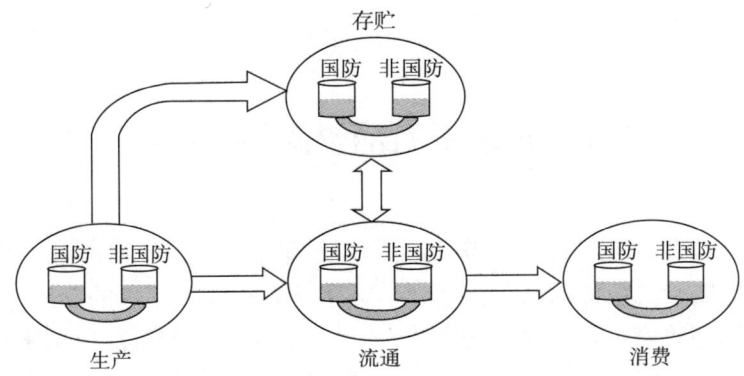

图 2.2　国防、非国防石油资源运动流体示意图

2.1.3　石油资源的配置方式

石油资源的配置方式主要有计划配置和市场配置两种。对两种资源配置方式的选择与组合，将会导致资源配置效率高低与成本收益大小的差别。在市场经济条件下，政府与市场在配置资源方面都有各自独立发挥作用的范围和领域，同时也存在二者交叉作用的地带。政府与市场在资源配置上的合理搭配与组合就成为实现资源配置效率最大化的关键。

在现代市场经济中政府干预资源市场化配置的具体方式多种多样，但从根本上讲，政府是靠四种手段来实现干预资源市场化配置的目的：第一，经济手段。政府通过相关的经济政策、经济杠杆来引导、协调和控制资源的配置，或通过政府自身的直接投资行为来平衡、协调、优化配置结构。这是市场经济条件下政府干预资源配置最为常用的也是最适宜的方式。第二，行政手段。这是市场经济条件下政府干预资源市场化配置的必要补充，它包括各种资源的开发利用，机构和组织的设立及其职能的发挥，各种计划的颁布、实施和评估等。第三，法律手段。市场经济是一种法制经济，强调法制是保证市场经济行为规范运行的根本手段。在市场经济条件下，市场参与者的行为必须与法律相适应，并且政府行为本身也要纳入法制轨道。第四，文化道德手段。市场经济制度就是融合正式制度和非正式制度的制度体系，文化道德是其重要的组成部分，市场经济国家无不充分利用文化道德力量来规范市场行为。总之，政府就是通过经济、行政、法制、文化道德四大力量来干预市场的，并保证市场经济持续、稳定、健康地运行。[2]

2.2 危态下石油资源供需特征

战争对石油资源的巨大需求已为历史所证实，虽然对石油资源需求的变化难以给出精确的量化描述，但需求增长趋势是不争的事实。例如，苏军在苏德战争中平均人日耗油0.73公斤，美军在朝鲜战争中平均人日耗油18公斤，英军在74天的马岛战争中平均人日耗油高达200公斤以上。同时，在战争过程中石油资源需求也会随着阶段的不同而发生较大的变化。

新军事变革、战争模式和重大突发事件发生规律的变化，给新时期应急应战石油资源需求带来很多新的挑战，概括起来主要呈现以下特征：首先，短时间超量需求。信息化战争和重大突发事件对石油资源的需求通常具有短时间超量需求的特征，这是由信息化战争的节奏快、进程短、高技术、高消耗等因素造成的。其次，需求方位和时间点、时间段具有不确定性。信息化战争和重大突发事件可能突然在某一个或多个地域发生，并且可能同时造成多个地域的破坏，因此对石油资源的需求充满不确定性。最后，时效性是信息化战争和应急救援工作要实现的重要目标之一，战时和急时对石油资源的需求异常紧迫，并呈现阶段性特征。

2.3 危态下石油产品超常供给能力

由于信息化战争和重大突发事件的特征，导致石油产品需求难以预测。这也就要求石油产品筹集、运输必须快速有效，可供动员的石油资源要分布广泛，要点、线、面相结合，形成网络，并且具有较强的抗打击能力。因此，危态下石油产品超常供给能力的建设是完成石油动员任务的根本保障。

2.3.1 石油动员链的内涵及构建

2.3.1.1 石油动员链的内涵

石油动员属于国民经济动员的范畴。石油动员涉及石油产业的不同层级、不同阶段，在宏观层面需要动员石油产业链，在中观层面需要动员石油供应链，在微观层面需要动员石油物流系统。石油动员涉及产业链、供应链和物流的一个或多个环节。本书认为：石油产业链通常能够满足常态的石油产品需求，但却无法满足战争和突发事件等危态下的超常规需求，必须采取动员手段，对石油产业链进行调整，增加或删除成员节点，调整节点之间的关系，扩大石油产品供给能力，形成石油动员链。因此，石油动员链是指为了满足石油动员需求，在政府、军队、石油企业等协调下，形成的可以动态调整的、具有稳定的石油产品超常供给能力的产业链（供应链或物流系统）。石油动员链由石油动员产业链（供应链或物流系统）和石油动员管理链两部分构成，石油动员产业链在石油动员管理链的协调下实现石油产品的超常供给。石油动员链是一种典型的动员联盟，成员节点可以根据动员需求和损毁程度动态加入或离开石油动员链，节点关系也会随着节点的加入或离开动态地调整。

2.3.1.2 石油动员链的构建

结合动员实际情况，构建出我国的石油动员链，如图 2.3 所示。本文构建石油动员链的目的是使石油动员潜力依托石油供应链、产业链或物流系统进行释放，最终形成稳定的石油产品供给能力。

2.3.2 石油动员供应链优化

石油动员供应链是石油动员链的基础，石油动员管理链必须作用在石油动员供应链上才能发挥作用，战争和突发事件会给石油动员供应链造成不同程度的损害，会导致节点和边的损失或减少，进而使得整条石油动员链无法正常运行，出现石油产品供给不足的情况。

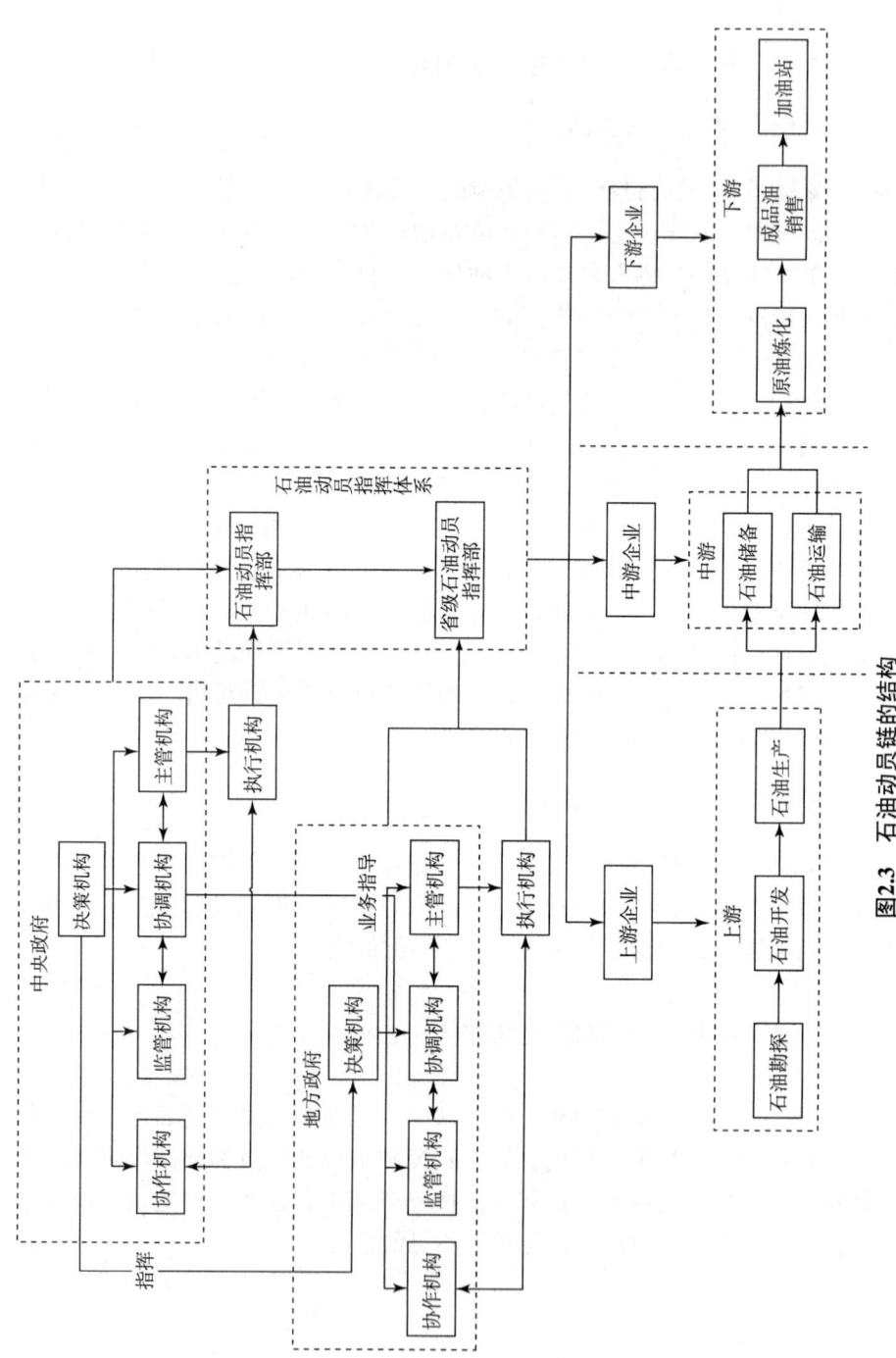

图2.3 石油动员链的结构

2.3.2.1 石油动员供应链存在的问题

在 2008 年汶川地震、2011 年南方雨雪冰冻灾害、2013 年雅安地震等突发事件处置中，我国形成了石油生产、储备、运输一体化，整体配套协作，关键节点有效控制和调节的石油动员供应链。在危态下，我国的石油动员供应链基本可以实现按需供应，但也暴露出石油储备与油库库存容量不足，信息通信不顺畅，应急供应制度不完善等问题。

2.3.2.2 石油动员供应链的鲁棒性分析

鲁棒性反映了系统的健壮性与持久性，它是系统即使在面临内部结构或外部环境改变时，仍然能够维持其功能的能力。动员供应链的鲁棒性，是系统在受到内部运行和外部突发事件等不确定性干扰下，仍然能保持动员供应链整体效益最优和整体运行平稳的能力。动员供应链的恢复鲁棒性是系统在受到内部运行和外部突发事件等不确定性干扰下，调整到新的稳定状态后获取收益和持续运行功能的能力。一般来讲，动员供应链鲁棒性研究的是从一个稳定状态到另一个稳定状态的调整时间较长的鲁棒性分析，而动员供应链的恢复鲁棒性研究的是从一个稳定状态到达新稳定状态的调整时间较短时的鲁棒性分析。也就是说，在不确定性和危机出现的情况下，鲁棒性和恢复鲁棒性已经成为系统能否生存的关键。

2.3.2.3 石油动员供应链瓶颈分析

由约束理论可知，动员供应链可以看作是一个由具有内在联系的一系列流程活动组成的网络系统，其整体绩效取决于动员供应链中最薄弱的环节，这就是动员供应链上的"瓶颈"，优化动员供应链必须从最薄弱的环节入手，才能得到显著的改善。因此要改善整个动员供应链的绩效，必须找出存在于动员供应链上的瓶颈，分析成因，评价瓶颈、消除瓶颈，并形成一种不断循环的持续改进流程。

石油动员供应链瓶颈现象产生的原因可以归纳如下：第一，对需求反应的迟滞性；第二，合作伙伴选择不当和资源配置不合理；第三，成员企业间组织目标相互冲突；第四，各环节之间信息不对称；第五，难以预料的突发事件；第六，解决瓶颈的能力不足。

2.3.2.4 石油动员供应链优化策略

石油动员供应链的优化应该从石油动员供应链的整体优化及常态下的石油供应链优化着手。在常态下，要降低各个物流环节的成本，并协同上游联产，制订最佳生产计划。只有从动员供应链的整体利益出发，做好常态和危态下的准备、实施与复员工作，才能达到整体利益与效率的最大化。在具体实施时，优化石油动员供应链的手段主要包括优化常态下的石油供应链，优化油库布局，增加油库储量，加大物流设施设备的投入力度，建立集中统一的石油应急物流调度指挥系统，建立合理的石油物流成本核算体系等。

2.3.3 成品油动员物流网络的构建

近年来，我国能源需求总量稳步上升，而作为经济发展重要资源支撑的成品油消费量也正在迅速增长。我国成品油具有生产相对集中和消费相对分散的特点，缺乏先进的调运方案，因此，成品油动员物流网络的构建有助于从物流角度解决我国"油荒"问题，满足突发事件对成品油的激增需求，同时也会对我国建立石油储备体系产生积极作用，对于保障我国石油安全、维护社会经济平稳运行具有十分重要的意义。

2.3.3.1 成品油动员物流网络的内涵

成品油动员物流网络，指危态下整合成品油物流组织网络、物流基础设施网络和物流信息网络并通过动员型物流中心的辐射能力，提高整个成品油物流网络的稳定性，形成的能够满足短时期内大幅波动的成品油动员需求的物流网络。成品油动员物流网络是成品油动员物流活动的载体，也是成品油动员物流高效运作的基础和保障。

成品油动员物流网络具有政府主导、过程集成、虚拟性、动态性及信息先导性等特点。首先，在动员物流中，政府是物流活动的领导者、组织者和指挥者，政府必须承担起首要责任。动员物流网络打破了组织界限，从整体网络角度出发集成跨组织的动员活动，利用信息系统随时掌握动员物流网络中各个节点的情况并及时做出调整，这种虚拟结构可以快速组建网络并及时做出响应。其次，动员物流网络的生命周期随着动员任务的产生、发展、变化而改变，各个单元根据危态下的动员计划来安排生产、运输、存储等物流活动,并随着动员任务结束而解体,各个主体恢复到正常状态下的生产与经营活动,因此动员物流网络具有较强的动态特性。最后,物流信息作为物流活动的输入,可以起到联系物流各相关环节的作用;同时物流活动自身反馈的信息可以帮助校准物流管理的坐标,有助于物流系统效益的最大化。

2.3.3.2 成品油动员物流网络构建方法

构建成品油动员物流网络的主要目标是通过政府经济动员部门主导、相关能源企业配合,在特定区域内重点建设若干个动员型物流中心,通过区域内多个动员组织之间的协作,连接区域物流网络形成全国性的成品油动员物流网络。因此,构建成品油动员物流网络需要考虑两个方面的关键内容。

(1) 成品油动员物流中心的布局

成品油动员物流网络主要是通过动员型物流中心的辐射能力,提高整个成品油物流网络的稳定性,以满足短时期内大幅波动的成品油动员需求。因此,需要确定成品油从供应起点到需求终点的整个流通渠道的结构。主要包括物流设施的类型、位置与数量,设施所服务的顾客群体与产品类别,以及产品在设施之间的运输方式等。这是构建成品油动员物流网络最基础也是最重要的部分。

(2) 成品油动员物流网络关键节点选择

为了保证动员物流网络的可靠性,需要对关键节点进行重点保护。因为在动员过程中,关键节点发挥成品油供应、流通中转的重要作用,相比普通节点具有不可替代的作用。因此,关键节点也往往容易成为敌方攻击的对象。可以通过对关键节点的防护来保证整个网络的稳定性,保证动员过程中的供给能力。

2.3.4 石油动员潜力释放机理

常态下的石油动员潜力直接决定了危态下能否快速有效地实施石油动员,因此,为了有效地应对战争、突发事件等危机事件,国家必须高度重视石油动员潜力的建设工作。

2.3.4.1 石油动员潜力的概念

潜力就是指潜在的、尚未开发出来的、在一定激发条件下能够释放出来的增量。目前，有关石油动员潜力内涵研究的文献较少，石油动员属于国民经济动员的重要组成部分，因此可以借鉴国民经济动员潜力的概念，并结合石油动员的特点，界定石油动员潜力的概念。本书对石油动员潜力做出如下定义：石油动员潜力是指在石油产业中潜在的、可以通过一定动员手段激发的石油产品超常供给能力。

2.3.4.2 石油动员潜力的来源

石油是关系国计民生的重要战略物资，一旦发生战争或者重大突发事件，短时间内需要大量的石油产品作为补充。石油动员潜力主要来源于四个方面：实物石油储备、石油资源进口能力、调整石油资源用途（如压缩民用和工业用途等）、石油企业产能扩充。如图 2.4 所示，这四个方面的潜力需要通过石油产业链的传导而转换为石油产品以满足最终需求。

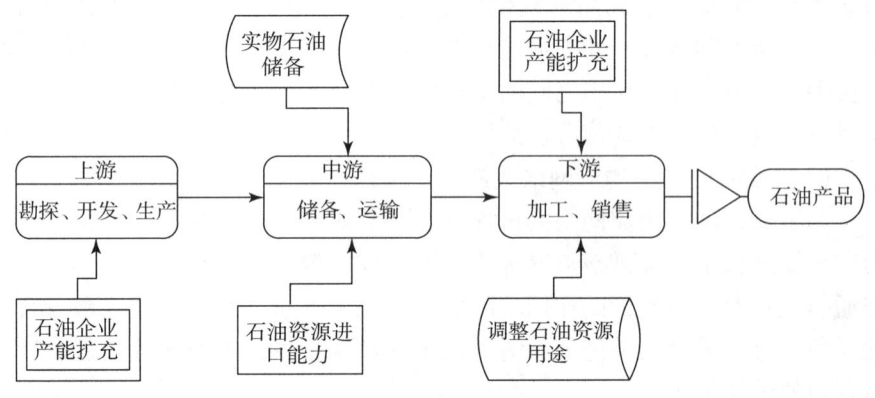

图 2.4 石油动员潜力来源示意图

实物石油储备在中游阶段发挥关键性的作用，原油储备充裕可以为成品油增产、扩产赢得时间。从下游的成品油批发、零售以及其他石油产品销售环节来看，石油产品的超常规供给能力来源于压缩石油产品销售及对石油产品实行消费管制。另外，从运输安全隐患较低的产油国临时增加石油进口量也是保障石油产品超常规供给能力的一个重要途径。从石油产业链整体性考虑，超常规供给能力最重要的来源是石油企业产能的扩大，即在危态下动员石油资源所处的产业链或供应链，使生产系统的产出迅速扩大以应对应战应急需求。

2.3.4.3 石油动员潜力生成机理分析

石油动员是在危态下对整条石油产业链的动员，石油动员潜力是石油产业在危态下可以释放出来的石油产品超常规供给能力。石油动员潜力的生成机理就是在危态下石油产品超常规供给能力的生成机理。

在危态下，石油产业处于被动员的状态，在上游环节会通过动用石油资源储备和开发企业的产能储备而增加原油产量，并且这些原油经中游环节和下游环节转化为满足应战应急需求的石油产品。除此之外，也会通过采取动用实物石油储备、增加石油资源进口和限制石油产品消费等动员措施来增强石油产品的超常规供给能力。

2.3.5 石油动员参与主体

作为一种资源保障活动，石油动员需要连接石油产业链的一个或多个环节共同完成，并且涉及众多参与主体。在具有中国特色的社会主义经济制度下，我国石油产业的特征直接决定了石油动员的特殊性：不同的石油动员参与主体在追求各自利益最大化的过程中缺乏合作致使石油动员效率低下。因此，明确石油动员活动的参与主体，厘清动员参与主体之间的关系是高效实施石油动员的前提。

2.3.5.1 石油动员参与主体的界定

在石油动员过程中，石油企业是石油产品的供给方，战争或突发事件发生地从事生产、生活活动的公众是石油产品的需求方，中央政府的石油行业监管部门和地方政府应急管理部门则是动员活动的指令发出方。石油动员活动的参与主体涉及政府的多个部门和多家企业，可以简化为：动员指令发出方——中央政府（由国防动员委员会设立动员机构行使决策）和地方政府（由地方经济动员办公室设立石油动员小组行使决策）；石油产品供给方——石油企业（石油公司总部和辖区分支企业）；石油资源需求方——公众。

2.3.5.2 石油动员参与主体间的关系

（1）中央政府与地方政府间的委托代理关系

从理性人角度出发，各级政府作为经济行为主体均在追求自身利益最大化。中央政府需要从国家大局出发,保持宏观经济运行的稳定和国民经济的长期可持续发展;地方政府旨在实现对本地区经济的宏观调控和管理,实现辖区经济利益的独立化和最大化。作为相对独立的经济实体,地方政府具有双重代理人的身份。这种身份使得地方政府总有独立的意愿,因而,在地方政府与中央政府目标不一致的情况下,二者间的博弈便是不可避免的,即中央政府与地方政府之间的关系是委托代理关系。

(2)公众与政府之间的委托代理关系

公众,不是指某个自然人个体,而是在突发事件发生、石油资源供应短缺时对石油资源有需求的群体的总称。由社会契约论和人民主权论进一步推理得出:政府是全体公众的集体作品,其合法性源于公众的同意,其权力源与公众权力的让渡,其职责在于代表公众利益行使公共权力,为公众谋福利,即公众与政府间存在一种事实上的契约关系。照此契约,公众是委托人,是最终的利益主体;政府,是代理人,其根本任务就是通过组织、管理国家和社会事务最大化地实现公众的意志和利益,由此形成公众与政府之间的委托代理关系。

(3)政府与石油企业间的委托代理关系

近20年来各国政府都将市场化作为行政改革的核心,政府以委托人身份,将公共服务签约外包给市场上的企业去提供,以节约成本并获得更高的效率。同时,由于政府与石油企业之间存在着目标差异,企业并不会以政府的目标作为自身行为选择的准则。因此,石油行业,或者说能源行业,就产生了石油动员行为中的第二层委托代理关系——政府与石油企业的委托代理关系。

2.3.6 石油动员的过程和内容

石油动员由石油动员准备、实施和复员三个阶段组成,这三个阶段是相互联系、相互作用的动态过程。石油动员准备的目的在于蓄积石油动员的潜力,从而增加动员实施时的石油产品供给能力。石油动员准备是否充分,是战时、急时能否迅速、高效地形成石油产品保障能力的基础。石油动员实施是把石油潜力转化为现实保障力的关键。石油动员实施方法和措施是否得当,直接关系到石油动员的现实效益和成本。石油动员复员活动是恢复石油动员潜力的重要保证,也是提高未来石油动员能力的重要基础。这三个阶段共同构成了石油动员的一个完整生命周期。

2.3.6.1 石油动员准备

石油动员准备在本质上是对石油供给能力的积蓄，是各种生产要素的全面且系统的准备。其目的在于为石油动员实施提供坚实的基础及可靠的保障。石油动员准备主要包括以下3个方面的内容：

（1）相关动员法规、计划的制订和预案编制

石油动员法律法规是动员组织和动员对象在动员活动中应当遵守的行为规范，主要规定国家、部门、行业、企业及个人在石油动员中的权利、责任和义务。动员计划对石油动员准备提出要求和指明方向，主要涵盖石油动员潜力建设和能力建设。石油动员预案是为了满足战争需要和应付突发事件，预先制定的危态下石油动员实施的方案。它要以战争需求以及军事需求为牵引，具有较强的针对性和可操作性。

（2）石油动员储备

石油动员储备是指用于满足战争、突发事件初期紧急需求的石油储备。石油动员储备要做到规模适度，一定要做到军民结合、平战结合，充分发挥石油在国防和经济建设中的重要作用。同时，合理的石油动员储备布局是提高战时石油动员能力的基础。在石油动员准备工作中应高度重视储备。

（3）组织石油动员演练

石油动员演练是指通过模拟危机状态，使石油动员工作按照战时动员工作的实际步骤和方式进行，目的在于提高石油动员能力。石油动员演练是石油动员准备的重要内容之一。开展石油动员演练具有重要意义：第一，有利于检查常态下石油动员准备情况，发现问题，找出薄弱环节，不断改进。第二，有利于模拟危态下的石油动员实施，促进石油动员资源的整合，增强各级动员组织的快速反应能力和石油动员准备的针对性和有效性。

2.3.6.2 石油动员实施

石油动员实施是将石油动员潜力转化为石油动员能力的重要手段。所谓石油动员实施，是指国家进入危机状态后，根据石油动员预案和方案，采取一系列必要措施来增强石油保障能力，以满足石油产品需求的动员活动。石油动员实施是对石油动员准备工作的检验，也是石油动员目标的具体实现。石油动员实施的效果直接影响石油动员的最终结果。石油动员实施通常包括以下5个方面的内容：

(1) 动用石油动员储备

根据应战应急的级别，经过有关部门授权迅速动用石油动员储备。对动用的储备石油要做好储存和运输，石油动员系统要把石油资源以正确的方式在正确的时间送到正确的地点。同时，要及时补充石油储备。

(2) 征收、征用石油资源

征收是指为了公共利益的需要，国家把私人所有的财产强制地征归国有。而征用是指为了公共利益的需要，强制性地使用私人所有的财产。征收、征用可以达到快速实施石油动员的效果，但要依法开展征收、征用工作。

(3) 动员相关企业生产

企业动员是在临战时、战时，根据应战应急的级别将企业活动全部或部分由平时状态转为非常状态，目的是为应战和应急提供所需的石油资源，如图2.5所示。

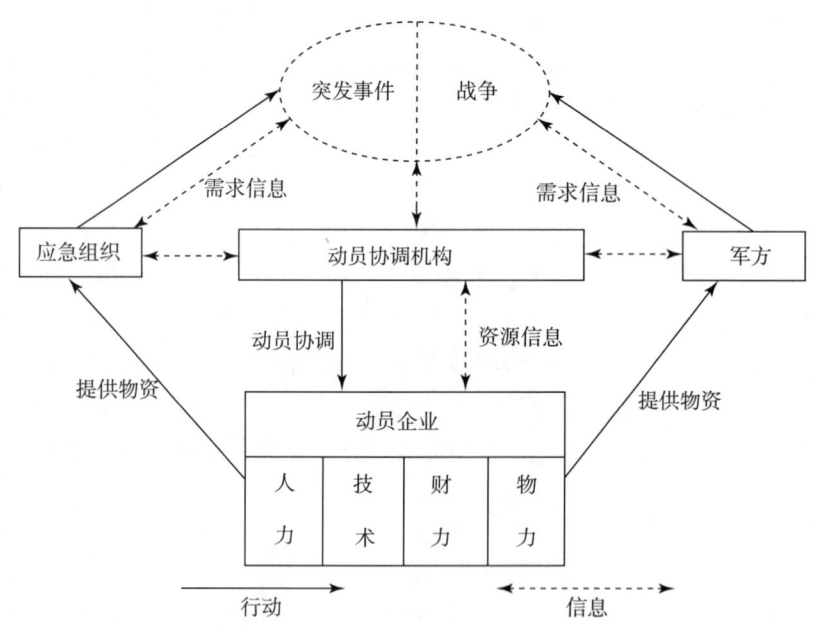

图2.5 企业动员模型[3]

企业动员准备主要是在常态下进行的，而企业动员实施则是在战争爆发前夕或战争中进行的，企业动员的直接作用是通过企业扩产、转产为应战、应急提供需要的石油资源。就企业动员的全过程来说，常态下的企业动员准备为动员实施争取了时间；而企业动员实施的程序、方法和步骤直接影响动员实施的效果，影响到战争的进程及结局。[3]

(4) 加强石油对外贸易动员

对外贸易是一个国家参与世界经济活动的基本形式之一，也是维护国家经济安全最重要的内容和手段之一。尤其是当发生重大突发事件时，巨大的石油进口需求量将严重地影响我国石油供应安全以及经济社会的稳定。因此，在常态下合理运用石油现货、石油期货以及石油期权三种贸易动员手段进行组合购买，建立石油进口最优组合模型，有助于降低石油价格波动的风险，降低贸易成本，降低国家财政支出，对维护我国的石油安全与国家稳定具有重要的战略意义。

(5) 组织动员石油运输

储备的石油、筹集的石油或动员生产的石油只有及时地运送到战场或灾区才能发挥效用，因此，动员石油的运输环节也是至关重要的。动员组织要及时组织运输力量，通过科学决策优化运输路线，采用有利的手段协调各方面的力量，以最短时间和最低的成本把石油产品运送到目的地。

2.3.6.3 石油动员复员

石油动员复员主要是指把为急时和战时服务的石油储备和生产能力等由危态恢复到常态的活动。从时间序列看，石油动员依次经历了动员准备、动员实施和动员复员三个相互衔接的阶段。动员与复员是一对相对应的概念，二者都是石油动员的有机组成部分，复员是为了更好地动员。正是由于有了复员，才使石油动员具有可持续性和持久性。石油动员准备、实施与复员相互衔接、相互促进，构成了一个自我循环、自我发展的完整的石油动员体系。石油动员复员需要注意以下两个方面内容：

(1) 复员时机的选择

石油动员复员是国家的重大战略活动，及时正确地实施石油动员复员，对满足应急任务和未来战争的需求，对恢复和发展国民经济、改善和提高人民的物质生活水平等具有重要作用。复员时机选择过早会影响应急和战争需要，延误急时和战时的石油资源供给；复员时机选择过迟将会影响危态结束和战后经济的发展和恢复。因此，及时正确地实施石油动员复员关系到应急和战争结束后的经济恢复和发展，关系着当前应急和战争的进程和结局。

（2）复员的内容

首先，及时移交所动员资产，帮助企业恢复生产。其次，进行动员补偿。所谓动员补偿就是政府代表全体公民向被动员的个人、企业进行经济补偿，以补偿个人、企业在动员活动中造成的损失。国家安全属于"公共产品"，通过征收、征用为应急应战提供相关的产品，个人、企业为国家安全做出了贡献，但由此而产生的费用不应该由个人、企业承担，政府代表全体公民向被征用的公民或组织进行补偿，以弥补他们在征收、征用中造成的损失，从制度上保证社会公平。

企业动员补偿要具有明确的法律依据。我国《国防法》《国防动员法》对国民经济动员补偿制度有一些原则性的规定，如《国防法》第四十八条指出："国家根据动员需要，可以依法征用组织和个人的设备设施、交通工具和其他物资。县级以上人民政府对被征用者因征用所造成的直接经济损失，按照国家有关规定给予适当补偿。"第五十五条指出："公民和组织因国防建设和军事活动在经济上受到直接损失的，可以依照国家有关规定取得补偿。"《国防动员法》第五十八条指出："被征用的民用资源使用完毕，县级以上地方人民政府应当及时组织返还；经过改造的，应当恢复原使用功能后返还；不能修复或者灭失的，以及因征用造成直接经济损失的，按照国家有关规定给予补偿。"这些条款是石油动员补偿制度建立的基本依据，但是这些条款并未规定补偿的具体原则、补偿的内容以及补偿额大小，因此，需要进一步完善石油动员复员的相关法规政策。

2.4　本章小结

本章研究聚焦于石油动员的基础理论。首先，对石油供需特征进行了归纳总结，认为常态下的石油资源系统是由生产、流通、消费、存贮四大部分构成的动态系统；石油资源的配置方式主要有计划配置和市场配置两种；危态下石油供需表现出两个明显特征，分别是短时间超量需求以及需求方位和时间点、时间段的不确定性。其次，概述了石油动员供应链的优化问题，界定了石油动员链的内涵，提出了石油动员链的构建方法，在分析石油动员供应链鲁棒性以及瓶颈的基础上，给出了石油动员供应链优化策略。再次，介绍了石油动员潜力释放机理，认为石油动员潜力主要来源于四个方面：实物石油储备、石油资源进口能力、调整石油产品用途、石油企业产能的扩充。最后，分析了石油动员参与主体、石油动员过程和内容，将石油动员参与主体简化为：动员指令发出方（中央政府和地方政府），石油产品供给方（石油企业），以及石油资源需求方（公众）；将石油动员过程划分为石油动员准备、实施和复员三个阶段。本章勾勒出了石油动员理论体系的整体轮廓，为本书的后续章节奠定了基础。

参考文献

[1] 韩宇宽. 国民经济动员中的可动员资源管理研究 [D]. 北京：北京理工大学，2006.

[2] 王冰. 政府介入在自然资源有效配置中的地位与作用 [J]. 荆州师范学院学报，2002，(06)：26-28.

[3] 李连宏. 物资敏捷动员的理论与方法研究 [D]. 北京：北京理工大学，2006.

[4] 陈德第，库桂生. 国民经济动员——基本理论和历史经验研究 [M]. 北京：长征出版社，1995.

[5] 王乔恒，康彦波. 以信息技术为基础构建动员型虚拟企业 [C]. 全国国民经济动员研讨会论文集，2003.

[6] 朱庆林. 国民经济动员概论 [M]. 北京：军事科学出版社，1997.

[7] 张纪海. 基于 Multi-Agent 的国民经济动员建模与仿真研究 [D]. 北京：北京理工大学，2005.

[8] 孔昭君. 论国民经济动员链 [J]. 北京理工大学学报，2012，(01)：71-76.

[9] 孔昭君. 通过预案促进国民经济动员准备 [J]. 北京理工大学学报（社会科学版），2004，(03)：4-6.

[10] 阿兰·兰德尔. 资源经济学 [M]. 北京：商务印书馆，1989：12.

[11] 曾立. 国民经济动员能力的量化与优化 [D]. 北京：国防大学，2003.

[12] 朱庆林. 国防需求论 [M]. 北京：军事科学出版社，1999.
[13] 张维迎. 博弈论与信息经济学 [M]. 上海三联书店上海分店，上海人民出版社，1996.
[14] Harland C. Supply Chain Operational PerformanceRoles [J]. Integrated Manufacturing System，2003，06.

第3章 石油动员链构建

　　信息化战争、突发事件的应急处置经常会产生超常规的石油资源需求，维持石油产业链稳定运行并提供石油产品的超常供给能力，关系到一国的核心利益。控制伊拉克丰富的石油资源是美国发动伊拉克战争的主要目的之一。在伊拉克战争中，美军一方面对伊拉克油库实施轰炸，截断其石油供应链，加速战争进程；另一方面依托石油动员链，有效地实施地面、海上、空中油料供应。这些措施为美军取得战争胜利奠定了坚实的基础，也表明石油作为重要的不可再生资源，不仅是现代经济的命脉，也是信息化战争的"血液"，对保障国民经济稳定运行和维护国家安全具有不可替代的作用，而美军完善可靠的石油动员链更是其在伊拉克战争中获胜的关键。石油动员要依托石油产业链开展，调整石油产业链结构，形成石油动员链是新时期石油产业实现敏捷动员的主要方式，对于提高石油动员效率，保障动员效果具有重要的现实意义。本章首先分析我国石油产业的发展现状，明确石油产业链、供应链和物流系统的结构，其次界定石油动员链的内涵，最后提出石油动员链的总体结构，为完善和优化石油动员链奠定基础。

3.1 我国石油产业的发展现状

3.1.1 我国石油产业链结构

石油产业链是一种行业产业链，狭义上是指勘探、开发、生产及储运、加工和销售石油及其石油产品的企业集合[1]。广义的石油产业链是指围绕石油的转化与利用，通过技术及服务联系，由所有具有连续追加价值关系的相关产业所形成的链条[2]。广义的石油产业链不仅包括狭义的石油产业链的所有环节，还包括与之相关联的产业以及相应的支持环节，如专用设备制造、科研、信息服务等。本书主要研究的狭义石油产业链由上游、中游和下游三个部分构成。上游主要负责将地下的石油开采出来，可以分为勘探、开发两个环节；中游主要负责石油的储运；下游主要负责石油的炼化加工和销售，具体包括炼油、加工和销售三个环节。石油产业链的结构如图 3.1 所示。

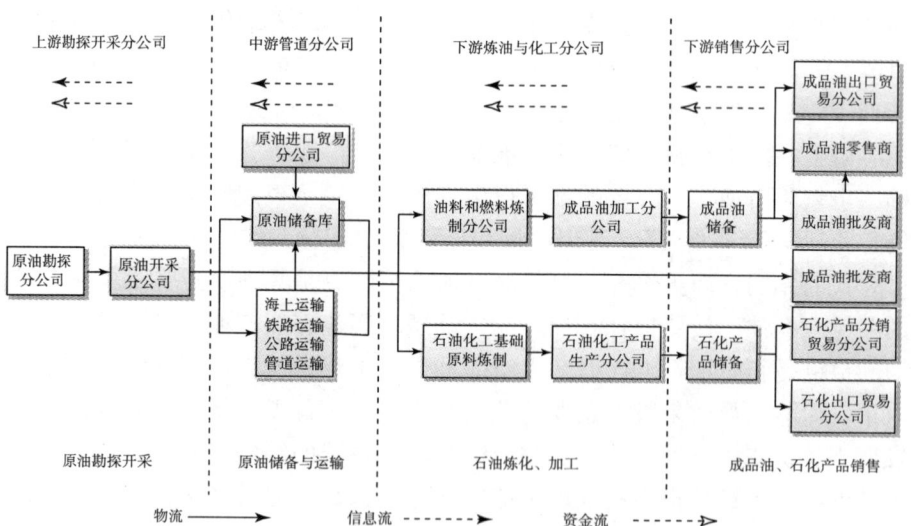

图 3.1 石油产业链结构

3.1.2 常态下成品油物流系统

成品油物流系统是石油产业链的重要组成部分，是成品油投放市场，满足不同层次成品油需求的途径，常态下这个系统对保障国民经济运行所需的油品供应具有重要作用，因此本书将其从产业链中提取出来做深入分析。

成品油物流是成品油从供应地向需求地转移的实体流过程，包括运输、仓储、装卸、配送、信息处理等环节。由于各物流环节的性质有所不同，成品油物流可划分为一次物流和二次物流。一次物流是成品油从总部炼厂运至油库的转储存过程，其特点是运输量大、运输距离长，通常采用铁路运输、管线运输和水路运输三种途径。成品油二次物流包括一次物流外的其他成品油物流环节，是成品油从中转油库配送给加油站和终端用户的过程，由于配送量较小，一般采用油罐车运输。根据以上描述，可以将成品油物流的基本模式描述为图 3.2 所示。

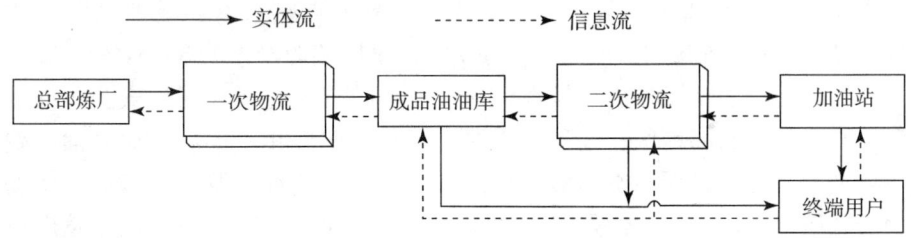

图 3.2　成品油物流的基本模式

中国石化集团和中国石油集团经过几年的成品油零售网络收购，已基本完成了加油站网络布局，形成了"一级集散、二级批发、三级零售"的网络格局。

目前，我国成品油销售企业的组织结构主要按照行政区域进行划分，设置物流管理节点，形成从总部到大区、省、地、县五个管理层次。成品油物流节点包括总部炼厂、区/省级公司、地市级公司、县级公司、加油站以及终端用户。大区分公司主要承担整个集团公司成品油资源的统一平衡、运输协调和直属销售企业以及专项用户的成品油供应任务；省、市、县级成品油销售分公司主要负责各区域内的成品油销售、物流、协调、管理等任务。结合成品油物流的基本模式和我国成品油物流现状，可以将常态下我国成品油物流流程描述为图 3.3 所示。

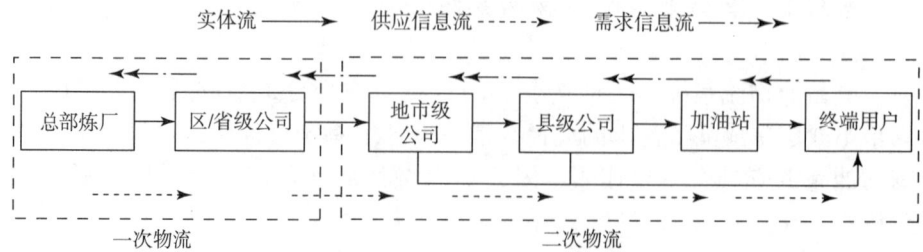

图 3.3　成品油物流流程

3.1.3　我国石油资源储量及分布

我国石油资源储量集中分布在渤海湾、松辽、塔里木、鄂尔多斯、准噶尔、珠江口、柴达木和东海陆架八大盆地，其可采资源储量 172 亿吨，占全国资源储量的 81.13%；天然气资源储量集中分布在塔里木、四川、鄂尔多斯、东海陆架、柴达木、松辽、莺歌海、琼东南和渤海湾九大盆地，其可采资源储量 18.4 万亿立方米，占全国资源储量的 83.64%[3]。

我国的石油市场具有区域性、地缘性的特点，主要表现形式为石油资源主要分布在西部地区，地理环境恶劣，经济发展相对落后，而石油消费市场主要分布在东部和南部沿海经济发达地区。这种资源分布格局与市场消费区域分离的情况，使得石油物流及运输方式成为影响石油产业发展以及动员实施效果的重要因素。目前，石油运输方式以管道运输为主。由于石油管道具有投资规模大、建设周期长等特点，石油动员受到油气管道的严重制约，尤其是在石油资源富集地区远离消费市场时，长输管道对石油利用的影响尤为突出。

3.1.4　我国石油产业集中度

从石油产业层面分析，我国石油产业实际上只包括有限的几家企业。1998 年石油产业大重组前仅有中国石油天然气总公司（CNPC）、中国石油化工总公司（SINOPEC）、中国海洋石油总公司（CNOOC）、新星石油公司（STAR）等几家企业。1998 年国家对石油产业进行改组，通过资产划转，新组建了中国石油天然气集团公司和中国石油化工集团公司（2000 年 3

月，国务院将新星石油公司整体并入中国石油化工集团公司），与原有的中国海洋石油总公司构成了我国石油产业的三大石油公司。这三家公司的市场集中度如表 3.1 和表 3.2 所示。

表 3.1　重组前我国石油产业的市场集中度（1997 年）

公司名称	原油生产		原油加工	
	产量/万吨	占全国比重	加工量/万吨	占全国比重
中国石油天然气总公司	14 493.8	88.91%	2 221	14.45%
中国石油化工总公司	—	—	12 489	81.24%
中国海洋石油总公司	1 669.5	10.24%	—	—
三大公司合计	16 163.3	99.16%	1 470	95.69%

数据来源：《国际石油经济》1998 年第 2 期。

表 3.2　重组后我国石油产业的市场集中度（2015 年）

公司名称	原油生产		原油加工	
	产量/万吨	占全国比重	加工量/万吨	占全国比重
中国石油天然气集团公司	11 143	66.69%	15 132	28.99%
中国石油化工集团公司	4 781	19.46%	23 649	45.30%
中国海洋石油总公司	7 970	10.13%	3 260	6.25%
三大公司合计	23 894	96.28%	41 992	80.44%

数据来源：三大石油公司 2015 年度报告。

由表 3.1 和表 3.2 可知，不论是重组前还是重组后，我国石油产业一直保持着高度垄断的市场格局。重组前，中国石油天然气总公司和中国海洋石油总公司垄断了石油天然气开采业（上游），产量占全国的比重为 99.16%，中国石油化工总公司垄断了石油加工业（下游），加工量占全国的比重为 81.24%；三大石油公司保持上下游分割垄断的格局。重组后，三大石油公司实现了上下游一体化经营，这三家公司的油气生产和油气加工量仍占全国的 96.28% 和 80.44%，垄断依然存在。因此，从产业层面上分析，石油产业是一种分割分治和垄断经营的市场格局。从石油产业链的各个环节来看，上游的勘探和开采属于关乎国家安全的战略性产业，需要国家有效控制，故具有垄断性质，绝大部分勘探、开采权掌控在三大石油公司手中；中游的储存、运输具有自然垄断性质；下游的原油炼化和成品油销售，自从2006年12月我国全面放开成品油批发市场之后集中度逐渐降低，目前已有1/4的原油炼化产能由民营企业提供，但是由于政府仍然掌握成品油定价权，而三大石油公司掌握原油的分配权，所以石油产业链下游环节实质上仍然具有的垄断特点，民营石油企业处于相对被动的地位。另外，从石油产业参与主体来看，除了处于领导者地位的三大石油公司和处于跟随地位的民营油企之外，已有越来越多的外资石油企业加入了我国石油产业下游的炼化和销售环节，如 BP、SHELL 等。这些企业以收购、租赁、新建、控股、参股、承包等形式参与到成品油贸易、储运、分销等业务中，以其在营销和技术上的丰富经验参与下游市场竞争。

3.1.5 我国石油资源的对外依存度

我国石油资源总量较为丰富，但人均占有量比较低，国内开采的原油早已不能满足需求。2009 年，我国石油剩余探明可采储量为 27.9 亿吨，同年我国原油开采量为 1.89 亿吨，储采比值为 14.8，较 2003 年的 19.1 已明显下降。为了满足各类石油需求，我国除了自行开采之外，也从国外大量进口原油。1993 年我国成为石油净进口国，1996 年成为原油净进口国，2006 年成为仅次于美国的全球第二大石油消费国。石油资源的对外依存度几乎每隔两三年就跨上一个新台阶，由 1997 年的 10%、1999 年的 20%、2002 年的 30%、2004 年的 40%，扩大到 2008 年的 50%。2015 年我国石油消费持续增长，对外依存度达到 60.6%。按照国际能源署（IEA）的预测，到 2020 年我国石油资源的对外依存度将达 68%。也就是说，未来我国 2/3 以上的石油需求将依赖国际石油资源供给。

3.2 石油产业链中成品油的来源

常态下的石油资源在石油产业链上不断变换，最终实现石油产品供给。选取成品油作为主要研究对象，分析产业链上成品油的来源，有助于理清石油产品供给能力的生成过程，为后续石油动员潜力研究奠定基础。

在产业链上石油资源有两种形态：原油和成品油（或其他石油产品），

其中成品油是应急应战所需的直接动力来源，原油必须经过加工转化为成品油才能发挥动员效用。因此，石油产业链中成品油的来源可以划分为两类：直接来源和间接来源。顾名思义，直接来源是指通过此途径动员能够直接得到成品油，可直接保障动员车辆和动员机械使用。间接来源是指据此途径动员得到的石油形式是原油，这些原油必须经过一定的工序，加工成成品油才能发挥动员保障作用。两种来源的动员效率不同，耗费的动员时间差异较大，这样划分可以更加有效地找到合理的成品油动员方式，也有助于优化成品油供应链。

3.2.1 成品油的直接来源

通过分析石油产业链可知，石油产业链上成品油的直接来源包括：调用国家战略成品油储备，紧急增加成品油进口，调整成品油进口用途和压缩成品油出口，调用石油集团总部、各级分公司和加油站的成品油储备。

国家战略成品油储备是我国石油战略储备的一种形式，其与战略原油储备的区别在于紧急状况下可以直接发挥动员保障作用。我国自2003年开始筹建石油储备基地，目前已有天津、鄯善、舟山、独山子、镇海、惠州、黄岛、大连、兰州、锦州十大战略石油储备基地，其中大部分基地以原油储备为主，部分基地保有较高的战略成品油储备。随着我国石油战略储备能力的提高，战略成品油储备的规模将逐渐扩大。

我国成品油贸易活跃、进出口量大、贸易渠道广泛，紧急状态下，可以通过成品油紧急进口、调整进口用途和压缩出口的方式，增加成品油供应。但由于成品油贸易过程复杂、计划性强，小规模动员一般不会采取这些措施。

石油集团总部、各级分公司和加油站的成品油储备，即成品油物流系统中的成品油储备，是成品油直接来源之一，也可称为市场来源。常态下，为了满足石油需求和石油企业的成品油销售，石油集团总部及其各级分公司和加油站均保有一定量的成品油储备，紧急情况下，这部分成品油储备可以调整用途供动员使用。虽然通过动员这一来源得到的成品油量较小，但由于其便利性和灵活性，能够很好地解决小规模成品油动员问题。

3.2.1 成品油的间接来源

石油资源在石油产业链的上游和中游的形态为原油,其还未转换为最终的石油产品——成品油。这些石油资源需要通过石油产业链转化为成品油,因此属于成品油的间接来源。成品油间接来源包括:调用国家战略原油储备、紧急增加原油进口、调整原油进口用途和压缩原油出口、上游企业紧急增产、调整在加工原油用途。

成品油间接来源最主要的用途是用于石油炼化企业紧急增产,主要流程如下:当灾难发生时,根据需求预测,制订下游炼化企业增产计划,通过增加原油开采、动用石油企业原油储备获得加工原料。另外,通过调用国家战略原油储备、紧急增加原油进口、调整原油进口用途、压缩原油出口方式得到的原油也将投入紧急增产计划。将动员得到的原油按照正常的成品油生产流程组织生产,最终将紧急生产得到的成品油通过成品油物流系统直接运至灾区或前线,保障动员任务的执行。

3.3 石油动员链的内涵及特征

国民经济动员是实现国民经济在常态和危态间转换的途径,是调集国家经济力量满足应急应战动员需求的手段。孔昭君指出:国民经济动员能力在本质上是实现危态下资源超常供给的能力[4]。也就是说,国民经济动员是实现资源超常供给的一种方式,这种方式也需要依托常态下国民经济体系的资源供应系统得以实现。另外,危态下的资源需求具有规模大、时间紧等特点,这也导致国民经济动员的资源供应过程更加严苛,不同于常态下的资源供应,因此危态下的资源供应系统应做出适当的调整,以满足应急应战的需求。

孔昭君系统地阐述了国民经济动员链的概念,将完成国民经济动员任务所必需的供应链或产业链整体称为国民经济动员链[5]。之后孔昭君又借鉴产业链、供应链和价值链的核心思想,对国民经济动员链做了进一步阐述,认为可以从供应链、产业链等层次分析国民经济动员链。供应链聚焦于微观层面,强调对完成具体国民经济动员任务的生产经营活动的分析;而产业链则着眼于宏观层面,强调国民经济动员管理部门代表政府对产业部门进行组织与管理。国民经济动员链也是一种依附于特定社会经济网络之中的网链组织[5-6]。李元元将弹性思想引入应急物资动员链的研究中,对应急物资动员链的弹性机制进行了研究,并构建了应急物资动员链的弹性模型[7]。陈正杨将动员链划分为扩容型动员链和重组型动员链两类,并重点对扩容型动员链进行了研究,将扩容型动员链划分为自扩容、横向扩容和纵向扩容三类,在此基础上对扩容型国民经济动员链的扩容演化机理及可靠性进行了研究[8]。刘思佳对动员链上游进行了优化,并构建了动员链上游企业供应商选择评价模型[9]。赖瑞将重组型国民经济动员链定义为依托受损的国民经济动员链,重新组织和调度动员链的协调部门、一级原材料供应商、二级原材料供应商、最终产品制造商等主体,以快速组建能够满足资源保障需求的动员链[10]。

石油动员属于国民经济动员的范畴,张纪海等将其定义为:为维护国家安全,满足战争和应急管理对石油及相关产品的需要,国家有计划、有组织地提高石油及相关产业的应变能力,合理配置石油的勘探、开发、储运、炼化、消费等环节,将石油动员潜力转化为石油动员实力,超常增加石油及相关产品供给的活动[1]。石油动员涉及石油产业的不同层级、不同阶段,在宏观层面需要动员石油产业链,在中观层面需要动员石油供应链,在微观层面需要动员石油物流系统。石油动员涉及产业链、供应链、物流的一个或多个环节。

综合上述分析,本书认为:石油产业链通常能够满足常态的石油产品需求,但却无法满足战争和突发事件等危态下的超常需求,必须采取动员手段,对石油产业链进行调整,增加或删除成员节点,调整节点之间的关系,扩大石油产品供给能力,形成石油动员链。因此,石油动员链是指为了满足石油动员需求,在政府、军队、石油企业等协调下,形成的可以动态调整的、具有稳定的石油产品超常供给能力的产业链(供应链或物流系统)。石油动员链由石油动员产业链(供应链或物流系统)和石油动员管理链两部分构成,石油动员产业链在管理链的协调下实现石油产品的超常供给。

石油动员链是一种典型的动员联盟,成员节点可以根据动员需求和损毁程度动态地加入或离开石油动员链,节点关系也会随着节点的加入或离开动态地调整。石油动员链也是一类具备特殊功能的、具有网链结构的系统,并且运行于较为复杂的外部环境中,因此石油动员链具有以下特点。

(1) 石油动员链具有政府主导性和干预性

石油动员链由石油动员产业链和石油动员管理链两条相互独立又密切

联系的链条组成，石油动员产业链是在管理链的协调控制下运行的。而石油动员链区别于普通产业链的最大特点就是其存在管理链，而政府相关管理部门是管理链的重要组成部分，可以主导和干预管理链的运行。石油动员链都是通过管理链的形式接受政府指导和调节的。

（2）石油动员链的需求具有不确定性

由于战争和突发事件具有偶发性和难以预测，导致执行石油动员任务的相关人员无法准确地估计战争或突发事件的持续时间、影响范围、强度大小等因素，进而难以有效地预测石油产品需求。

（3）石油动员链具有动态性

石油动员链的动态性主要体现在两个方面。一方面是石油动员链的规模随着参与主体和动员链节点的不断进入与退出而动态变化，首先，战争或突发事件通常会造成较大的破坏，导致石油动员链原有的节点遭到破坏而退出；另外，石油动员链会随着动员任务的不断变化而不断加入新的参与主体和节点，同时各节点之间的关系也会发生变化。另一方面是石油动员链动员能力具有动态性。构建石油动员链的主要目的是为了实现石油产品的超常供给，因此，石油动员链是一个不断优化的链条，石油动员能力将会随着动员活动的不断进行而逐步调整。

（4）石油动员链的弱经济性

石油动员活动是为了维护国家安全和社会公共利益，如果只运用一些平时的供应链管理手段，往往无法实现石油产品的超常供给能力，也就无法满足应对战争或突发事件的石油产品需求。在石油动员活动中，平时石油产品供应的经济效益原则将不再作为石油企业运营的核心目标，要重点考虑石油产品供应的及时性和有效性，因此石油动员链的运行目标具有明显的弱经济性。但是需要注意的是，强调石油动员链的弱经济性并不是忽视经济效益和动员成本。

（5）石油动员链具有高度协同性

国民经济动员工作是典型的跨部门和跨行业业务，甚至横跨军地双方。作为执行国民经济动员任务的实体，石油动员链是一个复杂而开放的系统，其参与成员来自国民经济体系不同的领域，各成员通过相互作用产生协同效应，根据石油动员链中各种"流"的传递要求而形成特定的合作规则和运作方式，以促使系统走向有序状态。协同学理论认为，可以采用被组织的方式，对系统内部自组织的序参量施加一定的外部压力来改变自组织状态，促使系统实现高度有序[11]。政府可以采取多种动员手段管理和调整石油动员链，改变其自组织状态而实现高度有序。石油动员链中的任何一个主体在业务方面的变动都可能引起石油动员链网结构的变化，甚至引起石油行业对石油动员活动协同度的变化，对石油动员效果产生影响。因此参与成员间的高效协同，是石油动员链得以正常运行的重要保证。

（6）石油动员链涉及主体广泛

石油动员链具有应对战争和突发事件、维护社会经济运行稳定的作用。这个作用决定了石油动员链参与主体的广泛性。石油动员链的运作过程是复杂的，其基本任务包括指挥、决策和协调石油动员任务，接受石油动员任务，原油生产与运输，成品油生产、制订配送计划、调度运输载体等。因此，涉及的主体既包括三大石油公司、地方国有石油公司、民营石油公司、外资石油公司等石油企业，还包括负责指挥石油动员的各级国防动员委员会以及负责协调石油动员任务的各级国民经济动员办公室和能源管理部门。

3.4　石油动员链的构建

石油动员链由石油动员产业链和石油动员管理链构成，石油动员产业链在管理链的作用下实现石油产品的超常供给。因此，可以从设计石油动员产业链和石油动员管理链两个维度构建石油动员链的简单模式，并通过后续的研究完善石油动员链的设计方法。

3.4.1　石油动员链的设计原则

（1）系统性原则

设计石油动员链，不能只着眼于个别成员或者个别环节，而应该放眼整个动员链，运用系统科学的理论和方法，权衡影响石油产品超常供给能力的因素，选取适当的节点，确定合适的结构，以实现整体优化。

（2）自顶向下和自底向上相结合的原则

在供应链设计中，存在两种设计方法，即自顶向下和自底向上的方法。对于石油动员链亦是如此，自顶向下的方法是从全局走向局部的方法，是从全产业链的视角对石油动员链系统分解的过程；自底向上的方法是从局部走向全局的方法，是从成品油物流、原油生产和加工工作流的角度对石油动员链系统进行集成的过程。在设计石油动员链时，往往考虑先由作为石油动员链决策层的主体做出战略规划与决策，然后由作为协调层的主体进行石油动员任务的协调，最后由作为执行层的主体来执行具体的石油动员任务。并且，在执行石油动员任务的过程中，执行层的执行情况又会反馈到协调层和决策层，形成自下而上进行集成的过程。因此石油动员链的设计应该采用自顶向下和自底向上相结合的方法。

（3）效率与成本综合最优原则

在提供石油产品以满足战争或突发事件需要的过程中，产生的成本有开采成本、炼化成本、运输成本、储存成本等。不同的石油动员链设计方案，会导致节点数量及关系，结构布局，石油炼化、运输能力，各主体成员之间沟通及协作的差异，相关成本也会不一样。因此，设计石油动员链时要全面考虑决策方案对各种成本的综合影响，保证综合成本最低。

但是，在构建石油动员链时也不能因为一味地追求动员链成本最低而忽略效率性。由于石油动员的最终目的是实现石油产品的超常供给，因此，石油产品要发挥其本身的价值，就必须在一定的时间内被送达到需求地点，超过时限就失去了动员的意义。

（4）动态性与协调性一致原则

在战争或突发事件环境下，各种不确定因素随处可见，战争或突发事件的发展变化是不确定的，石油产品的需求量和需求地点是不确定的。另外，一些石油企业或石油动员链节点是被动员参加的，执行动员任务的意愿和决心也是不确定的。因此，在设计石油动员链时，要充分预见各种不确定因素对石油动员链运作的影响，并对其进行动态调整，以使整个链条协调运行，减少不确定性带来的不利影响。石油动员链效率的高低不仅取决于石油动员链中各节点的运作效率，也取决于节点间关系和运作是否和谐。

3.4.2　石油动员产业链设计

石油动员产业链是危态下完成动员任务，实现石油产品稳定超常供给的实体。在石油动员产业链中存在物流、信息流和商流等活动。

通过分析我国石油产业发展现状和石油产业链结构发现，石油产品超常供给能力需要依托石油产业链形成，而依托石油产业链释放出来的石油产品包含直接和间接两个方面的来源。针对石油产品超常供给能力的生成过程，结合石油产品动员潜力的释放流程，选取成品油这类典型的石油产品设计了如图3.4所示的石油动员产业链。

第 3 章 石油动员链构建 43

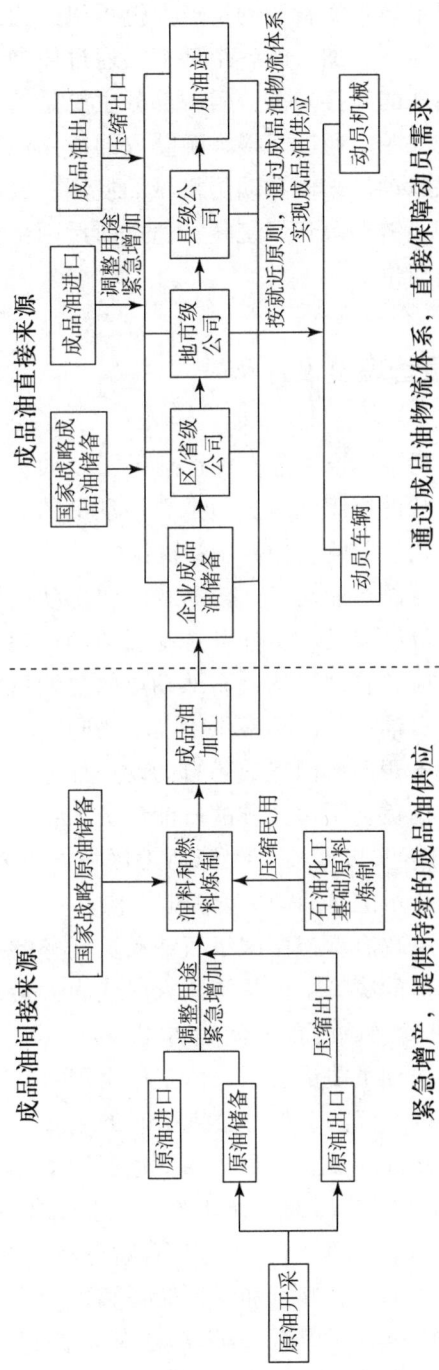

图3.4 石油动员产业链框架

由图 3.4 可知，简单模式的石油动员产业链可以分为两个部分：前一部分主要包括动员原油生产、加工的各个环节，通过原油生产加工体系生产出成品油，对应成品油的间接来源；后一部分主要是动员成品油流通环节，对应成品油的直接来源。通过间接来源获取的成品油经由成品油物流系统配送至需求地，保障动员车辆和动员机械的使用。成品油直接来源和间接来源在石油动员产业链上得到了统一，通过前后两部分的配合，可以实现成品油的持续不间断供应。

3.4.3 石油动员管理链设计

石油动员管理链是指危态下管理石油产业链实施动员的管理部门依据权利和责任关系形成链状的组织结构，包括石油动员的决策机构、协调机构、执行机构、协作机构、监管机构和主管机构。

石油动员是一类典型的行业动员，依据我国国防动员与应急管理的管理制度，需要根据动员等级以及动员任务选择石油动员的决策主体。各级国民经济动员机构以及应急管理机构是石油动员的协调机构，在石油动员链中协调执行主体提供石油产品的超常供给，主要职责是为决策部门提供必要信息以及组织协调各职能部门完成各自的动员任务。具体来讲，常态下各级国民经济动员机构负责所辖区域的石油动员准备工作；危态下则负责协调石油动员任务的落实以及协调保障所辖区域石油资源的筹集和调配。可以设计如图 3.5 所示的石油动员管理链结构。

由图 3.5 可知，中央政府承担国家级石油动员任务的决策、协调和监管等工作。国民经济动员的决策主体是全国人民代表大会常务委员会，主要职责是对国民经济动员领域的重大问题做出决定，并交付相关机构执行。协调机构即国家国防动员委员会，具体工作由国家经济动员办公室承担，发布相应的命令。国家经济动员办公室平时的主要工作是提出石油动员潜力调查任务、编制石油动员总体预案和下达石油动员演练任务等，急时负责石油动员跨区域、跨部门的协调工作。主管机构主要指国家能源局，平时负责做好石油动员潜力调查、制定石油行业动员预案、组织实施石油动员演练、组织相关部门做好石油资源储备和生产能力储备、依托重点企业组建石油动员中心等，急时负责组织国务院各相关部门和石油企业，综合利用石油资源，保障应急和应战石油动员需求。监管机构包括国务院国有资产监督管理委员会、财政部、审计署、国家发展和改革委员会、商务部、国家质量监督检验检疫总局、国家安全生产监督管理总局等，负责各自的监督和管理工作。协作机构包括工业和信息化部、交通运输部、国家统计局等，主要职责是配合石油动员主管机构，做好部门的本职工作，如交通运输部在动员实施阶段，负责做好石油运输工作。执行机构包括中石油、中石化等石油企业，平时开展石油动员准备工作，具体包括为石油潜力调查提供基础数据，编制石油企业动员预案，承担石油动员中心以及石油动员保障基地的建设任务，急时负责编制石油生产动员方案，组织石油生产动员和石油储运动员等。

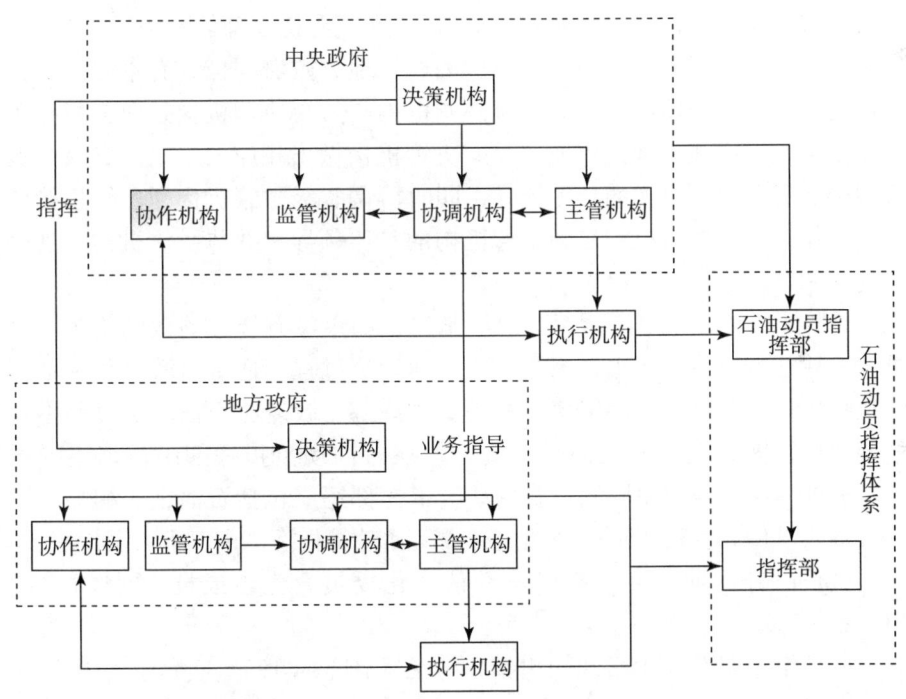

图 3.5　石油动员管理链结构

当发生突发事件或战争时，由国家经济动员办公室联系石油动员相关部门，召开联席会议。根据国家面临的安全形势，分析、判断实施石油动员的时机和范围，确定石油动员的目标和任务，最后由全国人民代表大会常务委员会做出石油动员决定。决策机构向协调机构发布相应的命令，协调机构接到命令后，主要协调主管机构和监管机构的相关工作，并为决策机构提供必要的信息以及组织协调各职能部门完成各自的动员任务。主管机构依据相关法律对执行机构下达命令或采取动员手段，组织执行动员任务。与此同时，执行机构需要与协作机构进行必要的协调。各类监管机构对所管辖范围内的任务进行监督管理。财政部、审计署等有关部门定期召开联席会议，研究解决石油动员专项资金监管工作中的有关问题；国家安全生产监督管理总局监督石油生产企业的安全生产情况；国家质量监督检验检疫总局负责监管石油产品的质量水平；国有资产监督管理委员会负责石油企业国有资产的保值增值，指导国有石油企业改革和重组；国家发展和改革委员会与商务部负责监测石油市场的运行情况和石油价格的波动情况。

有些国家级石油动员任务需要由中央政府委托或部署地方政府完成，还有些石油动员任务来自地方政府，因此，地方政府同样具有本级的石油动员决策和协调的职能。中央政府协调机构与省级协调机构是业务指导关系，中央政府决策机构指挥地方政府决策机构做出相应的决策。省级协调机构服从省级决策机构的具体领导，同时协调省级主管机构和监管机构的动员工作。同时执行机构受到主管机构的具体领导，并与协作机构开展必要的协调工作。

另外，石油动员任务艰巨、时间紧迫，如果没有统一高效的指挥，动员任务往往难以执行下去，因此，在实际动员过程中通常由政府相关部门和执行机构的负责人共同组建石油动员指挥部。政府在石油动员过程中占主导地位，因此政府相关部门人员一般在石油动员指挥部中占据主导地位。另外由于行业背景限制，石油动员指挥部还应包括石油企业相关部门的负责人。例如，汶川地震中四川省成品油动员指挥部由以下人员组成：

组长由钟吕坤（四川省经济和信息化委员会党组成员、副巡视员）担任；

成员由温明友（中石油四川销售分公司副总经理）、姜辉（中国石化销售有限公司川渝分公司副总经理）、杜景水（中国石油兰成渝输油分公司经理）、赵辉（四川省经济和信息化委员会经济运行处处长）组成。

3.4.4 石油动员链的形成

危态下石油动员链中的各类主体根据动员任务组建两条链，即石油动员管理链和石油动员产业链。石油动员管理链遵循集成动员的模式，以任务为导向，将完成石油动员特定任务的相关职能部门集成在一起，由石油动员机构进行协调。石油动员管理链和石油动员产业链是两条平行的链。石油动员产业链与石油动员管理链只有相互作用，才能完成具体的石油动员任务，即应战应急石油产品的及时、稳定、超常的供给。

在政府主导下，各石油企业相互配合，动态地协调和整合供应链、产业链及石油产品物流系统，从而形成以灾区或前线为核心的动态石油产品救援网络，即石油动员链，如图3.5所示。

需要强调的是：在战争或突发事件发生时，战区或灾区附近的石油管线、加油站、油库、运油线路、配送点等可能会遭到破坏，表现在石油动员链上就是节点和线路的损坏，此时需要石油动员指挥部发挥调控与指挥职能，对动员链做出动态调整，以保障石油动员链的动态联动，如图3.6所示。例如，在非石油行业主体企业配送点遭到破坏时，可由中石油和中石化相应配送点接替完成任务；在中石化加油站遭到破坏时，其可将成品油紧急配送给中石油和非石油行业主体企业的相关加油站；在中石油的省级油库向外输油的线路遭到破坏时，其下游企业成品油需求可由中石化和非石油行业主体企业保障等。当然，这些调整措施要以相应的管理制度和政府的主导能力作为保障。

本章小结

本章研究聚焦于石油动员链的构建。首先，分析了我国石油产业的发展现状，认为我国成品油的直接来源包括调用国家战略成品油储备，紧急增加成品油进口，调整成品油进口用途、压缩成品油出口，调用石油集团总部、各级分公司和加油站的成品油储备；间接来源包括调用国家战略原油储备，紧急增加原油进口，调整原油进口用途，压缩原油出口，上游企业紧急增产，调整在加工原油用途。其次，界定了石油动员链的内涵，并认为石油动员链具有政府主导性和干预性、需求不确定性、动态性、弱经济性、高度协同性以及涉及主体广泛的特征。最后，提出了石油动员链的设计原则，并对石油动员链的两条基本链（石油动员产业链和石油动员管理链）进行了设计，在此基础上对石油动员链进行了综合集成。

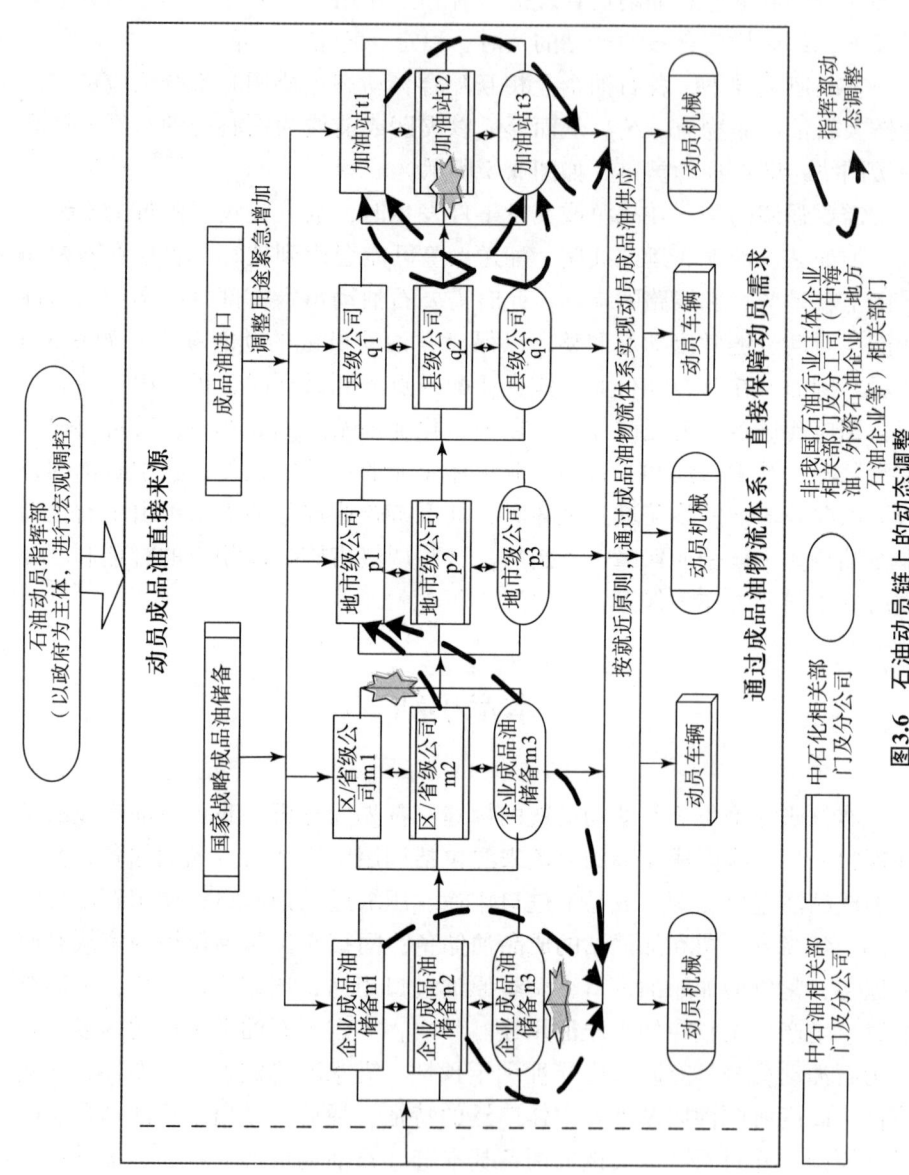

图3.6 石油动员链上的动态调整

参考文献

[1] 张纪海,李婷,王超. 基于产业链视角的石油动员潜力构成要素研究[J]. 北京理工大学学报(社会科学版),2011,(06):68-72.

[2] 刘广园. 供应链环境下成品油物流体系研究[D]. 中国石油大学,2008.

[3] 新华网:新华能源. (2012-07-16) [2017-03-03]. http://news.xinhuanet.com/energy/2012-07/16/c_123418808.htm.

[4] 王成敏,孔昭君. 供给视角的国民经济动员资源供给能力及特性研究[J]. 军事经济研究,2011,(06):27-30.

[5] 孔昭君. 论国民经济动员链[J]. 北京理工大学学报(社会科学版),2012,(01):71-76.

[6] 孔昭君. 国民经济动员链及其意义与价值[J]. 军事经济研究,2012,(03):34-36.

[7] 李元元. 应急物资动员链的弹性模型构建研究[D]. 北京:北京理工大学,2013.

[8] 陈正杨. 国民经济动员链扩容演化与可靠性研究[D]. 北京:北京理工大学,2015.

[9] 刘思佳. 国民经济动员企业动员链上游系统构建研究[D]. 北京:北京理工大学,2015.

[10] 赖瑞. 重组型国民经济动员链构建研究[D]. 北京:北京理工大学,2016.

[11] 邹辉霞. 供应链协同管理:理论与方法[M]. 北京:北京大学出版社,2007:32-33.

[12] 张纪海,张劝劝. 石油动员链的构建研究[J]. 北京理工大学学报(社会科学版),2013,(04):84-92.

[13] 张纪海,李婷,鄂继明. 石油动员模式研究[J]. 北京理工大学学报(社会科学版),2011,(04):66-71.

第 4 章
石油动员供应链优化研究

石油动员供应链是石油动员链的基础，管理链必须作用在石油动员供应链上才能发挥作用。战争和突发事件会给石油动员供应链造成不同程度的损害，会导致节点和边的损失或减少，进而使得整条石油动员链无法正常运行，出现石油产品供给不足的情况。另外，在灾害发生时，石油产品的需求量会在短时间内激增，为了达到供需平衡、保障石油安全，实现石油产品的超常供给是解决上述难题的关键。我国石油产业具有较强的寡头垄断特征，中国石化集团和中国石油集团各自拥有完整的产业链条。本章以优化石油动员供应链为研究目标，以中国石化集团为研究对象，分析了中国石化集团石油动员供应链存在的问题，研究了石油动员供应链鲁棒性的测算方法，并在此基础上对石油动员供应链的瓶颈进行识别和控制，以此优化石油动员供应链，进而指明石油产品超常供给的实现途径。

4.1 石油动员供应链存在的问题

石油动员供应链在应对近年发生的重大自然灾害过程中发挥了重要作用，但也暴露出了一些存在的问题。

2008年5月14日，四川省汶川发生8.0级地震，震后中国石化集团与中国石油集团两大公司全力展开抗震救灾工作，最大限度地保证抗震救灾用油。中国石化集团与中航油联系，根据中航油航空煤油需求流向和数量，积极调整炼厂生产方案，增产航空煤油满足救灾需要。中国石化集团启动销售企业加油站灾害应急预案，要求位于灾区未受损坏的加油站24小时营业；要求震后存在安全隐患的保供站采取加固支撑、罩棚外加油等措施坚持保供。同时，中国石化集团、中国石油集团加大与交通运输部门的协调力度，加大油品调运规模。中国石化集团加大茂名石化、湛江东兴炼厂油品发运川渝地区的力度，停止荆（门）荆（州）管线管输和长株潭管线备油，将原计划配置给湖北的油品和长岭、荆门炼厂原安排管道垫底的柴油调往四川，用于救灾。

2008年1月，我国江西、湖南、重庆、贵州等地陆续遭遇持续雨雪天气，部分县市遭遇寒潮冰雪灾害。为保障受灾地区的油品供应，中国石化集团紧急启动了应急预案。位于受灾地区的中国石化集团各级公司也启动了各自的市场保供应急预案，为灾区24小时提供服务，油库、运输车辆、加油站等也保持高效运转。其中，提供给贵州、湖南、重庆的油品比原计划的82.5万吨增加了23.5%。中国石化集团西南石油局的管道日夜运转，保障石油资源从沿海地区到西南地区源源不断的供应。受灾地区的512座重点部位的加油站都开通了抗灾保供绿色通道，优先保障电力、交警、通信、气象、鲜活农产品、公交等保供对象的油品供应，与此同时，各加油站还为受灾车辆提供防冻液和防凝剂。另一方面，中国石化集团还主动为一些特殊单位提供上门配送油品的服务。仅贵州石油分公司就在1月1日至3日通过油库向重点保供单位直接配送油料440吨，通过加油站向贵州电力公司供应150吨油料，并向毕节、黔西、纳雍、威宁、织金、大方、瓮安等高寒地区加油站紧急调运了1 000余吨油料，有力地保障了当地生活生产用油。

2013年4月20日8时2分，四川省雅安市芦山县境内发生7.0级地震，震源深度为13千米。地震发生后，中国石化四川石油分公司立即启动了应急预案，做出响应，要求全省范围立即调查受灾情况，安抚受灾员工，尽快恢复生产，并做好次生灾害防护工作。当日上午9时30分，四川石油分公司负责人第一时间赶赴雅安，了解灾情，现场处置。中国石化集团同时宣称，公司将竭尽全力保证当地油气供应。地震发生后，四川石油分公司紧急行动，第一时间向灾区站点发送了3个油罐车，投送总量约6万升柴油，往凉水井方向投送了2.1万升93号汽油、1.7万升97号汽油。

同时油库还有两车93号汽油随时待命。

通过上述案例分析，在危态下中国石化集团能够做到按需保供，但也暴露了一些问题。

（1）石油储备与油库库存容量不足

企业都是以利润最大化为最终目标的，因此在日常的经营活动中，要把库存降低到较低的水平来实现较高的经济效益。虽然在救灾过程中，中国石化集团也能够保证油品的应急供应，但总体上讲，是不经济的，是在较高的运输成本和运输风险的基础上完成供应任务的。当突发事件发生后，灾区油品需求量剧增，油库库存容量远远不能满足需求，与此同时，市场上油品需求量也在不断地增长，给油库运行带来越来越大的压力。

（2）通信问题

突发事件发生后，往往会伴随着通信的中断，例如在2008年汶川地震后，四川省7个县的电话通信全部中断，包括4000多个移动基站和2000多个联通基站。这使得灾区内的众多加油站处于失联状态，指挥部门也无法了解到灾区加油站与工作人员的状况。中国石化集团作为国内最大的石油企业之一，应该建立一套应急通信系统，不仅可以方便常态下的工作需要，在突发事件发生时也能够第一时间发挥作用。

（3）应急供应制度有待完善

虽然在历次应急响应中，中国石化集团的下属公司都启动了相应的石油供应应急预案，成立了石油供应应急组织，但实际工作中还会出现一些突发情况，不得不采取临时措施，在这个过程中往往会延误供应或造成动员成本提高。因此，中国石化集团平时要加强动员准备，建立较为完善的应急供应机制，才能从容地应对各类突发事件。

4.2　石油动员供应链鲁棒性优化

本节选取中国石化集团在湖南省的石油动员供应链网络为对象开展研究。湖南省位于长江中游，大部分区域在洞庭湖以南，古属荆楚之地，北靠长江黄金水道，南临粤、桂，西接重庆、贵州，是中国东部沿海与西部内地的过渡区域，具有承东启西、通北接南的纽带作用。2012年，中国石化集团在湖南省的油品销量已经超过600万吨，供油量占湖南省总用油量的75%，目前其油品主要由中国石化集团在华中、华东、华南地区的广州石化（S_1）、长岭炼化（S_2）、九江石化（S_3）、武汉石化（S_4）等炼厂供应。湖南省内主要的油库有长沙油库（M_1）、衡阳油库（M_2）、郴州油库（M_3）。由于研究需要，本书简化动员供应链，各节点之间的供应关系如图4.1所示。

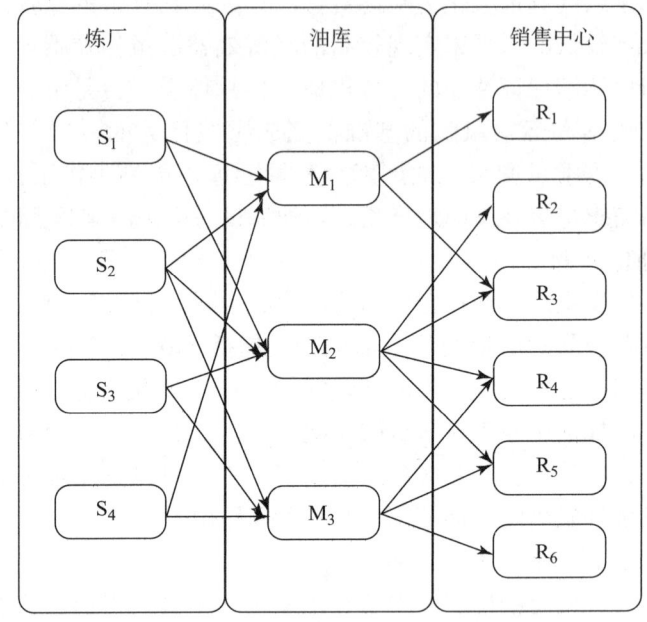

图4.1　湖南省石油动员供应链网络

在发生突发事件后，中国石化集团会增加外部资源调入，加强灾区油品调配并且在加油站开设绿色通道。炼厂在原油进厂困难、库存下降或生产设备出现重大事故，可能影响省内石油配置计划实现时，通过加大原油调运入库力度，加快设备维修，在最短时间内恢复正常生产来解决。

湖南省自身能源资源匮乏，外来能源则受输送通道制约。在发生突发事件时，其向外输出能源的能力不足，向内输入能源的能力有限。除中国石化集团下属企业共同存在的问题之，外湖南省还存在以下问题。

（1）运输调运方案不合理

一次运输以铁路为主，水运次之，运输成本高。一次运输调运方案不尽合理，运输上存在舍近求远的现象，导致运距增加、成本增高。从资源分布来看，湖南省境内的原油加工企业只有长岭炼厂和巴陵石化两家，均分布在湘北靠近长江的岳阳地区，其产品主要就近供应湖南、湖北、广东和西南部分地区。由于受运输条件和原油资源的限制，华中沿江地区的原油加工企业分布极不均匀。湖南、湖北、江西三省境内的炼厂或石化企业均分布在长江沿线（湖南境内炼厂分布在湘北的岳阳，湖北境内炼厂分布在鄂南的荆门和武汉，江西境内炼厂分布在赣北的九江），而湖南、湖北、江西三省纵深地区根本就没有原油加工企业，导致各省纵深地区需要的油品要从长江沿线炼厂和石化企业通过铁路、公路和水路远距离运输。

（2）油库设备陈旧，自动化程度低

中国石化湖南石油分公司的油库大多是20世纪六七十年代建造的，多年来更新改造投入少，不少油库设备陈旧，技术水平低，设备、工艺、流程都比较落后，特别是管理意识落后，造成油品非正常损耗逐年加大。

4.2.1 石油动员供应链稳定状态的搜寻

4.2.1.1 搜寻石油动员供应链稳定状态的算法介绍

（1）石油动员供应链网络的符号表示

假定动员链网络由炼厂、油库和加油站三者构成，动员链中共有 I 个炼厂、J 个油库和 K 个加油站，炼厂不能直接将成品油销售给加油站，只能传输给油库。用节点表示炼厂、油库和加油站，用连接节点的边来表示炼厂和油库之间以及油库和加油站之间的关系，用流表示产品从炼厂出发，流经油库并到达加油站的路径。

设节点 NS_i 表示第 i 个炼厂，NM_j 表示第 j 个油库，NR_k 表示第 k 个加油站；边 eSM_{ij} 表示炼厂 i 到油库 j，边 eMR_{jk} 表示油库 j 到加油站 k，$eSMR_{ijk}$ 表示从炼厂 i 到油库 j，再到加油站 k 的流。设边 eSM_{ij} 上的流量为 u_{ij}，边 eMR_{jk} 上的流量为 v_{jk}，设流 $eSMR_{ijk}$ 上的流量为 y_{ijk}。

设炼厂 NS_i 提供 Q_i 数量产品的原材料成本为 $CS_i(Q_i)$，油库 NM_j 提供 q_j 数量产品的生产与运输成本为 $CM_j(q_j)$，加油站 NR_k 提供 D_k 数量产品的运输与销售成本为 $CR_k(D_k)$，其中，$CS_i(Q_i)$、$CM_j(q_j)$ 以及 $CR_k(D_k)$ 均为凹函数。炼厂 NS_i 销售 Q_i 数量产品的收入为 $IS_i(Q_i)$，油库 NM_j 销售 q_j 数量产品的收入为 $IM_j(q_j)$，加油站 NR_k 销售 D_k 数量产品的收入为 $IR_k(D_k)$。

设加油站 k 的销售价格为 p_k，并分别用 MIS_{ijk}、MIM_{ijk} 和 MIR_{ijk}（$MIR_{ijk}=$

p_k）表示炼厂、油库和加油站在流 $eSMR_{ijk}$ 上的边际收入（$MIS_{ijk} < MIM_{ijk} < p_k$），用 MCS_{ijk}、MCM_{ijk} 和 MCR_{ijk} 表示炼厂、油库和加油站在流 $eSMR_{ijk}$ 上的边际成本，其中，$MCS_{ijk} = \partial(CS_i(Q_i))/\partial Q_i$，$MCM_{ijk} = \partial(CM_j(q_j))/\partial u_{ij}$，$MCR_{ijk} = \partial(CR_k(D_k))/\partial v_{jk}$。那么炼厂 i 在流 $eSMR_{ijk}$ 上的边际收益为 $MRS_{ijk} = MIS_{ijk} - MCS_{ijk}$，油库 j 在流 $eSMR_{ijk}$ 上的边际收益为 $MRM_{ijk} = MIM_{ijk} - MCM_{ijk}$，加油站在 $eSMR_{ijk}$ 上的边际收益为 $MRR_{ijk} = MIR_{ijk} - p_k$，成品油在流 $eSMR_{ijk}$ 上总边际收益为 $MR_{ijk} = MRS_{ijk} + MRM_{ijk} + MRR_{ijk}$。

（2）动员供应链的稳定状态

定义 4.1 交易经济：对于石油动员链网络 $L_{I \times J \times K}$，这里 I 代表炼厂个数，J 代表油库个数，K 代表加油站个数。l_{ijk} 为从炼厂 i 经油库 j 到达加油站 k 的流量，每一个节点都有各自的偏好关系，并且每个节点的禀赋是一个关于 l_{ijk} 单位产品的收益，即：

$$\pi S_i = IS_i \left(\sum_j \sum_k l_{ijk} \right) - CS_i \left(\sum_j \sum_k l_{ijk} \right) \tag{4.1}$$

$$\pi M_j = IM_j \left(\sum_i \sum_k l_{ijk} \right) - CM_j \left(\sum_i \sum_k l_{ijk} \right) \tag{4.2}$$

$$\pi R_k = IR_k \left(\sum_i \sum_j l_{ijk} \right) - CR_k \left(\sum_i \sum_j l_{ijk} \right) \tag{4.3}$$

定义交易经济为：

$$v > (i, \pi S_i) \wedge (>j, \pi S_j) \wedge (>k, \pi S_k),$$
$$1 \leq i \leq I, \ 1 \leq j \leq J, \ 1 \leq k \leq K.$$

定义 4.2 配置：配置为一个集合 $V = \{l_{ijk}, 1 \leq i \leq I, 1 \leq j \leq J, 1 \leq k \leq K\}$。

定义 4.3 可行的配置：一个动员供应链网络的可行的配置集是满足下述条件的集合：

$MRS_i \geq 0$，$MRM_j \geq 0$，$MRR_k \geq 0$，$1 \leq i \leq I$，$1 \leq j \leq J$，$1 \leq k \leq K$.

以上条件的意思是，不管流量为多少，每一条流上各节点的边际收益非负，这样的配置才称得上是可行的配置。

定义 4.4 抵制动员供应链网络：记 r_1 为动员供应链网络的一种配置，称 r_1 为抵制配置，如果存在另一配置 r_2 满足：

A）$MRS_i \geq 0$，$MRM_j \geq 0$，$MRR_k \geq 0$，$1 \leq i \leq I$，$1 \leq j \leq J$，$1 \leq k \leq K$.

即每条流各节点的边际收益都非负。

B）$\pi S_i^2 \geq \pi S_i^1$，$\pi M_j^2 \geq \pi M_j^1$，$\pi R_k^2 \geq \pi R_k^1$，$1 \leq i \leq I$，$1 \leq j \leq J$，$1 \leq k \leq K$.

即 r_2 中所有节点的收益都不小于 r_1 收益，并且至少有一个节点的收益

大于 r_1 的收益。

定义 4.5 石油动员网络：

动员供应链网络的稳定状态：当一种配置没有受到任何动员供应链网络的抵制时，这种配置被称为是动员供应链网络的稳定状态[1]。

定义 4.6 动员供应链网络的稳定状态等价于下面的规划问题：

$$\text{Opt. max} \pi = \sum_i (\text{IS}_i - \text{CS}_i) + \sum_j (\text{IM}_j - \text{CM}_j) + \sum_k (\text{IR}_k - \text{CR}_k)$$

$$\text{s.t.} \begin{cases} \text{MRS}_i \geq 0, 1 \leq i \leq I \\ \text{MRM}_j \geq 0, 1 \leq j \leq J \\ \text{MRR}_k \geq 0, 1 \leq r \leq R \end{cases} \quad (4.4)$$

定义 4.7 动员供应链网络均衡的存在性：当 T 映射的不动点与 F 映射的不动点相等，即 $r_T^* = r_F^*$ 时，称流集合 r^* 即动员供应链网络处于稳定状态[2]。

4.2.1.2 中国石化集团石油动员供应链稳定状态的案例分析

本章所涉及动员供应链网络如图 4.1 所示，第三级销售收入均为 $10.2D$。动员供应链中各节点的收入函数与成本函数如表 4.1 到表 4.3 所示。

表 4.1 炼厂的收入与函数

IS_1	IS_2	IS_3	IS_4
$5.5Q$	$5.6Q$	$5.4Q$	$5.2Q$
CS_1	CS_2	CS_3	CS_4
$0.2Q^2 + 4Q$	$0.2Q^2 + 3.8Q$	$0.2Q^2 + 5Q$	$0.2Q^2 + 4.8Q$

表 4.2 油库的收入与成本函数

IM_1	IM_2	IM_3	CM_1	CM_2	CM_3
$7.2Q$	$7Q$	$7.2Q$	$0.2q^2 + 6Q$	$0.2q^2 + 6Q$	$0.2Q^2 + 5.8Q$

表 4.3 销售中心的成本函数

CR_1	CR_2	CR_3	CR_4	CR_5	CR_6
$0.1D^2 + 8.6D$	$0.2D^2 + 9.4D$	$0.1D^2 + 8.8D$	$0.1D^2 + 9D$	$0.2D^2 + 8.2D$	$0.2D^2 + 8.4D$

根据上节给出的石油动员供应链稳定状态的搜寻方法，这里便用 T 映射算法，首先是由空集开始，设流量均为零，计算流集合补集中各流量的边际收益，在边际收益为非负的流中寻找最大值，并让该流的流量加 1，以此类推，直到所有流的边际收益为零。根据案例给出的数据算得各流上的边际收益如表 4.4 所示，经过 92 次映射得到该流集合的 T 映射不动点，映射部分过程如表 4.5 所示。

表 4.4　各流上的边际收益

MR_{111}	MR_{112}	MR_{113}	MR_{122}	MR_{123}
$4.3-y_{111}$	$3.5-1.2y_{112}$	$4.1-y_{113}$	$3.3-1.2y_{122}$	$3.9-y_{123}$
MR_{124}	MR_{125}	MR_{211}	MR_{212}	MR_{213}
$3.7-y_{124}$	$4.5-1.2y_{125}$	$4.6-y_{211}$	$3.8-1.2y_{212}$	$4.4-y_{213}$
MR_{222}	MR_{223}	MR_{224}	MR_{225}	MR_{234}
$3.6-1.2y_{222}$	$4.2-y_{223}$	$4-y_{224}$	$4.8-1.2y_{225}$	$4.4-y_{234}$
MR_{235}	MR_{236}	MR_{322}	MR_{323}	MR_{324}
$5.2-1.2y_{235}$	$5-1.2y_{236}$	$2.2-1.2y_{322}$	$2.8-y_{323}$	$2.6-y_{324}$
MR_{325}	MR_{334}	MR_{335}	MR_{336}	MR_{411}
$3.4-1.2y_{325}$	$3-y_{334}$	$3.8-1.2y_{335}$	$3.6-1.2y_{336}$	$3.2-y_{411}$
MR_{412}	MR_{413}	MR_{434}	MR_{435}	MR_{436}
$2.4-1.2y_{412}$	$3-y_{413}$	$3-y_{434}$	$3.8-1.2y_{435}$	$3.6-1.2y_{436}$

石油动员供应链的稳定状态是通过 T 映射得到的不动点与通过 F 映射得到的不动点相同时的状态，因此对动员供应链的稳定状态的搜寻既可以用 T 映射寻找也可以用 F 映射寻找，这里通过 T 映射找到的不动点即为动员供应链的稳定状态，总供给量达到 92 个单位。

表 4.5　T 映射流量变化表

次数	y_{111}	y_{112}	y_{113}	y_{122}	y_{123}	y_{124}	Y_{125}	Y_{211}	y_{212}	y_{213}
T^0	0	0	0	0	0	0	0	0	0	0
T^{30}	2	1	1	0	1	0	2	2	1	2
T^{60}	3	2	2	1	2	2	2	3	2	3
T^{92}	4	2	4	2	3	3	3	4	3	4

续表

次数	y_{222}	y_{223}	y_{224}	y_{225}	y_{234}	y_{235}	y_{236}	y_{322}	y_{323}	y_{324}
T^0	0	0	0	0	0	0	0	0	0	0
T^{30}	1	2	1	2	2	2	2	0	0	0
T^{60}	2	4	2	3	3	3	3	1	1	1
T^{92}	3	4	4	4	4	4	4	1	2	2
次数	y_{325}	y_{334}	y_{335}	y_{336}	y_{411}	y_{412}	y_{413}	y_{434}	y_{435}	y_{436}
T^0	0	0	0	0	0	0	0	0	0	0
T^{30}	1	0	1	1	1	0	0	0	1	1
T^{60}	1	1	2	2	2	1	1	1	2	2
T^{92}	2	3	3	3	3	2	3	3	3	3

4.2.2 石油动员供应链的鲁棒性分析

4.2.2.1 石油动员供应链鲁棒性分析的算法介绍

(1) 动员供应链网络鲁棒性的定义

鲁棒性反映了系统的健壮性与持久性，它是系统即使在面临内部结构或外部环境改变时，仍然能够维持其功能的能力[3]。动员供应链网络的鲁棒性，是系统在受到内部运作和外部突发事件等事件干扰下，仍然能保持动员供应链整体效益最优和整体运行平稳的能力。动员供应链网络的恢复鲁棒性是系统在受到内部运作和外部突发事件等事件干扰下，系统调整到新的稳定状态后获取收益和持续运行的能力。一般来讲，动员供应链的鲁棒性研究是从一个稳定状态到另一个稳定状态的调整时间较长的鲁棒性分析，而动员供应链的恢复鲁棒性研究是从一个稳定状态到达新稳定状态的调整时间较短时的鲁棒性分析。也就是说，在不确定性和危机出现的情况下，鲁棒性和恢复鲁棒性已经成为系统能否生存的关键[4-5]。

(2) 动员供应链网络的鲁棒性测度

定义 4.8 度：在复杂网络中，节点 i 的度定义为与该节点连接的其他节点的数目。记节点 i 的度为 d_i，l_{ei} 表示与节点 i 相连的边 e 的流量。那么，

$$d_i = \sum_{e \in E} \delta_i^e$$

其中，

$$\delta_i^e = \begin{cases} 1, & l_{ei} \neq 0 \\ 0, & l_{ei} = 0 \end{cases}$$

定义 4.9 节点的度：在动员供应链网络中，节点的度是指经过该节点的总流量，记为 d_v，
即：

$$d_v = \sum_{e \in E} l_{ev}$$

根据上述对节点的度的定义，炼厂 NS_i 的度为 $d_v(NS_i) = \sum_j \sum_k l_{ijk}$；油库 NM_j 的度为 $d_v(NS_j) = \sum_i \sum_k l_{ijk}$；加油站 NR_k 的度为 $d_v(NS_k) = \sum_i \sum_j l_{ijk}$。

定义 4.10 边的度：在动员供应链网络中，边的度是指经过该边的总流量，记为 d_e，即：

$$d_e = \sum_{v \in V} l_{ev}$$

根据上述对边的度的定义，炼厂 NS_i 到油库 NM_j 的边 eSM_{ij} 上的度为 $d_e(eSM_{ij}) = \sum_k l_{ijk}$；油库 NM_j 到加油站 NR_k 的边 eMR_{jk} 上的度为 $d_e(eSM_{jk}) = \sum_i l_{ijk}$。

用 $p(d)$ 表示度数为 d 的节点个数 $n(d)$ 占节点总数 N 的百分比，易知度数概率分布具有完备性：

$$\sum_{d=d_{\min}}^{d_{\max}} p(d) = \sum_{d=d_{\min}}^{d_{\max}} \frac{n(d)}{N} = 1$$

其中，$d_{\min}$ 和 $d_{\max}$ 分别表示动员供应链网络中节点度数的最小值和最大值。同时定义节点度数累积分布函数 $P_{cum}(d)$，用 $p(d \geq D)$ 表示度不小于 D 的节点的概率分布，常数 $D \in [d_{\min}, d_{\max}]$，则节点度数的累积概率就可以表示为：

$$P_{cum}(d) = \sum_{d=d_{\min}}^{d_{\max}} p \quad (d \geq 0) \tag{4.5}$$

介数是由 Freeman 于 1979 年首先提出的。介数通常分为节点介数和边介数两种。节点介数定义为网络中所有最短路径中经过该节点的路径的数目最短路径总数的比例。记节点 v 的介数为 $B(v)$，则：

$$B(v) = \sum_{(\omega, \omega')} \frac{\sigma_{\omega\omega'}(v)}{\sigma_{\omega\omega'}} \tag{4.6}$$

式中，对于 $\omega \neq \omega'$ 且 $\omega, \omega' \neq v\omega, \omega \neq \omega'$ 的所有节点对，$\sigma_{\omega\omega'}$ $\sigma_{\omega\omega'}$ 为 ω 与 ω' 之间最短路径的数目 $\sigma_{\omega\omega'}(v)\sigma_{\omega\omega'}(v)$ 为 ω 与 ω' 之间经过 v 的最短路径数目。

边介数定义为网络中所有最短路径中经过该边的路径的数目占最短路径总数的比例。记边 e 的介数为 $B(e)$，则：

$$B(e) = \sum_{v \in V} \sum_{\omega \in V} \frac{\sigma_{v\omega}(e)}{\sigma_{v\omega}} \tag{4.7}$$

其中，$\sigma_{v\omega}(e)$ 为节点 v 与 w 之间包含边 e 的最短路径数目，$\sigma_{v\omega}$ 为 v 与 w 之间所有最短路径数目。

参照复杂网络研究中介数的概念，本书给出动员供应链网络上介数的定义。动员供应链网络中的介数分为节点的介数和边的介数。在本文研究的动员供应链中，系统的目标并不是路径最短，而是收益较大或流量较多，因此，这里我们将网络中经过该节点（边）的路径中流量非零的路径的数目来表示该节点（边）在网络中的作用和影响力，那么，动员供应链中节点介数和边的介数可以定义为：

定义 4.11 点的介数：指网络中经过该节点的路径数目占路径总数的比例。

定义 4.12 边的介数：指网络中经过该边的路径数目占路径总数的比例。

由于本文研究的是三层结构的动员供应链，因此，经过节点（边）的路径数目就是经过该节点（边）的最短路径数目，即动员供应链中介数的概念与复杂网络中介数的概念具有一致性。

从上述节点介数和边介数的定义可以看出，介数反映了相应的节点或者边在整个网络中的作用和影响力，是一个重要的全局几何量，具有很强的现实意义。例如，在社会关系网或技术网络中，介数的分布特征反映了不同人员、资源和技术在相应生产关系中的地位，这对于发现和保护关键资源、技术和人才具有重要意义。

对动员供应链中节点（边）介数的分布采用累积分布函数的方法，定义节点（边）介数累积分布函数为 $P_{cum}(B)$，用 $p(B \geq B')$ 表示介数不小于 B' 的节点（边）的概率分布，B_{max} 表示网络中节点（边）介数的最大值，常数 $B' \in [B_{min}, B_{max}]$，节点（边）介数的累积概率就可以表示为：

$$P_{cum}(B) = \sum_{B=B'}^{B_{max}} p \quad (B \geq B') \tag{4.8}$$

本文从动员供应链的流量角度来刻画动员供应链的绩效鲁棒性和绩效恢复鲁棒性。

设动员供应链在初始稳定状态的总流量为 L_0，动员供应链的绩效鲁棒性定义为：

$$\delta_m = \frac{L_m}{L_0}$$

其中，L_m 表示动员供应链在受到干扰后的总流量，δ_m 为动员供应链在受到干扰后的复杂度。

设动员供应链在受到干扰并调整到新的稳定状态后的总流量为 L_e，那么，动员供应链的绩效恢复鲁棒性为：

$$\delta_e = \frac{L_e}{L_0}$$

定义 8.13 动员供应链复杂度：采用网络非零流的条数与节点数目的比值来表示动员供应链的复杂度。

由于动员供应链上节点的总数为 $I + J + K$，非零流的条数最大为 $I \times J \times K$，因此，动员供应链的最大复杂度为 $H = (I \times J \times K)/(I + J + K)$。

动员供应链的复杂度实际上就是交易的分散程度，如果某节点与较多节点之间存在交易，当其中某些节点受到干扰时，对该节点的流量影响较小，说明该节点的抗干扰能力较强。所以，动员供应链的复杂度反映的是动员供应链的稳定性，称之为动员供应链的稳定鲁棒性[6]。因此，本文从动员供应链的复杂度来刻画其稳定鲁棒性和稳定恢复鲁棒性。

动员供应链的稳定鲁棒性定义为：

$$\varepsilon_m = \frac{H_m}{H_0}$$

其中，H_m 为动员供应链在受到干扰后的复杂度。

设动员供应链在受到干扰并调整到新的稳定状态后的复杂度为 H_e，那么，动员供应链的稳定恢复鲁棒性为：

$$\varepsilon_e = \frac{H_e}{H_0}$$

在上面动员供应链鲁棒性测度的基础上，对动员供应链的鲁棒性和恢复鲁棒性进行分析。这里研究两种去点和两种去边途径对动员供应链鲁棒性的影响。

对动员供应链中节点的度按大小排列，从大到小去点；

对动员供应链中节点的介数按大小排列，从大到小去点；

对动员供应链中边的度按大小排列，从大到小去点；

对动员供应链中边的介数按大小排列，从大到小去点。

设供应商到制造商的总流量由 L 表示，则 $L = \sum_i \sum_j \sum_k l_{ijk}$，基于节点或边移除的鲁棒性分析算法如下：

第一步：计算上一节对动员供应链稳定状态的搜寻方法找到动员供应链的稳定状态，设动员供应链稳定状态时的各流上的流量为 $l_{0ijk}, (i \in I, j \in J, k \in K)$，此时动员供应链的总流量为：

$L_0 = \sum_i \sum_j \sum_k l_{0ijk}$，计算此时动员供应链的收益 π_0。

第二步：根据去点或去边途径，删除节点 n 或边 e，然后执行：

令所有经过节点 n 或边 e 的流量为 0，计算出此时的总流量 $L_1 = \sum_i \sum_j \sum_k l_{1ijk}$ 及收益 π_1；

计算各节点（或边）的度和介数。

第三步：重复第二步，直到 $L_1 = 0$。

同理，基于节点或边移除的恢复鲁棒性分析的步骤为：

第一步：计算上一节对动员供应链稳定状态的搜寻方法找到动员供应链的稳定状态，设动员供应链稳定状态时的各流上的流量为 $l_{0ijk}, (i \in I, j \in J, k \in K)$，此时动员供应链的总流量为

$L_0 = \sum_i \sum_j \sum_k l_{0ijk}$，计算此时动员供应链的复杂度 H_0。

第二步：根据去点或去边途径，删除节点 n 或边 e，然后执行：

搜寻动员供应链的新稳定状态；

计算出新稳定状态下的总流量 $L_1 = \sum_i \sum_j \sum_k l_{1ijk}$ 及复杂度 H_0；

计算各节点的度和介数。

第三步：重复第二步，直到 $L_1 = 0$。

4.2.2.2 中国石化集团石油动员供应链鲁棒性分析的案例分析

突发事件发生后，对石油动员供应链造成的影响主要是动员供应链上各个企业或运输管道的损坏，在模型中表现为节点或边的破坏。因此在模型中将用去点或者去边的方法来进行鲁棒性分析与优化。

从表 4.6 可知，稳定状态下共有 13 个节点的流量不为 0，同时有 19 条边上的流量不为 0，通过前文给出的动员供应链中节点和边的度与介数的

定义，计算得出这些节点和边的度与介数的分布如图 4.2 和图 4.3 所示。

表 4.6 石油动员供应链稳定状态的流量

y_{ijk}		$i=1$			$i=2$		
k	j	1	2	3	1	2	3
1		4	0	0	4	0	0
2		2	2	0	3	3	0
3		4	3	0	4	4	0
4		0	3	0	0	4	4
5		0	3	0	0	4	4
6		0	0	0	0	0	4
y_{ijk}		$i=3$			$i=4$		
k	j	1	2	3	1	2	3
1		0	0	0	3	0	0
2		0	1	0	2	0	0
3		0	2	0	3	0	0
4		0	2	3	0	0	3
5		0	2	3	0	0	3
6		0	0	3	0	0	3

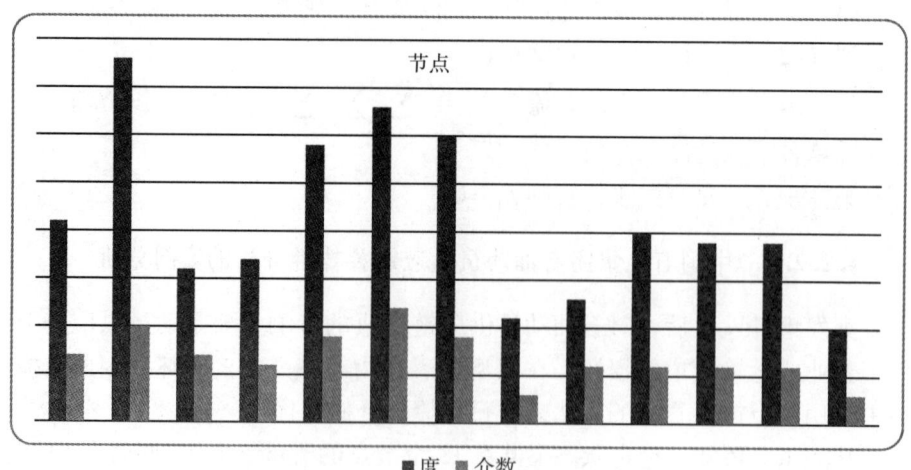

图 4.2 节点的度与节点的介数的分布

第 4 章　石油动员供应链优化研究　　65

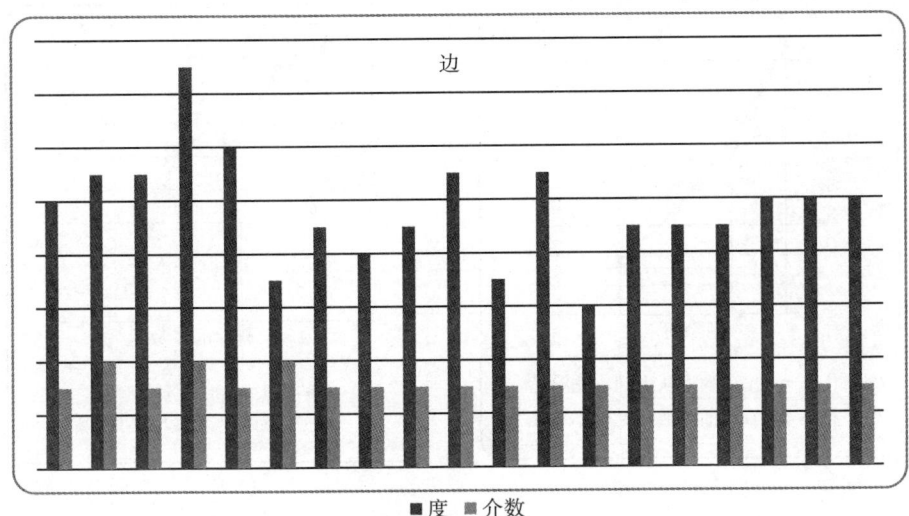

图 4.3　边的度与节点的介数的分布

从图 4.2 中可以看出，动员供应链中节点的度分布较为分散，节点的度最大为 38，最小为 10，变化幅度很大；相比较而言，动员供应链中各节点的介数分布较为集中，最大为 12，最小为 3，变化幅度比较小。从图 4.3 可以看出，动员供应链上边的度分布较为分散，边的度最大为 15，最小为 6，变化幅度还是稍微有些大；相比而言，动员供应链上各边的介数分布比较集中，最大为 4，最小为 3，变化幅度很小。由上所述可以得出，该石油动员供应链中节点受突发事件影响比边受到突发事件影响造成的损失更大。下面，将分别从四种去点和去边的途径来分析该动员供应链的鲁棒性。图 4.4（a）、图 4.4（b）分别是按动员供应链中点的度从大到小依次删除节点时的总流量和复杂度的变化情况。图 4.5（a）、图 4.5（b）分别是按动员供应链中边的度从大到小依次删除各边时的总流量和复杂度的变化情况。

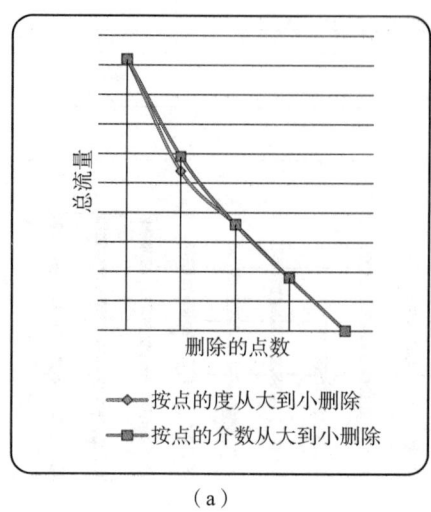
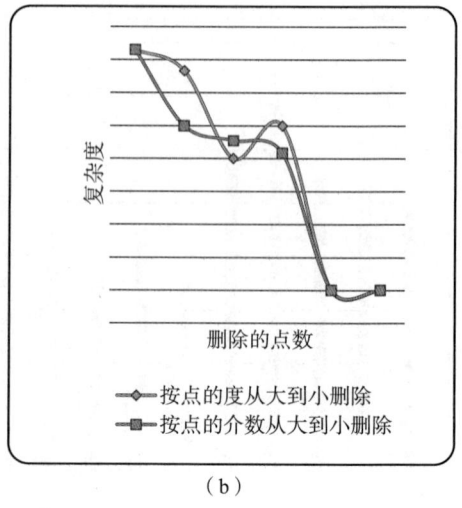

(a) (b)

图 4.4　石油动员供应链去点时的鲁棒性
(a) 动员供应链去点时的绩效鲁棒性；(b) 动员供应链去点时的稳定鲁棒性

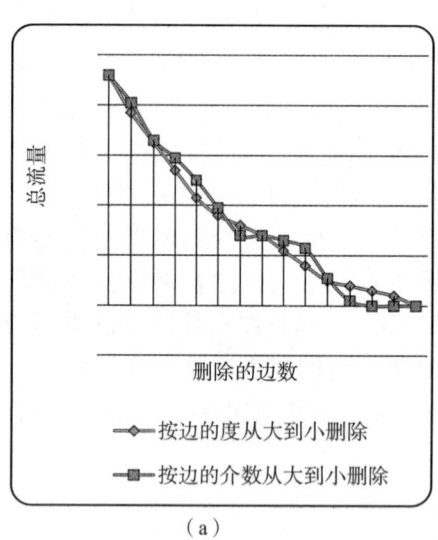
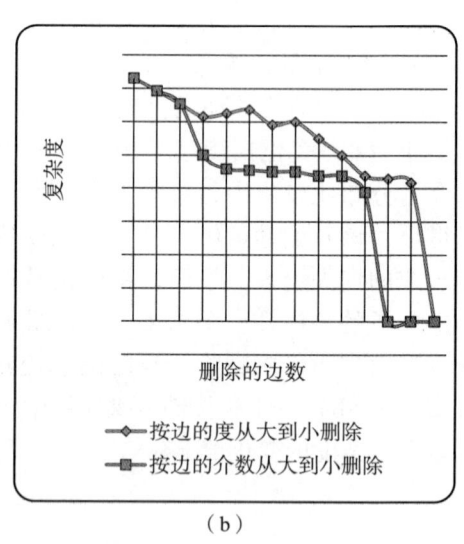

(a) (b)

图 4.5　石油动员供应链去边时的鲁棒性
(a) 动员供应链去边时的绩效鲁棒性；(b) 动员供应链去边时的稳定鲁棒性

4.2.3　石油动员供应链的鲁棒性优化

4.2.3.1　石油动员供应链鲁棒性优化的算法介绍

（1）基于节点的动员供应链鲁棒性优化

突发事件对动员供应链的影响有两种方式：从大到小对节点的度和介数的度进行破坏。基于节点的动员供应链鲁棒性的优化也从按节点的度和按介数的度两个方面进行优化。

第一，按节点的度进行鲁棒性优化。

基于节点度的动员供应链鲁棒性优化目标为：当突发事件对动员供应链的影响是破坏 n 个度最大的节点时，动员供应链在突发事件发生前后的期望总流量最大。

第二，按节点的介数进行鲁棒性优化。

基于节点介数的动员供应链鲁棒性优化目标为：当突发事件对动员供应链的影响是破坏 n 个介数最大的节点时，动员供应链在突发事件发生前后的期望总流量最大[7]。

其中，被破坏的点的个数 n 与突发事件的发生规模有关，若突发事件的发生规模较小，或者说突发事件对动员供应链的影响较小，则 n 的取值较小；相反，若突发事件对动员供应链的影响较大，则 n 应取较大的值。

由于突发事件的发生规模与发生时间的难以预测性，突发事件对动员供应链的影响程度往往是不确定的，n 的取值可能有多个。此时，突发事件对动员供应链破坏程度的大小即节点 n 的个数常常是不确定的区间，如假设 n 可能为 1，也可能为 2，还有可能为 3，那么 n 为区间 $[1,3]$ 上的整数。假定 n 的取值为区间 $[1,N]$（$N \leqslant I+J+K-2$）上的离散点，并且突发事件在每一种发生规模下的概率为 α_n；假定突发事件前动员供应链的总流量为 L_0，其中，度（或介数）最大的 n 个节点的总流量为 L_{1n}。那么，在突发事件发生后，动员供应链的总流量为 $L_1 = L_0 - L_{1n}$，动员供应链在突发事件发生前后的期望总流量为：

$$\mathrm{EL} = (1 - \sum_n \alpha_n)L_0 + \sum_n \alpha_n(L_0 - L_{1n}) = L_0 - \sum_n \alpha_n L_{1n} \quad (4.9)$$

所以，基于节点的动员供应链鲁棒性优化目标为：

$$\mathrm{maxEL} = L_0 - \sum_n \alpha_n L_{1n} \quad (4.10)$$

当突发事件不会发生时，$\alpha = 0$，此时上式可以写为：

$$\max \mathrm{EL}_1 = L_0 \tag{4.11}$$

显然,式(4.11)的最优解是动员供应链的稳定状态。

当突发事件必然发生时,$\sum_n \alpha_n = 1$,此时,式(4.10)可以写为:

$$\max \mathrm{EL}_2 = \sum_n \alpha_n (L_0 - L_{1n}) \tag{4.12}$$

式(4.12)表示的是动员供应链在突发事件发生后的期望总流量最大。

由于 $0 \leqslant \sum_n \alpha_n \leqslant 1$,所以,式(4.10)的最优解是介于式(4.11)最优解和式(4.12)最优解的一种动员供应链状态。同样,最优目标值是介于式(4.11)最优目标值和式(4.12)最优目标值之间,即 $\mathrm{EL}_2 \leqslant \mathrm{EL} \leqslant \mathrm{EL}_1$。

如果不对动员供应链进行鲁棒性优化,由于动员供应链在稳定状态时期望总流量最大,设动员供应链稳定状态时的总流量为 $\overline{L}_{1n}$,突发事件发生后动员供应链的总流量为 $\overline{L}_{1n}$,那么动员供应链的期望总流量为 $\mathrm{EL} = \overline{L}_0 - \sum_n \alpha_n \overline{L}_{1n}$,设动员供应链在鲁棒性优化后的最大期望总流量为 $\mathrm{EL}_{\max}$,显然,$\mathrm{EL}_{\max} \geqslant \overline{\mathrm{EL}}$,即

$$L_0 - \sum_n \alpha_n L_{1n} \geqslant \overline{L}_0 - \sum_n \alpha_n \overline{L}_{1n}$$

上式可以写为:

$$\sum_n \alpha_n (\overline{L}_0 - L_0) + (1 - \sum_n \alpha_n)(\overline{L}_0 - L_0) \leqslant (1 - \sum_n \alpha_n)(\overline{L}_{1n} - L_{1n})$$

合并同类项,并移项得:

$$\sum_n \alpha_n \geqslant 1 - \frac{\sum_n \alpha_n [(\overline{L}_{1n} - L_{1n}) - (\overline{L}_0 - L_0)]}{\overline{L}_0 - L_0}$$

上式表明,当突发事件发生的概率 $\sum_n \alpha_n$ 较高时,动员供应链在鲁棒性优化后的期望收益较高,此时,需要进行鲁棒性优化;当突发事件发生的概率 $\sum_n \alpha_n$ 较低时,动员供应链在稳定状态时的期望收益较高,此时不需要进行鲁棒性优化[8]。

对式(4.10)我们采用模拟求解方法,具体求解步骤为:

第一步:令动员供应链初始状态为动员供应链稳定状态,记此时的动员供应链为 SMR_1,计算动员供应链对突发事件的期望总流量 EL_a,置 $n = 1$。

第二步：在动员供应链 SMR_1 中搜寻动员供应链中度（或介数）最大的 n 个节点，并令经过这 n 个节点的流中边际收益最小的流的流量减 1。

第三步：在不经过度（或介数）最大的 n 个节点的流上，搜寻边际收益最大的流并将该流的流量加 1，记此时的动员供应链为 SMR_2，计算此时的期望总流量：

$$EL_a = L_0 - \sum_n \alpha_n L_{1n}$$

第四步：若 $SMR_1 \neq SMR_2$ 且 $EL_a \leq EL_b$，则转第二步；若 $SMR_1 = SMR_2$，则置 $EL_a = EL_b$，转第五步；若 $EL_a > EL_b$，则置 $SMR_2 = SMR_1$，$EL_a = EL_b$，转第五步。

第五步：若 $n < N$，置 $n = n + 1$，转第二步；若 $n = N$，转第六步。

第六步：对动员供应链 SMR_1 做 T 映射，直到达到 T 映射稳定点。

第七步：返回动员供应链各流上的流量。

(2) 基于边的石油动员供应链鲁棒性优化

根据上节中突发事件影响动员供应链中各边的两种方式，即按边的度从大到小进行破坏，和按介数的度从大到小进行破坏，基于边的动员供应链鲁棒性优化目标也分为两种情形：

按边的度进行鲁棒性优化：基于边的度的动员供应链鲁棒性优化目标为：当突发事件对动员供应链的影响是破坏 n 个度最大的边时，动员供应链在突发事件发生前后的期望总流量最大。

按边的介数进行鲁棒性优化：基于边的介数的动员供应链鲁棒性优化目标为：当突发事件对动员供应链的影响是破坏 n 个介数最大的边时，动员供应链在突发事件发生前后的期望总流量最大。

被破坏的边的个数 n 与突发事件的发生规模有关，若突发事件的发生规模较小，或者说突发事件对动员供应链的影响较小，则 n 的取值较小；相反，若突发事件对动员供应链的影响较大，则 n 应取较大的值。设突发事件对动员供应链破坏程度的大小即边 n 的个数为区间 $[1, N]$（$N \leq I + J + K - 2$）上的离散点，并且突发事件在每一种发生规模下的概率为 α_n，假定突发事件前动员供应链的总流量为 L_0 其中，度（或介数）最大的 n 个节点的总流量为 L_{2n}，那么，在突发事件发生后，动员供应链的总流量为 $L_2 = L_0 - L_{2n}$，动员供应链在突发事件发生前后的期望总流量为：

$$EL = \left(1 - \sum_n \alpha_n\right) L_0 + \sum_n \alpha_n (L_0 - L_{2n}) \qquad (4.13)$$

所以，基于边的动员供应链鲁棒性优化目标为：

$$\max \text{EL} = \left(1 - \sum_n \alpha_n\right)L_0 + \sum_n \alpha_n(L_0 - L_{2n}) \tag{4.14}$$

与基于节点的动员供应链鲁棒性优化类似，基于边的动员供应链鲁棒性优化的边界条件为：

$$\sum_n \alpha_n \geq 1 - \frac{\sum_n \alpha_n [(\overline{L_{2n}} - L_{2n}) - (\overline{L_0} - L_0)]}{\overline{L_0} - L_0} \tag{4.15}$$

即当突发事件发生的概率 $\sum_n \alpha_n$ 较高时，动员供应链在鲁棒性优化后的期望收益较高，此时，需要对动员供应链的边进行鲁棒性优化；当突发事件发生的概率 $\sum_n \alpha_n$ 较低时，动员供应链在稳定状态时的期望收益较高，此时不需要对动员供应链的边进行鲁棒性优化。

基于边的动员供应链鲁棒性优化算法式（4.14）可以写为：

$$\max \text{EL} = L_0 - \sum_n \alpha_n L_{1n} \tag{4.16}$$

与上节中基于节点的动员供应链鲁棒性优化的求解方法类似，上式的具体求解步骤为：

第一步：令动员供应链初始状态为动员供应链稳定状态，记此时的动员供应链为 SMR_1，计算动员供应链对突发事件的期望总流量 EL_a，置 $n=1$。

第二步：在动员供应链 SMR_1 中搜寻动员供应链中度（或介数）最大的 n 条边，并令经过这 n 条边的流中边际收益最小的流的流量减 1。

第三步：在不经过度（或介数）最大的 n 条边的流上，搜寻边际收益最大的流并将该流的流量加 1，记此时的动员供应链为 SMR_2，计算此时的期望总流量 $\text{EL}_a = L_0 - \sum_n \alpha_n L_{1n}$。

第四步：若 $\text{SMR}_1 \neq \text{SMR}_2$ 且 $\text{EL}_a \leq \text{EL}_b$，则转第二步；若 $\text{SMR}_1 = \text{SMR}_2$，则置 $\text{EL}_a = \text{EL}_b$，转第五步；若 $\text{EL}_a > \text{EL}_b$，则置 $\text{SMR}_2 = \text{SMR}_1$，$\text{EL}_a = \text{EL}_b$，转第五步。

第五步：若 $n < N$，置 $n = n+1$，转第二步；若 $n = N$，转第六步。

第六步：对动员供应链 SMR_1 做 T 映射，直到达到 T 映射稳定点。

第七步：返回动员供应链各流上的流量。

4.2.3.2 中国石化集团石油动员供应链鲁棒性优化的案例分析

这里仍然采用上节中的动员供应链，以删除动员供应链中度最大的节点为例进行说明，N 取 2，即依次删除节点 S_2，节点 S_2 和节点 M_2。根据模拟求解算法进行鲁棒性优化，优化结果如表 4.7 所示。一般情况下，经过鲁棒性优化后的动员供应链的总流量会变小，但当动员供应链受到外界攻击后，即去边或去点后流量的减少会相对变小。本案例所示，鲁棒性优化后，总流量与复杂度不变。由于度最大的节点为 S_2，所以当删除节点 S_2 后总流量减少为 61，优化前删除节点 S_2 后总流量减少为 54。由此可见经过鲁棒性优化后的动员供应链应对突发事件的能力更强。同理，分别削弱关键环节上的供给量来增强整个动员供应链的稳定性与鲁棒性。

表 4.7　鲁棒优化后石油动员供应链稳定状态的流量

y_{ijk}	$i=1$			$i=2$		
k \ j	1	2	3	1	2	3
1	5	0	0	4	0	0
2	2	2	0	3	2	0
3	4	3	0	4	4	0
4	0	3	0	0	4	4
5	0	4	0	0	4	4
6	0	0	0	0	0	4

y_{ijk}	$i=3$			$i=4$		
k \ j	1	2	3	1	2	3
1	0	0	0	3	0	0
2	0	0	0	2	0	0
3	0	2	0	3	0	0
4	0	2	3	0	0	3
5	0	2	3	0	0	3
6	0	0	3	0	0	3

4.3 石油动员供应链瓶颈识别与控制

上一节对石油动员供应链进行了鲁棒性优化，保证了石油动员供应链的稳定性。本节将对石油动员供应链各个环节中的瓶颈进行识别，通过不断控制和消除瓶颈，实现石油动员供应链稳定的超常供给能力。

4.3.1 石油动员供应链瓶颈的识别

4.3.1.1 石油动员供应链瓶颈存在的原因分析

由约束理论可知，动员供应链可以看作是一个由具有内在联系的一系列流程活动组成的网络系统，其整体绩效优化取决于动员供应链的最薄弱环节，这就是指动员供应链上的"瓶颈"，优化动员供应链的绩效必须从最薄弱的环节入手，才能得到显著的改善[9]。因此要改善整个动员供应链的绩效，必须找出存在于石油动员供应链上的瓶颈，分析成因，评价瓶颈、消除瓶颈，并形成不断循环的持续改进状态。

瓶颈现象产生的原因可以归纳如下[10]：

（1）对市场反应的迟滞性

外部市场环境改变，顾客需求量骤增、骤减以及需求偏好的突变，都会导致某一环节无法及时应变而产生瓶颈。如果不及时处理，往往会影响企业的长期发展。比如，产品研发部门如不能迅速满足客户需求，不能不断进行技术创新，很可能会成为整个链条的薄弱环节，影响企业的核心竞争力。

（2）合作伙伴选择不当和资源配置不合理

占主导地位的核心企业在选择外部动员供应链战略伙伴时，出现失误，导致核心企业某些优势过剩，某些短缺，造成比例失调；各成员企业的内部动员供应链中，各流程部门的调控出现资源配置不合理，这些都可能产生瓶颈问题。

（3）成员企业间组织目标相互冲突

在动员供应链运行中，由于不同组织间相互独立，常导致组织目标相互冲突，特别当动员供应链的某一环只短视地集中在自身内部目标时，动员供应链的整体目标就很难实现。这也是产生瓶颈问题的一个重要原因。

(4) 各环节之间信息不对称

信息不对称会导致节点企业错误地预测上下游的供应和需求信息，即使动员供应链中存在信息反馈回路，但是因受"时间延滞"的干扰，使行动的结果以渐进的方式产生，也会衍生瓶颈问题。彼得·圣吉在《第五项修炼》中的啤酒游戏就生动地描述了供应商、制造商、零售商在彼此无法有效沟通信息，出现"时间延滞"时而遭遇的困境，这是一个典型的连环瓶颈的案例。

(5) 难以预料的突发事件

当各种人为或非人为的突发事件造成某个节点的重大损失时，该节点自然成为动员供应链的瓶颈节点。

(6) 解决瓶颈的能力不足

某些成员企业自身在物质、人才、管理、技术、观念和资金等方面的资源十分有限，而且又长期得不到盟友的充分支持，便可能成为动员供应链的瓶颈环节；由于同其他动员供应链之间的敌对竞争关系，致使其无法寻求外界的帮助，从而缺乏解决瓶颈问题的能力，使瓶颈长期存在。

4.3.1.2 基于供应能力的石油动员供应链瓶颈的识别

(1) 石油动员供应链供应能力瓶颈的定义

给定一个有向网络 $D=(V,A)$。在 V 中指定了一点，称为发点（记为 V_s），和另一点，称为收点（记为 V_t），其余的点叫中间点。对于每一个弧 $(v_i,v_j) \in AC(v_i,v_j) \geq 0$，对应有一个 $C(v_i,v_j) \geq 0$ 记为 c_{ij}，称为弧的容量。

对于一个网络，最大流问题就是求一个可行流 $\{f_{ij}\}$，使其流量 $v(f)$ 达到最大，并且满足：

$$0 \leq f_{ij} \leq c_{ij} \quad (v_i,v_j) \in A$$

$$\sum f_{ij} - \sum f_{ji} = \begin{cases} v(f) & (i=s) \\ 0 & (i \neq s,t) \\ -v(f) & (i=t) \end{cases}$$

根据最大流最小截定理：任一个网络 D 中，从 v_s 到 v_t 的最大流的流量等于分离 v_s，v_t 的最小截集的容量。通过求解网络的最大流，可以得到一个最小截集。最小截集的容量的大小影响总的输送量的提高。为提高总的输送量，必须首先考虑改善最小截集中各弧的输送状况，提高它们的通过能力。另一方面，一旦最小截集中弧的通过能力被降低，就会使总的输送量减少。因此，最小截集上的弧段是整个网络上的瓶颈环节，它制约着网络性能的提高。

因此,定义动员供应链供应能力瓶颈为:

$$CB = \max\left(\frac{CP_i}{SC}\right) \quad i = 1, 2, \cdots, n$$

其中,CB——动员供应链供应能力瓶颈;

CP$_i$——网络最小截集上第 i 个成员的供应能力;

SC——动员供应链整体的供应能力,SC $= \sum CP_i$。

动员供应链供应能力瓶颈是对整个网络供应能力影响最大的成员。

(2) 算法基本思想

在运输网络的实际问题中,我们可以看出,对于流有两个基本要求:一是每条弧上的流量必须是非负的且不能超过该弧的最大通过能力(即该弧的容量);二是起点发出的流的总和(称为流量),必须等于终点接收的流的总和,且各中间点流入的流量之和必须等于从该点流出的流量之和,即流入的流量之和与流出的流量之和的差为零,也就是说各中间点只起转运作用,它既不产出新的物资,也不得截留过境的物资。因此有下面所谓的可行流的定义。

网络最大流问题是一个特殊的线性规划问题。我们将会看到利用图的特点,解决这个问题的方法较直线性规划的一般方法要简便和直观。鉴于本文中涉及的动员供应链较简单,运用线性规划软件 Xpress 来解决。

对于动员供应链 $G = (V,A)$,V 为网络 G 的顶点集,代表动员供应链中的节点企业,A 为网络 G 的弧集,表示节点企业为客户提供产品的供应能力。将顶点集分为三部分:发点集、收点集和中间点集,设 X 为网络的发点集(动员供应链源点),Y 为网络的收点集,W 为中间点集,则有以下性质:

A) $X \subset G, Y \subset G, W \subset G$;

B) 对于顶点集 V 有:$V = X + W + Y = \{x_1, x_2, \cdots, x_p; v_1, v_2, \cdots, v_m; y_1, y_2, \cdots, y_q\}$;

C) $X \cap Y = \emptyset, X \cap W = \emptyset, W \cap Y = \emptyset$。

将顶点集 $W + Y = \{v_1, v_2, \cdots, v_m; y_1, y_2, \cdots, y_q\}$ 作为列,将顶点集 $X + W = \{x_1, x_2, \cdots, x_p; v_1, v_2, \cdots, v_m\}$,作为行,定义动员供应链 G 的邻接矩阵 $M(G)$ 如下:

第4章 石油动员供应链优化研究

$$M(G) = \begin{bmatrix} a_{11} & a_{12} & \cdots, & a_{1m} & a_{1,m+1} & a_{1,m+2} & \cdots, & a_{1,m+q} \\ a_{21} & a_{22} & \cdots & a_{2m} & a_{2,m+1} & a_{2,m+2} & \cdots & a_{2,m+q} \\ \cdots & \cdots & \cdots & \cdots & \cdots & \cdots & \cdots & \cdots \\ a_{p1} & a_{p2} & \cdots & a_{pm} & a_{p,m+1} & a_{p,m+2} & \cdots & a_{p,m+q} \\ a_{p+1,1} & a_{p+1,2} & \cdots & a_{p+1,m} & a_{p+1,m+1} & a_{p+1,m+2} & \cdots & a_{p+1,m+q} \\ a_{p+2,1} & a_{p+2,2} & \cdots & a_{p+2,m} & a_{p+2,m+1} & a_{p+2,m+2} & \cdots & a_{p+2,m+q} \\ \cdots & \cdots & \cdots & \cdots & \cdots & \cdots & \cdots & \cdots \\ a_{p+m,1} & a_{p+m,2} & \cdots & a_{p+m,m} & a_{p+m,m+1} & a_{p+m,m+2} & \cdots & a_{p+m,m+q} \end{bmatrix}$$

其中，若弧 $(v_i, v_j) \in A$，则邻接矩阵中相对应的系数 $a_{ij} = 1$，表示节点 v_i 为 v_j 提供产品，若 $(v_i, v_j) \notin A$，则邻接矩阵中相应的系数 $a_{ij} = 0$，节点 v_i 与 v_j 没有关系。任一弧 $(v_i, v_j) \in A$，有一个最大供应能力 c_{ij}，仿照邻接矩阵的构造，得到容量矩阵 $C(G)$，其对应于 $M(G)$ 中 $a_{ij} = 1$，弧 (v_i, v_j) 的容量为 c_{ij}，$a_{ij} = 1$，$c_{ij} = 0$。

$$C(G) = \begin{bmatrix} c_{11} & c_{12} & \cdots & c_{1m} & c_{1,m+1} & c_{1,m+2} & \cdots & c_{1,m+q} \\ c_{21} & c_{22} & \cdots & c_{2m} & c_{2,m+1} & c_{2,m+2} & \cdots & c_{2,m+q} \\ \cdots & \cdots & \cdots & \cdots & \cdots & \cdots & \cdots & \cdots \\ c_{p1} & c_{p2} & \cdots & c_{pm} & c_{p,m+1} & c_{p,m+2} & \cdots & c_{p,m+q} \\ c_{p+1,1} & c_{p+1,2} & \cdots & c_{p+1,m} & c_{p+1,m+1} & c_{p+1,m+2} & \cdots & c_{p+1,m+q} \\ c_{p+2,1} & c_{p+2,2} & \cdots & c_{p+2,m} & c_{p+2,m+1} & c_{p+2,m+2} & \cdots & c_{p+2,m+q} \\ \cdots & \cdots & \cdots & \cdots & \cdots & \cdots & \cdots & \cdots \\ c_{p+m,1} & c_{p+m,2} & \cdots & c_{p+m,m} & c_{p+m,m+1} & c_{p+m,m+2} & \cdots & c_{p+m,m+q} \end{bmatrix}$$

按照网络截集的定义，若顶点集 V 被剖分为两个空集合 V_s、V_t，使得 $X \subseteq V_S$，$Y \subseteq V_t$，那么弧集 (V_s, V_t) 称为是（分离 V_s 和 V_t）的一个截集。

建立截集矩阵 K_t，其建立过程是：在容量矩阵 $C(G)$ 中以截集起点集 V_s 所对应的行为截集矩阵 K_t 的行，在 $C(G)$ 中以截集终点集形所对应的列为截集矩阵 K_t 的列。

设 V_s 等于网络发点集 X 及网络中任意 f 个中间点（$r = 0,1,2,\cdots,m$），则有截集矩阵：

$$K_t = (c_{ij})_{(p+t) \times (q+m-t)}$$

截集矩阵 K_t 的容量为：

$$C_t = \sum_{j=1}^{q+m-t} \sum_{i=1}^{p+t} c_{ij}$$

根据最大流量最小截量定理，网络 G 中，从发点集 X 到收点集 Y 的最大流的流量等于分离 X，Y 的最小截集的容量，因此可得到最大供应能力 f^*：

$$f^* = \min C_t = \min \left(\sum_{j=1}^{q+m-t} \sum_{i=1}^{p+t} c_{ij} \right)$$

4.3.1.3　中国石化集团石油动员供应链瓶颈识别的案例分析

网络中的每条边和点都有最大容量的限制，对于石油动员供应链，节点之间有最大运量的限制。在常态下，企业会按照成本最优的方式来安排油品的供应，在这种情况下，很少会考虑到供应链网络的瓶颈问题，也就是动员供应链中边的容量的限制。然而在突发事件下，由于灾区的油品需求剧增，导致动员供应链各级单位都要超常规供应，并且突发事件会引起动员供应链边或节点的损坏，这更增加了其他边和节点的压力。如果受限于网络中的瓶颈环节就无法达到需求量，因此要在常态下识别石油动员供应链的瓶颈环节，并加以控制，才能实现突发事件下的超常规供给。这里将上一节所涉及的湖南省石油动员供应链进行扩展，使其更符合实际情况，如图 4.6 所示。

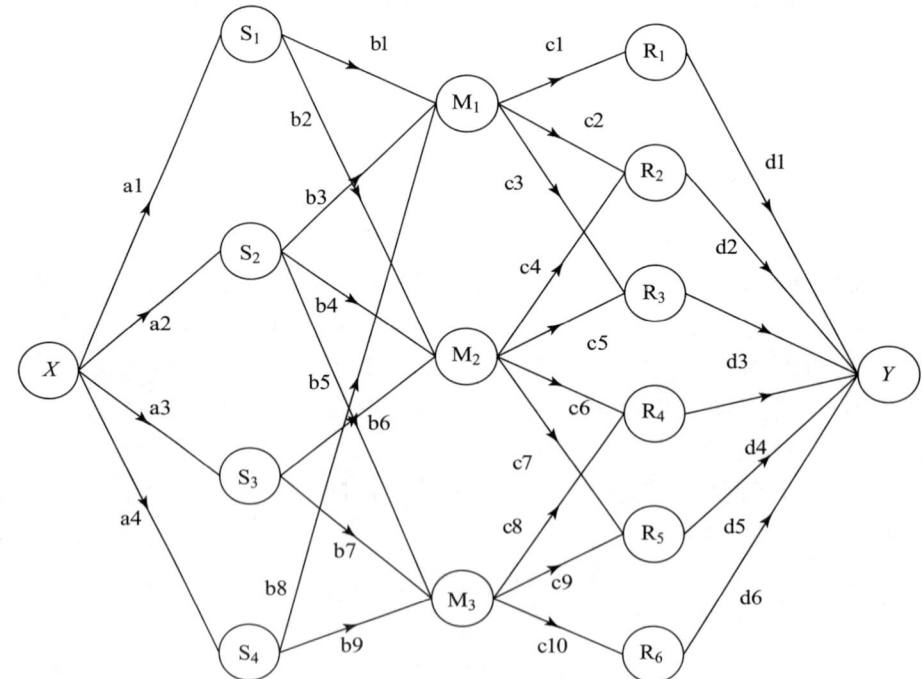

图 4.6　石油动员供应链瓶颈问题

这里给出一个用 Xpress 求解最大流问题的简单的例子，如图 4.7 所示。

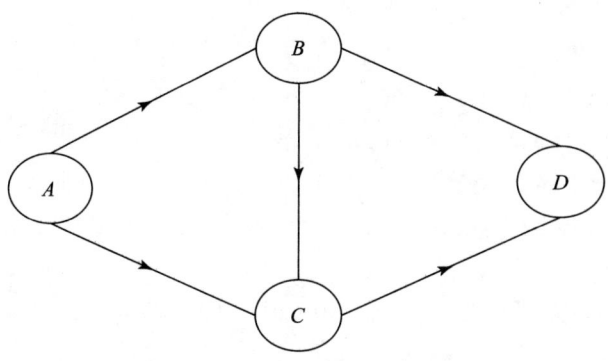

图 4.7 动员供应链最大流问题

modelModelName
uses " mmxprs ";! gain access to the Xpress-Optimizer solver
！五条线路声明五个变量
declarations
a1,a2,a3,a4,a5:mpvar
end-declarations
！每个线路要小于它的承受量
a1 < =10
a2 < =20
a3 < =30
a4 < =40
a5 < =20
！B 点的流出量等于流入量
a1 = a3 + a4
！C 点的流出量等于流入量
a2 + a3 = a5
！整个系统的流出量等于流入量，即 D 点的流出量等于 A 点的流入量
a1 + a2 = a4 + a5
！求整个系统的最大流出量，即 D 点的流出量

```
MAXA: = a4 + a5
maximize(MAXA)
writeln("MAXA:",getobjval)
writeln("a1:",getsol(a1))
writeln("a2:",getsol(a2))
writeln("a3:",getsol(a3))
writeln("a4:",getsol(a4))
writeln("a5:",getsol(a5))
end-model
```

求解得到最大流量为 MAXA = 30，a1 = 10，a2 = 20，a3 = 0，a4 = 10，a5 = 20。

根据 4.2 节给出的算法及模型，用 Xpress 软件建模求解，得到最大流为：165。各边流量如表 4.8、表 4.9 所示。

表 4.8　动员供应链各边最大容量

a1	a2	a3	a4	b1	b2	b3	b4	b5	b6
1000	1000	1000	1000	20	15	35	30	15	20
b7	b8	b9	c1	c2	c3	c4	c5	c6	c7
30	25	10	20	10	20	30	10	20	15
c8	c9	c10	d1	d2	d3	d4	d5	d6	
20	20	25	1000	1000	1000	1000	1000	1000	

表 4.9　动员供应链各边流量

a1	a2	a3	a4	b1	b2	b3	b4	b5	b6
25	80	50	10	15	10	35	30	15	20
b7	b8	b9	c1	c2	c3	c4	c5	c6	c7
30	0	10	20	10	20	20	10	15	15
c8	c9	c10	d1	d2	d3	d4	d5	d6	
20	15	20	20	30	30	35	30	20	

因此可以得到该石油动员供应链的瓶颈环节为炼厂 S_2，S_3 到三个油库及油库 M_2 到销售中心。

4.3.2 中国石化集团石油动员供应链瓶颈控制与分析

导致炼厂到油库的环节成为瓶颈环节的原因有两种：一是炼厂的产能不足，二是运输管线的运量受限。导致油库到销售中心成为瓶颈环节的原因亦此：一是油库的库容不足，二是相应区段的运输受限。

因此，对于瓶颈环节的控制就要从这两方面着手，如果是产能不足，则要增加炼厂炼制设备，增加原油供给，扩建油库增加库容；若是运输量受限，则要新建运输管线，或增加运输车辆。

对瓶颈环节进行上述的控制，使边 b5 增加到 20，c2 增加到 15，通过软件求解可得到石油动员供应链的最大容量为 175，得到各边流量如表 4.10 所示。

表 4.10 控制后动员供应链各边流量

a1	a2	a3	a4	b1	b2	b3	b4	b5	b6
25	85	50	10	15	10	35	30	20	20
b7	b8	b9	c1	c2	c3	c4	c5	c6	c7
30	0	10	20	15	20	20	10	15	15
c8	c9	c10	d1	d2	d3	d4	d5	d6	
20	15	20	20	35	30	35	30	20	

针对识别的瓶颈环节进行控制，瓶颈环节转移，通过持续不断循环改进动员供应链，以达到提高供应能力的目的。

4.4 石油动员供应链优化策略

在突发事件下，石油动员供应链的优化应该从石油动员供应链的整体优化及常态下的动员供应链优化着手。在常态下，要降低各个物流环节的成本，并协同上游联产制订最佳生产计划，只有从动员供应链的整体利益出发，才能达到整体利益与效率的最大化。本节针对中国石化集团石油动员供应链的现状及存在的问题，结合优化模型得出的结论，给出几点优化中国石化集团石油动员供应链的策略。

4.4.1 持续优化石油供应链

目前，中国石化集团各个区域的公司所制定的应急制度所涉及的内容，大多是事后的补救措施，尚未有未雨绸缪的措施。这样所带来的后果就是在突发事件发生后容易产生"油荒"。因此，在常态和危态下要持续不断地优化石油动员供应链。常态下石油动员供应链优化实质上是对石油供应链的优化。危态下石油动员供应链的优化可分为两个步骤：一是针对动员供应链中的关键节点和边进行鲁棒性优化；二是通过寻找识别进而控制动员供应链的瓶颈环节，消除突发事件下由于瓶颈环节的影响导致的供给量不足的情况。

例如本章涉及的湖南区域，首先，要充分了解石油动员供应链的各个节点和边的情况，尤其是应对突发事件的能力；然后，根据鲁棒性优化的结果制订调度方案，使之既能满足常态下各个区域的石油需求量，又能在突发事件发生时尽可能地减少突发事件对整个动员供应链的影响，增强石油动员供应链的恢复能力；最后，识别出该石油动员供应链的瓶颈环节，对其进行控制，使之不成为动员供应链的瓶颈，以保障在突发事件发生时，整个动员供应链的总供给量不受该环节限制。

4.4.2 进一步优化油库布局，增加油库储量

中国石化集团的油库布局存在很多问题，对此要采取相应的措施，进一步优化各个区域的油库整体布局。首先要关闭低效率、地理位置不合适及存储量较小的油库。在区外市场，需要尽快加强石油储备库的建设，将沿海、沿江和沿线这些重点区域作为重点建设区域，合理布局集散和分销油库。对于新建的油库，要综合考虑功能定位、位置选取及规模等因素。最终要实现的目标是形成油库整体布局合理、节约成本并且能够高效运转的油库网络[11]。

另外，由于当前中国石化集团的油库在突发事件下保障供应和调控供需方面的能力较弱，因此应该注意在靠近石油生产地或消费市场且交通条件便利的地方，建立若干储备库，增加重点油库的储量，通过商业储备来

控制资源投放节奏，达到稳定市场供应、提高整体效益、增强资源保障能力和抗风险能力的目标。

4.4.3 加大物流设施设备的投入力度

目前，中国石化集团石油物流总体规模不够，运力不足，油库设施建设水平较低。突发事件发生时很难在短时间内满足灾区的油品需求。因此，要分阶段完善石油物流设施，以适应突发状况对物流服务的需求。地处中部的湖南省历来能源资源缺乏。长期以来，湖南省内石油供应，除岳阳、常德和益阳地区依靠水路运输外，其余地区主要依靠京广线、湘黔线采用铁路运输，不可避免地受铁路运输能力紧张及江河枯水期较长等运输瓶颈与自然条件的制约。随着湖南省经济的快速发展，石油消费需求急剧增加，石油运输瓶颈问题由此成为湖南省经济提速发展的"拦路虎"。物流设施设备改造的内容应包括：新建一批分销库和集散库，以满足不断增长的石油仓储需求；加快石油主管网建设，并推进石油管道分输线以及炼化企业至地区公司油库之间的短途管道建设；购置一批铁路自备轻油罐车，以满足铁路运量增长的需要；对现有油库设施设备进行自动化水平升级改造，其中要重点提升油库监测设备、发油和进油设施、环保设备、安全消防设备等的自动化水平。

4.4.4 建立集中统一的石油应急物流调度指挥系统

突发事件发生后，对石油产品的需求急剧增加，然而石油动员供应链中节点和边的损害会导致无法正常运输石油产品。为了应对这样的突发情况，要建立石油应急物流调度指挥系统，以优化油品从炼厂到油库、从油库到加油站的运输过程，实现对油库库存和各种物流作业的实时动态监控。石油物流调度指挥系统包括一次物流调度指挥系统和二次物流调度指挥系统两部分。一次物流调度指挥系统的主要任务是指挥石油一次运输作业，主要功能包括调度运行管理、一次运输计划的制订和优化、各种物流信息数据的统计和分析、应急管理、各类物流信息展示等。二次物流调度指挥系统的主要任务是指挥石油二次配送作业，主要功能包括配送计划的制订和优化、配送信息展示、配送计划执行管理、配送信息统计和分析、应急管理等[12]。

4.4.5 建立合理的石油物流成本核算体系

中国石化集团现行的成本会计和费用核算体系对物流过程中的费用没有系统、全面地记录和核算，仅对易于量化和统计的运输、仓储、配送等显性成本进行记录和核算，而大部分隐性成本，如在途库存、库存占用、车船滞纳金等都得不到显示，被混杂在显性成本之中，这导致企业难以正确地分析物流成本和及时实施有效的物流成本控制，影响物流效益的发挥。因此，正确把握和分析石油物流成本的构成与特点，加强对物流成本核算方面的研究，建立合理的石油物流成本核算体系，是石油系统各销售公司的重要任务之一，因为合理的石油物流成本核算体系是开展动员供应链优化工作的前提，是切实降低成本、增强企业市场竞争力的关键。整体优化、运转高效、成本节约的石油物流系统是事关中国石化集团实现一流的综合性国际能源公司目标的基础性工作。中国石化集团应对现有石油物流系统进行大胆改革；同时，应从实际出发，循序渐进，充分利用已有资源，包括社会第三方以及其他行业已有的各种物流设施和设备资源，注重在调整、重组中优化物流体系。

本章小结

本章研究聚焦于石油动员供应链优化。首先，指出了当前石油动员供应链存在的石油储备与油库库存容量不足、信息通信系统不完善、应急供应制度有待完善等问题。其次，搜寻了石油动员供应链的稳定状态，基于复杂网络理论，分析了石油动员供应链各个节点的重要性，从而构建了稳定性强的动员供应链体系；对石油动员供应链分别基于节点与边进行了鲁棒优化，从而可以应对需求的异常波动，并可以降低成本。再次，基于网络最大流相关理论，从供应能力的角度对动员供应链瓶颈进行了识别，并基于中国石化集团的案例，运用 Xpress 软件进行建模求解，针对识别的瓶颈环节进行控制，瓶颈环节转移，通过持续不断循环改进动员供应链，达到了实现石油动员供应链稳定的超常供给能力的目的。最后，从优化常态下的石油动员供应链，进一步优化油库布局、增加油库储量，加大物流设施设备的投入力度，建立集中统一的石油应急物流调度指挥系统，建立合理的石油物流成本核算体系五个方面提出了石油动员供应链优化策略。

参考文献

[1] Jackson M O, van den Nouweland A. Strongly stable networks [J]. Games and Economic Behavior, 2005, 51 (2): 420 – 444.

[2] Anna Nagurney, June Dong, Ding Zhang. A supply chain equilibrium model [J]. Transportation Research, Part E, 2002, 38: 281 – 303.

[3] 黄小原, 晏妮娜. 供应链鲁棒性问题的研究进展 [J]. 管理学报, 2007, (04): 521 – 528.

[4] Zokaee S, Bozorgi-Amiri A, Sadjadi S J. A robust optimization model for humanitarian relief chain design under uncertainty [J]. Applied Mathematical Modelling, 2016.

[5] Jabbarzadeh A, Fahimnia B, Seuring S. Dynamic supply chain network design for the supply of blood in disasters: A robust model with real world application [J]. Transportation Research Part E: Logistics and Transportation Review, 2014, (70): 225 – 244.

[6] 刘小峰, 陈国华. 基于复杂网络的供应链鲁棒性分析 [J]. 东南大学学报 (自然科学版), 2007, (S2): 237 – 242.

[7] 张萍. 不确定条件下供应链鲁棒优化模型及算法研究 [D]. 华中科技大学, 2011.

[8] 孟繁华. 基于复杂网络的供应链建模及其鲁棒性分析 [D]. 华北电力大学 (河北), 2010.

[9] 王浩艺. 基于约束理论的供应链快速响应瓶颈分析 [D]. 东北林业大学, 2014.

[10] 何静, 徐福缘. 供应链瓶颈问题分析及其解决方法 [J]. 计算机集成制造系统 – CIMS, 2003, (02): 122 – 126.

[11] 李继尊. 关于中国石油安全的思考 [J]. 管理世界, 2014, (08): 1 – 3.

[12] 张超, 裴玉起, 刘任龙. 石油石化企业应急资源调度决策支持系统设计 [J]. 中国安全生产科学技术, 2013, (03): 139 – 143.

[13] 李艳超. 非常规突发事件下中石化成品油供应链优化研究 [D]. 北京理工大学, 2014.

第5章

石油动员参与主体研究

石油动员作为能源动员的一个重要领域，能够满足现代战争或重大突发事件对石油资源的激增需求。作为一种资源保障活动，石油动员需要通过联系一系列的环节来共同完成，涉及众多的参与主体。在具有中国特色社会主义市场经济制度下，我国石油行业的特征直接导致石油动员存在突出的问题：不同的石油动员参与主体在追求各自利益最大化的过程中缺乏合作而造成石油动员效率低下。因此，明确石油动员参与主体，厘清参与主体之间的关系是高效实施石油动员的前提。本章基于石油动员链视角，以博弈论和系统动力学等相关理论为指导，明确各个环节参与主体的行为，分析各参与主体之间的关系，并构建相关模型，从而为建立主体协作机制提供合理建议，进而提高石油动员的效率。

5.1 石油动员参与主体界定

在石油动员过程中，石油企业是石油资源的供给方，战争或突发事件发生地从事生产、生活活动的公众是石油资源的需求方，中央政府的石油行业监管部门和地方政府应急管理部门则是动员活动的指令发出方。石油资源的战略地位决定了石油行业的垄断性质，我国石油资源的主要勘探开采权,以及大部分的成品油销售权都掌握在实行垂直管理的三家大型国有石油企业手中,这三家石油企业在与地方政府和普通公众进行谈判时占据主导地位;石油企业保有自身的商业储备,国家石油战略储备也由石油企业代储,这样地方政府在动员石油企业时,就会触及企业的自身利益;同时,三大石油企业作为中央企业,直接处于国资委和发改委的直接领导和监管之下,其行为和决策都受到中央政府的约束。

简而言之,石油动员的参与主体涉及政府多个部门与企业,可以简化为:动员指令发出方——中央政府(由国防动员委员会设立动员机构行使决策)和地方政府(由地方经济动员办公室组织设立石油动员小组行使决策);石油资源供给方——石油企业(石油公司总部和辖区分支企业);石油资源需求方——公众。

5.2 石油动员参与主体博弈行为分析

5.2.1 中央政府

中央政府作为石油动员指令的发出方,在实施石油动员时可能存在博弈行为:

1) 中央政府主导并决定与地方政府签订石油动员合约,其首要目的是实现国家利益最大化;

2) 中央政府决定石油企业的准入、退出和价格规制;

3) 监督地方政府提供能够满足辖区公众最低需求的石油资源;

4) 在动员复员时,依据事前签订的动员合约对地方政府进行补贴或处罚;

5) 避免规制俘虏。规制俘虏是指规制政策有利于被规制企业,即立法者被受规制的企业俘获。意指利益集团说服规制机构实施利己的规制政策,从而侵占其他社会成员的福利,扩大其利益集团[1-3]。

5.2.2 地方政府

在实施石油动员时,地方政府可能存在以下博弈行为:

1) 面对中央政府的动员委托,选择接受或者拒绝;

2）在接受或拒绝中央政府的动员后，依据事前签订的动员合约，接受中央政府的价格或行政规制与处罚；

3）与企业签订石油动员契约，监督石油企业提供能够满足辖区公众最低需求的石油资源；

4）在动员活动后，依据事前签订的动员合约对石油企业进行补贴或处罚。

5.2.3　石油企业

在石油动员过程中，石油企业可能的博弈行为有：

1）面对地方政府提供满足辖区公众最低需求的石油资源的动员时，选择积极响应动员或者消极应对；

2）在积极接受动员或消极应对地方政府的动员后，依据事前签订的动员合约接受地方政府的价格或行政规制与处罚；

3）作为理性经济人，在参与动员合约的制定时，尽可能高报成本或争取更多的补贴或奖励，以实现自身利益的最大化。

5.2.4　公众

石油动员主要参与主体涉及中央政府、地方政府和石油企业，作为石油资源的需求方的公众是上述三方利益诉求的出发点：中央政府、地方政府的公权力、公信力源自公众；石油企业的利益收入源自石油资源的直接需求者——公众。因此，在灾害救援过程中，政府、企业都要考虑公众利益需求。公众的诉求可以总结为：

1）委托地方政府和石油企业提供可以使其生活和生产在最短时间内恢复正常的最低石油供给；

2）知悉地方政府的动员合约制订结果。

在实际的石油动员过程中，政府作为公众的代理人，为公众争取利益，公众不参与博弈过程。

5.3 石油动员参与主体间关系分析

5.3.1 中央政府与地方政府间委托代理关系分析

从理性经济人角度出发,各级政府作为经济行为主体均在追求自身利益最大化。中央政府需要从国家大局出发,保持宏观经济的稳定和国民经济的长期可持续发展;地方政府旨在实现对本地区经济的宏观调控和管理,实现辖区内经济利益的独立化和最大化。中央政府与地方政府之间存在"一统就死,一死就放"的问题,双方的关系是建立在理性经济人基础上的非合作博弈关系。改革开放以来,通过一系列的体制改革,我国建立了以财政分权为主要特征的国民经济分级调控体系和垂直管理体制。纵向上,地方政府接受中央政府的委托,在中央政府的激励与指标考核约束下完成中央政府设定的工作目标。

作为相对独立的经济实体,地方政府具有双重代理人的身份:首先,地方政府代理中央政府,对本地区经济发展实行宏观调控和全面管理;其次,地方政府还代理本地区居民、企业和其他团体等非政府主体,执行中央政府的决定,获得中央的支持以实现本地区经济利益的最大化。考虑到直接介入经济活动需要耗费高昂的成本,中央政府选择委托地方政府作为其代理人介入经济活动。双重代理人的身份使得地方政府总有独立的冲动,其代理非政府主体的效用函数与其代理中央政府的效用函数必然存在差异性,因而,在地方政府与中央政府目标不一致的情况下,二者之间的博弈便不可避免,即中央政府与地方政府之间的关系是基于委托代理的博弈关系。我们需要做的就是建立中央与地方之间的正和互动,即通过博弈模型求得地方利益与国家利益的统一,建立双方持久的合作关系,实现双方利益的最大化[4]。

5.3.2 公众与政府之间的委托代理关系分析

公众,不是指某个自然人个体,而是在突发事件发生、石油资源供应短缺时对石油有需求的群体的总称。由于石油资源供给的广泛性,每个自然人或生产企业都可能成为这个群体的一员,故在此将其概念扩大化为公众。由现代政府理念的基石——社会契约论和人民主权论进一步推理得出：政府是全体公众的集体作品，其合法性源于公众的同意，其权力源于公众权力的让渡，其职责在于代表公众利益行使公共权力，为公众谋福利，即公众与政府间存在一种事实上的契约关系。照此契约，公众是委托人，是最终的利益主体；政府是代理人，其根本任务就是通过组织、管理国家和社会事务最大化地实现公众的意志和利益。

政府代表公众的利益，是公众的代理人，具有代理人的一般特点。但该代理人有其特殊性[5]，即当委托人（公众）一旦将石油资源供给的决策权交由代理人（政府）时，代理人的行为就有了强制性。在这一层的委托代理关系中，作为用户的公众，其委托人的身份是不明显的，其契约是不明确的。由于用户（公众）的分散性，难以形成统一意志，因而对政府的行为也难以形成有效的监督。根据公共选择理论，政府也是"经济人"，其行为也是追求自身利益的最大化。政府占据着信息优势，同时用户无法对其行为进行有效监督，公共服务由于政府垄断供给必然造成腐败、低效等现象的出现。现实中的政府，由于其所有者——选民的利益是分散的，难以整合成统一的愿望和诉求，加上没有利润动机的严重影响，极易出现政府对于选民的利益无动于衷，甚至做出某些有损于选民利益的行为[6]。

5.3.3 政府与石油企业间委托代理关系分析

近20年来，各国政府都将市场化作为行政改革的核心，政府以委托人身份，将公共服务签约外包给市场上的企业去提供，以节约成本并获得更高的效率。石油行业，或者说能源行业，亦是如此，这样就产生了石油动员行为中政府与石油企业的委托代理关系。石油企业在与政府签订契约的情况下制订了价格标准，却未必能按政府的预期去积极提高服务质量和劳动生产率，节约成本。经济学进一步解释了该难题产生的根源——石油企业和政府的目标和信息存在差异。

（1）目标不一致

对政府来说，追求社会福利的最大化，即让公众以最小的代价应对突发事件，在最短的时间内恢复生活和生产是其最终目标；而石油企业的直接目标是自身利润的最大化。

（2）信息不对称

在石油企业的实际成本和生产状况方面，石油企业具有明显的信息优势。这是因为石油企业比政府能更多地了解企业自身的技术和成本状况，政府不能直接观察，也很难以一定标准量化石油企业的控制成本和提高服务质量的努力程度。

由于政府与石油企业之间存在着目标差异，企业并不会以政府的目标作为自身行为选择的准则，却会为争取到更高的定价或补贴而费尽心思。如此，社会福利最大化的目标便会大打折扣，石油动员行为可能达不到应有的效果。而政府与石油企业之间的信息不对称，使得政府无法观测到企业真实的行为选择，在石油动员的委托代理关系中，石油企业作为风险规避者，在石油动员的过程中存在着行为隐藏的道德风险。因此，石油企业就没有提高服务质量（响应政府动员）的积极性。如果合约的制定不尽合理，必然很难促使石油企业完成公益性和经营性的双重使命。

5.4 中央政府与地方政府间委托代理博弈模型

5.4.1 基本假设

1）信息非对称。在委托代理关系中，代理人清晰地知道自己的努力水平，但是，委托人却不能直接观察到代理人的努力程度。地方政府以代理人身份介入经济活动，为中央政府收集、传送、加工处理信息供其做出决策，在这种情况下，地方政府有可能利用自身的信息优势，谋取私利。

2）有限理性经济人。任何经济行为主体对其采取的行动和行动产生的后果的了解都只是相对充分的，即人的理性是有限度的。任何经济行为人的理性都存在客观理性、主观理性，任何行动都需要一定程度上的主观意识参与决策，绝对的客观理性是不可能达到的。

3）期望效用的不一致。委托代理双方都是理性经济人，双方的目标都是为了实现各自效用最大化。中央政府旨在保持宏观经济的稳定和国民经济的长期可持续发展；地方政府旨在实现对本地区经济的宏观调控和管理，实现辖区内经济利益的独立化和最大化。

4）委托人对代理人可观测结果产生影响具有外生信息。

5) 代理人自主选择不同的努力水平。
6) 委托人有义务且有能力贯彻执行自己制订的机制。

5.4.2 博弈策略效用分析

X_1、X_2 分别表示中央政府、地方政府的博弈策略，设 $f(X_1, X_2)$ 为中央政府和地方政府之间的博弈函数，$R(X_1)$、$R(X_2)$ 为二者的收益函数，而且：

$$R(X_1) = \max f(X_1, X_2) \tag{5-1}$$

$$R(X_2) = \max f(X_1, X_2) \tag{5-2}$$

地方政府的博弈策略需要满足：

$$R(X_2) = [X_2 : f(X_1', X_2)] = \max f[X_1, X_2(X_1)] \tag{5-3}$$

$X_2(X_1)$ 是地方政府在已知中央政府博弈策略的情况下选择的最优集。

中央政府在博弈的过程中，会充分考虑地方政府报送和反馈的信息，因此，有 $X_1 = X_1(X_2)$，中央政府的博弈策略满足：

$$R(X_1) = \{X_1 : f[X_1(X_2), X_2']\} = \max f[X_1(X_2), X_2'] \tag{5-4}$$

地方政府的最佳收益亦可表达如下：

$$R(X_2) = \{X_2 : f[X_1(X_2)', X_2)]\} = \max f[X_1(X_2)', X_2(X_1)] \tag{5-5}$$

以上仅是一局博弈，由于博弈过程的动态性，中央政府和地方政府在宏观层次的博弈收益可以表示如下：

中央政府的博弈策略收益：

$$R(X_1) = \{X_1 : f[X_1(X_2), X_2(X_1)')]\} = \max f[X_1(X_2), X_2(X_1)'] \tag{5-6}$$

地方政府的博弈策略收益

$$R(X_2) = \{X_2 : f[X_1(X_2)', X_2)]\} = \max f[X_1(X_2)', X_2(X_1)] \tag{5-7}$$

在宏观层次的博弈中，中央政府和地方政府会根据各自效用的变化来确定其博弈策略：对于中央政府，当 $U < U_e$，即博弈策略效用低于预期效用水平，中央政府就会重新核算成本—收益，调整其政策；对于地方政府，当 $U_e > U$，即博弈策略的预期效用大于其当前效用水平，地方政府就会支持中央政府的政策调整。相反，二者会选择维持现状或采取次优的纳什均衡策略。

5.4.3 模型构建及分析

中央政府与地方政府在石油动员活动中的博弈过程如下：中央政府有"为"与"不为"两种策略选择（"为"即中央政府执行先前制订石油动员委托代理合约，对地方政府实施监管；"不为"即中央政府抛开合约，相信地方政府完全自觉遵守合约开展石油动员相关工作，在满足辖区超常规石油需求的同时确保本地区经济稳定增长），地方政府也有"为"与"不为"两种策略供其选择（"为"即不论中央政府监管与否，地方政府遵守合约积极组织石油动员活动；"不为"即违背合约条款，消极应对合约指令，片面追求经济增长）。假设地方政府的常规收益为 R，因违背石油动员合约条款而片面谋求经济发展为其带来额外收益 E，那么地方政府的总收益为 $R+E$；假设在中央政府没有实施监管的情况下，地方政府的钻空子行为将会为中央政府带来 N_0 的负效应；假设在中央政府实施监管的情况下，地方政府因违规将会被处以 F 的罚款；假设中央政府不实施监管，而地方政府自觉组织石油动员活动，中央政府就不必支付额外成本，相反还会收获一定的正向效应 P_0。通过这一系列假设，我们构造出表 5.1 所示博弈矩阵：

表 5.1 中央政府与地方政府间的博弈支付矩阵

	策略支付	"不为"（不监管）	"为"（监管）
		中央政府	
地方政府	"不为"（违规）	$R+E$，$-N_0$	$-F$，0
	"为"（遵守合约）	0，P_0	0，0

从表 5.1 可以看出，在地方政府的策略选择为消极应对的情况下，中央政府的最优策略为执行合约，实施监管，因为（$0>-N_0$），中央政府的这一举措在让地方政府意识到消极将会带来罚款损失，同时，中央政府也履行了职责；在中央政府的策略选择为执行合约实施监管的情况下，地方政府的最优策略选择为积极组织动员活动，因为（$0>-F$）；如果地方政府的策略选择为积极组织动员，那么中央政府的最佳选择则为不实施监管，因为（$P_0>0$）；如果中央政府调整策略选择不监管，那么地方政府一定会选择消极应对，因为（$R+E>0$）。按照这样的过程循环往复，得到的

将是一个非对称的非合作博弈，永远不能达到纯策略纳什均衡。

在中央政府与地方政府的委托代理博弈模型中，假设代理人（地方政府）的违规行为源于其和委托人（中央政府）之间的信息非对称，制约地方政府行为的措施是与其创造效益相关的奖惩机制。我们对上一节的变量做进一步假设：设 X 为地方政府在石油动员合约期内应为中央政府创造的收益；$R(X)$ 为地方政府按照合约规定应获得的收益（收益源于其按照合约规定行事，包括设立专门的石油动员机构并配备相应工作人员、制订石油动员应急预案、定期进行石油动员演练活动等）；C 为中央政府的监管成本；F 为中央政府对地方政府违反合约的罚款；E 为地方政府因违背石油动员合约条款而获得的额外收益。在这里，假定 C、F、E 为固定值，则表 5.2 重新表达了中央政府与地方政府间的博弈支付矩阵。

表 5.2　中央政府与地方政府间的博弈支付矩阵

中央政府

	策略支付	“不为”（不监管）	“为”（监管）
地方政府	“不为”（违规）	$R(X)+E,\ X-R(X)$	$R(X)-F,\ X-R(X)-C+F+E$
	“为”（遵守合约）	$R(X),\ X-R(X)$	$R(X),\ X-R(X)-C$

$R(X)-F,\ X-R(X)-C+F+E$ 分别是地方政府违规而中央政府实施监管的情况下各自的收益，在中央政府实施监管的情况下，地方政府的违规行为若被发现，其不仅会被没收违规所得 E，还将被处以 F 的罚款；$R(X)+E$，$X-R(X)$ 分别是地方政府违规而中央政府不实施监管的情况下各自的收益，在中央政府不实施监管的情况下，地方政府会获得违规带来的收入 E；$R(X)$，$X-R(X)-C$ 分别是地方政府依照合约行事而中央政府也实施监管的情况下各自的收益，中央政府需要为监管付出成本 C；$R(X)$，$X-R(X)$ 分别是地方政府依照合约行事而中央政府不施监管的情况下各自的收益。

对于固定值 C、F、E，我们分如下几种情况进行讨论：

1）$C=F+E$，即中央政府收缴的罚款加上没收地方政府的违规所得等于其监管成本：如果中央政府实施监管，地方政府的最优策略是遵守合约；如果中央政府不实施监管，则地方政府的最优策略是违规；如果地方政府遵守合约，中央政府的最优策略是不实施监管；如果地方政府违规，中央政府实施监管与否的效用一样。因此，该博弈存在纯策略纳什均衡，即（违规，不监管）。

2) $C > F + E$，即中央政府收缴的罚款加上没收地方政府的违规所得大于其监管成本：如果中央政府实施监管，地方政府的最优策略是遵守合约；如果中央政府不实施监管，则地方政府的最优策略是违规；如果地方政府遵守合约，中央政府的最优策略是不实施监管；如果地方政府违规，中央政府的最优策略也是不实施监管。因此，该博弈也存在纯策略纳什均衡，即（违规，不监管）。

3) $C < F + E$，即中央政府收缴的罚款加上没收地方政府的违规所得小于其监管成本：如果中央政府实施监管，地方政府的最优策略是遵守合约；如果中央政府不实施监管，则地方政府的最优策略是违规；如果地方政府遵守合约，中央政府的最优策略是不实施监管；如果地方政府违规，中央政府的最优策略也是实施监管。因此，该博弈不存在纯策略纳什均衡。

总结以上情况：1）和 2）虽然有纯粹的纳什均衡（违规，不监管），但很显然，这与国家的治理现实相违背，中央政府从国家的整体利益出发，不可能放任地方政府的违规行为选择不监管。此外，就整个经济社会的总体效益而言，中央政府必须确保其收益高于成本。我们继续来探讨第三种情况：考虑中央政府和地方政府随机选择不同策略的概率分布，我们可以寻求二者之间的混合策略纳什均衡。

假设中央政府实施监管与不监管的概率分别为 α、$1-\alpha$ ($0 \leq \alpha \leq 1$)，地方政府遵守合约与违约的概率分别为 γ、$1-\gamma$ ($0 \leq \gamma \leq 1$)。如果中央政府实施监管的概率 α 既定，则地方政府的期望收益为：

遵守合约： $\qquad R(X) \qquad$ (5-8)

违规： $\alpha[R(X) - F] + (1-\alpha)[R(X) + E] = R(X) + E - \alpha(F + E)$
$$\tag{5-9}$$

如果地方政府遵守合约的概率 γ 既定，则中央政府的期望收益为：

实施监管：$(1-\gamma)[X - R(X) - C + F + E] + \gamma[X - R(X) - C]$
$$= X - R(X) - C + (1-\gamma)(F + E) \tag{5-10}$$

不监管： $\qquad X - R(X) \qquad$ (5-11)

在混合策略博弈中，策略双方决策的原则是一方选择的策略令对方无机可乘。所以，中央政府实施监管的概率必须使地方政府在遵守合约和违规两种情况下的期望收益相等，即令式 (5-8) = 式 (5-9)；同理，地方政府选择违规的概率要使中央政府在实施监管和不监管两种情况下的期望收益相等，即令式 (5-10) = 式 (5-11)，代入等式运算可得：

$$\alpha^* = \frac{E}{F+E} = \frac{1}{\frac{F}{E}+1} \quad (5-12)$$

$$\gamma^* = 1 - \frac{C}{F+E}, \quad 1 - \gamma^* = \frac{C}{F+E} \quad (5-13)$$

因此,该委托代理博弈模型的混合策略纳什均衡为:中央政府以 α^* 的概率实施监管,地方政府以 γ^* 的概率选择违规。

当 $\alpha < \alpha^*$,即中央政府的监管概率小于均衡概率时,地方政府的最优策略选择为违规;

当 $\alpha > \alpha^*$,即中央政府的监管概率大于均衡概率时,地方政府的最优策略选择为守约;

当 $\alpha = \alpha^*$,即中央政府的监管概率等于均衡概率时,地方政府的策略选择随机;

当 $\gamma < \gamma^*$,即地方政府违规的概率小于均衡概率时,中央政府的最优策略选择为不监管;

当 $\gamma > \gamma^*$,即地方政府违规的概率大于均衡概率时,中央政府的最优策略选择为监管;

当 $\gamma = \gamma^*$,即地方政府违规的概率等于均衡概率时,中央政府的选择随机。

通过观察均衡值 α^*、γ^*,我们发现:中央政府的监管概率与其对地方政府违规后的罚款呈反向变动关系,即惩罚越重,监管力度可相应减小一些;地方政府的违规概率 γ^* 与监管成本 C 成正比,即中央政府实施监管的难度越大、成本越高,地方政府违规的可能性越大;γ^* 与违规被发现后的罚款呈反向变动关系,即中央政府对违规行为的罚款力度越大,地方政府违规的概率就越低。

5.5 政府联盟与石油企业间博弈模型及系统仿真

5.5.1 博弈模型构建

5.5.1.1 约束条件

构建博弈模型的目的是为委托人设计激励机制提供理论参考。而委托人设计机制的目的是使自己的期望效用函数最大化,在石油动员行为中,即是使石油企业积极配合动员，使得石油动员顺利实施。构建双方的博弈模型时，要面临两方面的约束：

约束1：若要一个理性的代理人有任何兴趣接受委托人设计的激励机制而参与博弈，代理人在该机制下得到的期望效用必须不小于他在不接受这个机制时得到的最大期望效用。该约束被称为参与约束或个人理性约束（IR：individual rationality constraint）。

约束2：在给定委托人不知道代理人类型的情况下，代理人在遵从委托人所设计的机制的前提下，必须有积极性选择委托人希望他选择的行动。显然，只有在代理人选择委托人所希望的行动时得到的期望效用不小于他选择其他行动时得到的期望效用的时候，代理人才有积极性选择委托人所希望的行动。这个约束被称为激励相容约束（IC：incentive compatibility constraint）。

满足参与约束（IR）的机制称为可行机制；满足激励相容约束（IC）的机制称为可实施机制。若一个机制既满足参与约束（IR）又满足激励相容约束（IC），那么该机制就是可行的可实施机制（feasible implementable mechanism）。可行的可实施机制可能不止一个，委托人需要选择一个可行的可实施机制以使其期望效用最大化。

（1）重要变量与前提假设

现对政府和石油企业的委托代理关系的约束条件中所涉及的函数、参数和变量做以下定义：

①石油被动员量 Q。即石油企业在急时实际提供的额外石油供给。只要委托人采取了合适的激励机制，石油企业会采取较高努力水平来响应动员，从而实现更高的社会效益，实现"帕累托改善"。

②消费者剩余 S。当石油企业以更高的积极性响应动员时，公众可得到更好的救援效果，因而石油企业的服务总效用与其市场价值之间的差额（即消费者剩余 S）可得到提高。因此，假设每单位石油被动员量上的消费者剩余为 s，则消费者总剩余可表示为：

$$S = sQ, \quad s > 0 \qquad (5-14)$$

③石油企业成本 C。包括扩大产能的成本、维持库存的成本、额外的运输成本、更新设备的成本等。

④π：石油企业的收入。

⑤P：石油（包括成品油及其他石油制品）当前市场价格。

⑥U：政府的社会效益，即政府的效用函数。

⑦T：政府对石油企业因响应动员而遭受损失的补贴额度（包括货币补贴和实物补贴等）。

⑧μ：政府征税的影子成本系数。由于政府对石油企业的补贴源于税收，而税收会带来一定的社会成本，故政府征税的影子成本大于零，即$\mu>0$，且μ为常数。

同时需对以上变量做出必要的前提假设：

委托人和代理人都是风险规避者或风险中性者；

委托人和代理人对可观测的变量结果π、S、U的认识是一致的，即可观测的变量结果π、S、U都是共同知识。

（2）石油动员参与主体委托代理关系约束条件的建立

根据以上对基本函数的定义，针对分别描述石油动员博弈中石油企业和政府的目标函数如下。

①石油企业的收益最大化目标。

对石油企业而言，实现自身利益的最大化是其最终目标。现用石油企业的收入与成本的差值，再加上政府的各类补贴，来表示石油企业的收益：

$$\pi = pQ + T - C \qquad (5-15)$$

②政府的社会效益最大化目标。

政府进行石油动员的目的是通过对石油企业响应动员，参与救灾的成本和收益进行合理规定，从而对石油企业做出定向的激励，增强其相应石油动员的积极性，从而达到社会福利最大化的目的。

由经济学原理可知：社会效益＝消费者剩余＋生产者剩余－补贴征税的影子成本。故政府的社会效益函数表达式为：

$$U = S + pQ + T - C - \mu T \qquad (5-16)$$

③约束条件的建立。

为了便于分析，假定政府完全代表公众的利益，政府与公众之间信息对称，即公众与政府的效用是完全等效的，政府与石油企业之间存在着信息不对称，石油企业掌握着比政府更多的关于企业内部运营的信息，而政府无法观测到石油企业的选择行为。石油企业存在着行为隐藏的道德风险。

委托人（政府）面临的问题是选择合适的补贴额度T和最佳的价格p（在当前成品油定价机制下，油价由国际市场价格走势加权平均和国家发改委的宏观政策共同决定[7-8]）使得社会效益最大化，但委托人的期望受代理人的两个约束限制，首先是参与约束（IR），当石油企业响应政府动员时，所获得的效用不得少于不响应的效用，此效用被称为"保留效用"，用 $\bar{\pi}$ 表示。参与约束又称个人理性约束（IR），可表述为：

$$(\text{IR})\, pQ - C + T \geq \bar{\pi} \tag{5-17}$$

其次是代理人石油企业的激励相容约束（IC），假定委托人政府不能观测到代理人的行为，在任何激励合同下，代理人总会选择使自己期望效用最大化的行为，故任何委托人希望的代理人的行为都只能通过代理人的效用最大化来实现[9]。

换言之，若 $(p_0 、 Q_0 、 T_0 、 C_0)$ 是委托人给出的（成品油市价、石油动员量、补贴额度、相应的成本）组合，而 $(p'、Q'、T'、C')$ 是委托人可选择的任何组合，那么，只有当代理人从组合 $(p_0 、 Q_0 、 T_0 、 C_0)$ 中得到的期望效用不小于组合 $(p'、Q'、T'、C')$ 时的期望效用，代理人才会选择委托人所期望的行为。激励相容约束（IC）的数学表述如下：

$$(\text{IC})\, p_0 Q_0 + T_0 - C_0 \geq p'Q' + T' - C' \tag{5-18}$$

综上所述，石油动员主体委托代理关系如下所述：

$$\begin{aligned} & \text{Max} S + pQ + T - C - \mu T \\ & \text{s.t.} \ (\text{IR})\, pQ - C + T \geq \bar{\pi} \\ & \quad (\text{IC})\, p_0 Q_0 + T_0 - C_0 \geq p'Q' + T' - C' \end{aligned} \tag{5-19}$$

5.5.1.2 模型构建及分析

建立石油动员参与主体的博弈关系模型，需要说明的是，在突发事件救援过程中，依据事件等级的不同，救援主体也不尽相同。如果灾情在一定等级之下，由事件发生地政府应急部门启动预案并动员必要的力量开展救援，只有当灾情达到一定级别以上时，才由国务院应急部门进行决策，甚至直接动员各个领域的人力或物力参与救援。而石油动员的参与主体之一，即国有大型石油企业，按照目前我国既定的管理体制，实行垂直直接管理，而非属地管理。也就是说，在突发事件救援过程中，地方政府对其辖区内的石油企业的分公司并无管理权限，只有当灾情达到一定级别，由国务院成立救灾小组并发动动员时，才有可能由能源管理部门从总公司层面对石油企业进行动员。这是一个典型的行政管理体制中的条块分割问题[10]。另外，目前我国在国民经济动员或应急物资动员领域尚无明确的法律法规，各地方也未建立统一、成熟的应急救灾物资动员流程与机制，部分动员准备工作相对完善的地方政府已与其辖区内的动员对象签订了有约束力的契约，其中较为明确地规定了双方在应对突发事件时的责任与义务，以及相应的奖惩措施。而更多的地方政府只是在突发事件发生时进行临时的、无约束力的、号召性的动员，既未说明对方的义务，也未明确奖惩措施。在这样的条件下，动员的成功与否，将严重依赖于突发事件性质和严重程度、动员指令的级别，甚至是政府和企业双方领导的私人关系等因素，而不是取决于动员模式本身是否有效，所以，企业面对政府（此处指对石油企业的分公司无直接管辖权的地方政府）的动员，表现出一种较为随机的选择。假定政府以一定概率对企业进行强制性或号召性的石油动员，企业也以一定概率响应政府的动员。该假设将作为下文建模的起点。

假设政府以概率 $\gamma(0 \leqslant \gamma \leqslant 1)$ 对企业进行强制性动员，并已签订详细的契约，以明确企业拒绝动员时的惩罚额度和企业响应动员将获得的奖励。政府日常的管理成本为 a，签订合约及进行动员的成本为 c，若企业不响应政府的动员，政府将不得不追加救援支出 b。对于签订合约但不响应动员的企业，政府将在事后对其处以罚款 f，对响应动员的企业则给予一定的鼓励补贴 g；对于未签订合约的企业，政府不会因其响应动员与否，而对其进行奖励或处罚。

企业以概率 $\theta(0 \leqslant \theta \leqslant 1)$ 响应政府的动员（无论签订合约与否），响应动员的企业生产获益为 d，响应付出的代价为 e。

根据上节对政府和石油企业双方的委托代理关系约束条件的分析，给定政府期望企业的行为是响应动员，则可得以下结论：

对于石油企业而言，当政府进行强制动员时，企业的最优策略是响应动员，即 $(d-e+g) > (d-f)$；当政府进行号召性动员时，企业的最优策略是不响应动员，即 $d > d-e$；

对于政府而言，当企业有不参与救灾的动机时，政府将事前与其签订合约，强制动员，即 $f-(a+b+c) > -(a+b)$；若企业有强烈意愿参与救灾，则政府将选择节省订立合约和进行动员的成本，即 $-a > -(a+c+g)$。

表 5.3 描述了给出政府与石油企业博弈的支付矩阵。由以上混合战略博弈双方各种获益变量的分析可以得到各种费用的关系为 $f > b > e > g$，$c > 0$。

表5.3　政府与石油企业博弈关系的支付矩阵

石油企业的策略	政府的策略	
	强制性动员（γ）	号召性动员（$1-\gamma$）
不响应动员（θ）	$d-f$, $f-a-b-c$	d, $-a-b$
响应动员（$1-\theta$）	$d-e+g$, $-a-c-g$	$d-e$, $-a$

假设政府进行石油动员的混合策略为 $\sigma_g = (\gamma, 1-\gamma)$，石油企业面对政府动员的混合策略 $\sigma_e = (\theta, 1-\theta)$。政府和企业的期望获益函数分别为 V_g 和 V_e。则有：

$$V_g = \gamma[\theta(f-a-b-c) + (1-\theta)(-a-c-g)] + (1-\gamma)[\theta(-a-b) + (1-\theta)(-a)]$$

$$V_e = \theta[\gamma(d-f) + (1-\gamma)d] + (1-\theta)X[\gamma(d-e+g) + (1-\gamma)(d-e)] \quad (5-20)$$

对式（5-20）期望获益函数组求偏导数，分别得到最优化的一阶条件为：

$$\frac{\partial V_g}{\partial \gamma} = \theta(f+g) - c - g = 0$$

$$\frac{\partial V_g}{\partial \theta} = \gamma(-f-g) + e = 0 \quad (5-21)$$

求解式（5-21），得到石油动员参与主体的博弈关系模型为：

$$\theta^* = \frac{c+g}{f+g}, \quad \gamma^* = \frac{e}{f+g} \quad (5-22)$$

根据支付最大化方法，我们得到政府与石油企业唯一的纳什均衡 (γ^*, θ^*)。在混合战略博弈中，参与者选择不同纯策略的概率分布是由对手的收益函数决定的[11]。但是现实生活中，政府很难掌握企业的获益函数，而企业也是很难直接获得政府的收益函数，双方通常是通过对方的历史数据来判断自己的期望获益，不断修正自身获益，如式（5-20）。政府和企业能否根据该式做出正确判断，最终达到唯一的纳什均衡？如果无法达到，那么分析求解纳什均衡并没有太大的实际意义。因此，接下来将利用系统动力学建立政府和石油企业之间的动态博弈模型，对上述静态博弈分析得到的策略选择结果进行仿真，对比不同策略对博弈过程及其均衡的影响。

5.5.2 博弈系统动力学模型构建

5.5.2.1 模型框架

利用传统的博弈论对政府与石油企业之间在石油动员活动中的关系进行分析，得到了模型的混合策略纳什均衡 (γ^*, θ^*)。从式（5-22）可以发现，提高企业不响应政府动员的惩罚力度 f 似乎是最好的政策，既能降低企业不响应动员的概率，同时也能降低政府进行强制性动员的比例，从而降低动员成本，这与 Becker（1968）中的理性犯罪分析结论相一致[12]。但是在现实中，一味提高惩罚力度，往往不能使得突发事件发生后的石油缺口问题得到彻底解决，尽管在实施初期能得到较好的规制效果，但是一段时间之后又会出现"行为反弹"的现象。

事实上，混合策略博弈分析的实际意义并不在于一次静态博弈的分析，而更注重的是一个长期的博弈过程，根据各种信息以某种概率分布随机地选择不同的策略。传统博弈理论分析得到博弈存在唯一的纳什混合战略均衡状态 (γ^*, θ^*)，只能说明有这样一个均衡状态存在，但是对于如何达到这个均衡并没有做进一步的说明。而在长期的重复博弈过程中，如果双方的初始策略选择并非纳什均衡，那么通过不断地重复博弈调整策略，能否达到纳什均衡状态？为了能够更加直观地考察石油动员中政府和企业博弈过程的动态特性，运用系统动力学理论建立了一个双方的动态博弈模型，分析各种策略对博弈过程动态性和博弈均衡状态的影响。

运用 Vensim PLE 5.9c 软件建立了石油动员过程中政府与石油企业博弈关系的动态模型。整个模型分为四个子模块，即政府石油动员子模块、企业响应动员子模块、突发事件子模块和政府危机处置子模块。模型框架如图 5.1 所示。

需要说明的是，在本章所有模型中，参与者采取何种策略的概率表达方式以其整体比例来代替，即各个参与者以何种概率选择自己的纯策略，总体表现为该群体采用该纯策略的比例[13-14]。这里假设博弈参与者采取某种策略的概率变化与在该策略下获益的期望值成线性正比关系。响应动员与否的期望值之差越大，则企业选择另一种策略的可能性就越大，在系统动力学模型中即表现为部分原本响应动员的企业转变为不响应动员的企业。

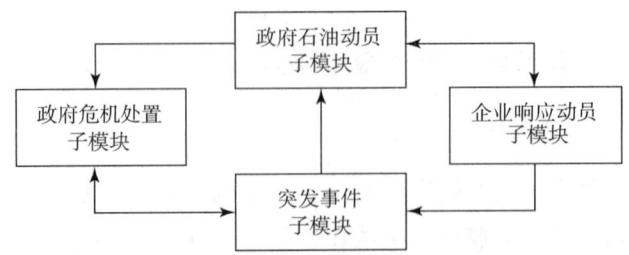

图 5.1　政府与石油企业博弈关系系统动力学模型框架

5.5.2.2　主要子模块和方程

模型中涉及的 7 个主要外部变量对应博弈双方获益函数中的各个变量，表 5.4 给出了相关的变量含义、取值及其假设条件。

表 5.4　模型变量含义及其取值范围

主要外部变量	支付函数变量	具体含义	取值范围
GDPC	a	政府常态下的管理成本	
GAPC	b	企业不响应动员时政府救灾成本	$b>e$
GCMC	c	政府与企业订立契约成本	$c<e$
ENP	d	企业常态下运营的利润	
EPRC	e	企业响应动员的成本	$e<f$
ENRC	f	企业不响应动员的成本	$f>b$
EPRE	g	企业响应动员的收益	$g<e$
备注		$f>b>e>g,\ c\geq 0$	

（1）政府石油动员子模块

政府石油动员子模块如图 5.2 所示。

政府石油动员子模块中的关键变量设置如下：

流位变量：被强制性动员的企业样本（SECM）和被号召性动员的企业样本（SEVM）。

流率变量：政府减少强制性动员（DECMR），表示样本从 SECM 流向 SEVM；政府增加强制性动员（IECMR），表示样本从 SEVM 流向 SECM。

政府强制性动员与号召性动员的期望值之差（ECLV：强制性动员期望值 – 号召性动员期望值；EVLC：号召性动员期望值 – 强制性动员期望值）通过两个表函数来实现其对两个流率的影响；影响政府获益期望值的

6 个外部变量是由表 5.4 给出。

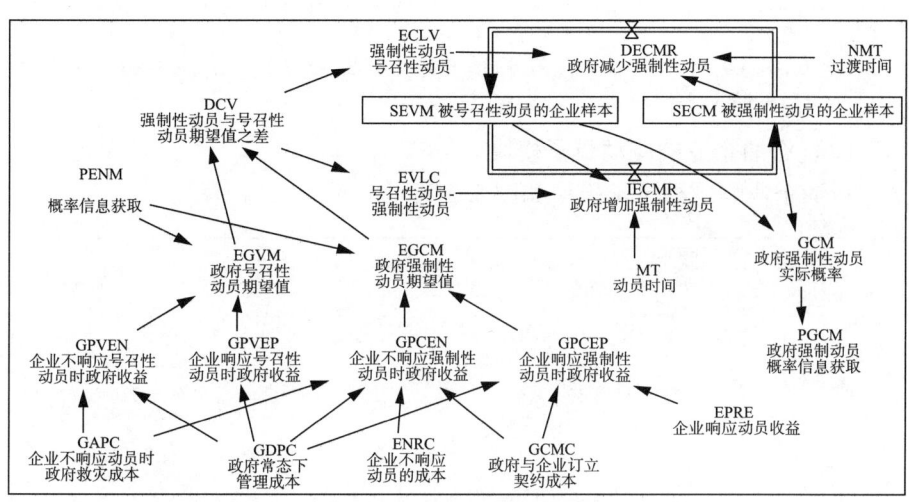

图 5.2 政府石油动员子模块

本子模块中涉及的主要方程如下：

SECM = INTEG（IECMR - DECMR,500）

SEVM = INTEG（DECMR - IECMR,500）

IECMR = EVLC* SEVM/MT

DEPCMR = EP* EPLN/NT

DCV = EGCM - EGVM

EGCM = GPCEN* PENM + GPCEP*（1 - PENM）

EGVM = GPVEN* PENM + GPVEP*（1 - PENM）

GPVEN = - GAPC - GDPC

GPVEP = - GDPC

GPCEN = ENRC - GDPC - GAPC - GCMC

GPCEP = - GDPC - GCMC - EPRE

GCM = SECM/（SECM + SEVM）

ECLV = WITH LOOKUP

（DCV*（-1）,（[（0,0）-（4,1）],（0,0）,（0.4,0.1）,（0.8,0.2）,（1.2,0.3）,

（1.6,0.4）,（2,0.5）,（2.4,0.6）,（2.8,0.7）,（3.2,0.8）,（3.6,0.9）,（4,1）））

EVLC = WITH LOOKUP

(DCV,([(0,0)-(10,10)],(0,0),(0.4,0.1),(0.8,0.2),(1.2,0.3),
(1.6,0.4),(2,0.5),(2.4,0.6),(2.8,0.7),(3.2,0.8),(3.6,0.9),(4,1)))

(2) 石油企业响应动员子模块

石油企业响应动员子模块如图5.3所示。

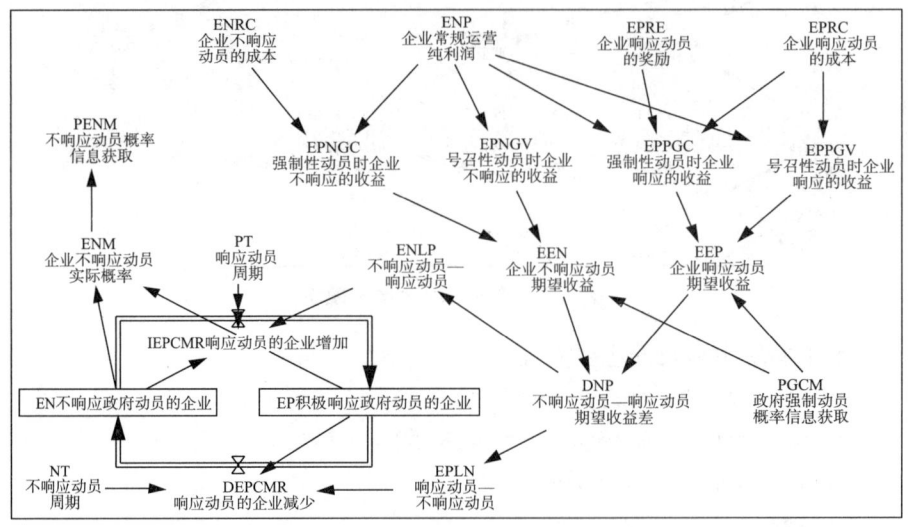

图5.3　石油企业响应动员子模块

石油企业响应动员子模块中的关键变量设置如下：

流位变量：积极响应政府动员的企业（EP）和不响应政府动员的企业（EN）；

流率变量：响应动员的企业增加（IEPCMR），表示样本从EN流向EP；响应动员的企业减少（DEPCMR），表示样本从EP流向EN；

企业响应石油动员与否的期望值之差（EPLN：响应动员期望值—不响应动员期望值；ENLP：不响应动员期望值—响应动员期望值）通过两个表函数来实现其对两个流率的影响；影响企业获益期望值的5个外部变量同样是由表5.4给出。

本子模块中涉及的主要方程如下：

EN = INTEG（DEPCMR - IEPCMR,500）

EP = INTEG（IEPCMR - DEPCMR,500）

DEPCMR = EP* EPLN/NT

IEPCMR = EN * ENLP/PT
DNP = EEN - EEP
EEN = EPNGC * PGCM + EPNGV * (1 - PGCM)
EEP = EPPGC * PGCM + EPPGV * (1 - PGCM)
ENM = EN/(EN + EP)
EPNGC = ENP - ENRC
EPNGV = ENP
EPPGC = ENP + EPRE - EPRC
EPPGV = ENP - EPRC
ENLP = WITH LOOKUP
(DNP * (-1),([(0,0)-(4,1)],(0,0),(0.4,0.1),(0.8,0.2),(1.2,0.3),
(1.6,0.4),(2,0.5),(2.4,0.6),(2.8,0.7),(3.2,0.8),(3.6,0.9),(4,1)))
EPLN = WITH LOOKUP
(DNP,([(0,0)-(10,10)],(0,0),(0.4,0.1),(0.8,0.2),(1.2,0.3),
(1.6,0.4),(2,0.5),(2.4,0.6),(2.8,0.7),(3.2,0.8),(3.6,0.9),(4,1)))

（3）突发事件子模块

突发事件子模块主要考虑到突发事件对常态下生产生活秩序产生的破坏需要一定的时间来恢复，该恢复时间是突发事件破坏力指数的非线性函数，恢复时间随着突发事件破坏力指数的上升而呈指数增长[15]。而政府对突发事件救援和日常准备（如预案编制和模拟演练等）的投入可以提高突发事件破坏力的参考值，从而降低突发事件破坏力指数，减少恢复时间。本子模块如图 5.4 所示。

本子模块涉及的主要流位和流率方程如下：
EA = INTEG (EAR - ERR,60)
EAR = ENM * 10
ERR = EA/RT
ES = 1 + GAPC * ENM/100 + GDPC/60
RT = WITH LOOKUP
(ER,([(0,0)-(80,60)],(0,0.6),(10,2.5),(20,5),(30,8),

(40,11.5),(50,15.5),(60,20),(70,31),(80,60)))

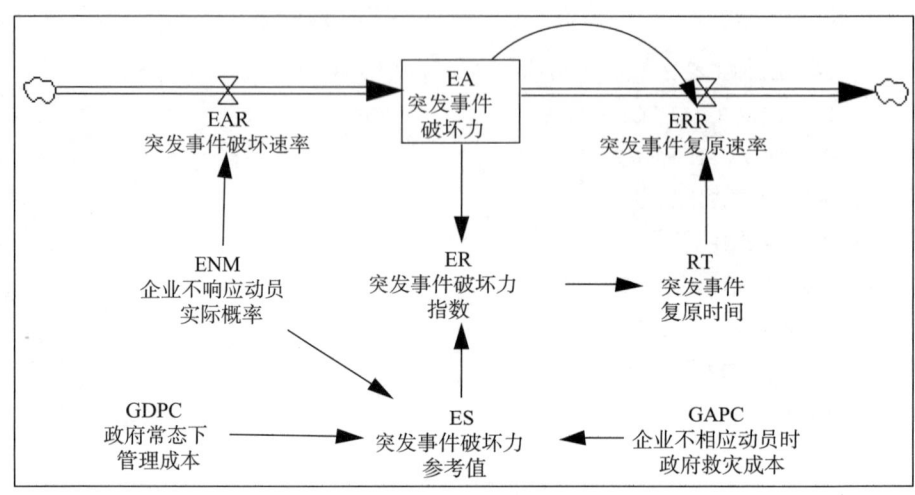

图 5.4 突发事件子模块

(4) 政府危机处置子模块及其主要方程

本子模块主要是从政府危机管理部门的角度考察危机处理费用的支出而建立的简单模型框架,如图 5.5 所示。

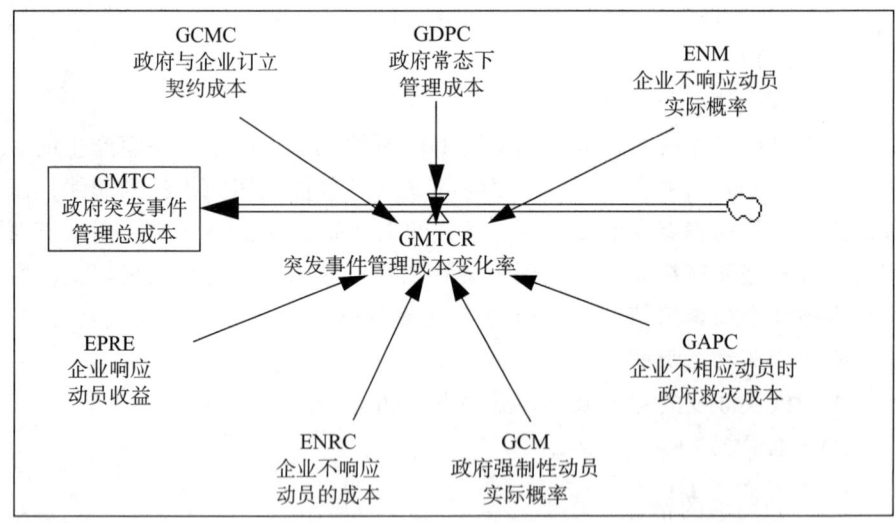

图 5.5 政府危机处置子模块

其中突发事件管理成本变化率(GMTCR)和突发事件管理总成本(GMTC)的主要方程为:

GMTCR =（ENRC - GAPC）* ENM + EPRE *（1 - ENM）* GCM + GCM * GCMC + GDPC

GMTC = INTEG（GMTCR,4）

5.5.2.3 博弈的系统动力学模型

根据前面对各个参与者的博弈分析和条件假设，图 5.6 给出了石油动员过程中政府与石油企业博弈的系统动力学模型，包括 6 个流位变量，7 个流率变量，11 个外部变量和 25 个中间变量。

5.5.3 初始模型仿真及策略分析

模型采用的软件为 Vensim PLE 5.9c。根据表 5.4 中对各外部变量取值范围及相互关系的分析，将各外部变量赋值及模型仿真设置如下：INITIAL TIME = 0，FINAL TIME = 1000，TIME STEP = 1，ENP = 5，ENRC = 4，EPRC = 2，EPRE = 1，GAPC = 3，GCMC = 1，GDPC = 3，PT = 10，MT = 10，NMT = 10，NT = 10。

5.5.3.1 初始模型仿真结果

根据政府与石油企业之间博弈结果的分析，政府部门的强制动员率与石油企业的抵制动员率将会达到一个均衡点（γ^*，θ^*）。但是传统博弈理论无法对这个结果做更多的解释，比如这个均衡将如何达到，均衡是否唯一和稳定。如果在均衡达到之前，由于各种波动与不确定因素的影响，博弈条件与假设将被改变，则均衡也变得不确定。

通过应用系统动力学对以上博弈模型的仿真，根据以上对系统动力学模型外部变量的赋值及式（5-22），计算可得到如下结果：

$$\begin{cases} \theta^* = \dfrac{c+g}{f+g} = \dfrac{1+1}{1+4} = 0.4 \\ \gamma^* = \dfrac{e}{f+g} = \dfrac{2}{1+4} = 0.4 \end{cases}$$

即达到均衡的情况下，政府的强制动员率和企业的抵制动员率均为 0.4。图 5.7 给出了政府的强制动员率和企业的抵制动员率的变化曲线，可以看出，尽管曲线围绕着均衡值有收敛的趋势，但是始终存在幅度较大的波动。将仿真时间调整为 5 000 天，该现象仍然存在，这与现实情况中存在

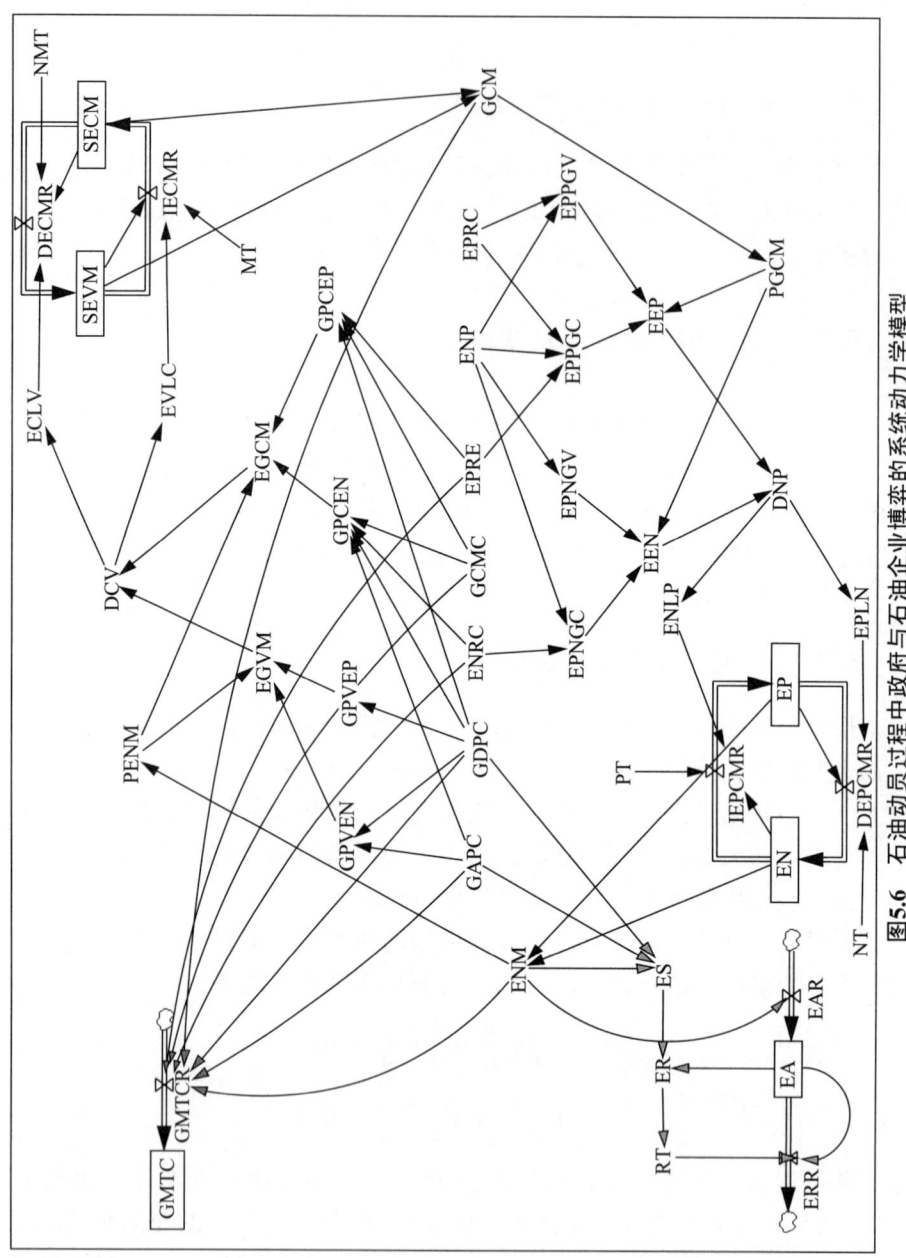

图5.6 石油动员过程中政府与石油企业博弈的系统动力学模型

的企业面对动员做出决策的反复现象是相符的。博弈双方不断地根据对方的行动和信息改变自己的策略选择。

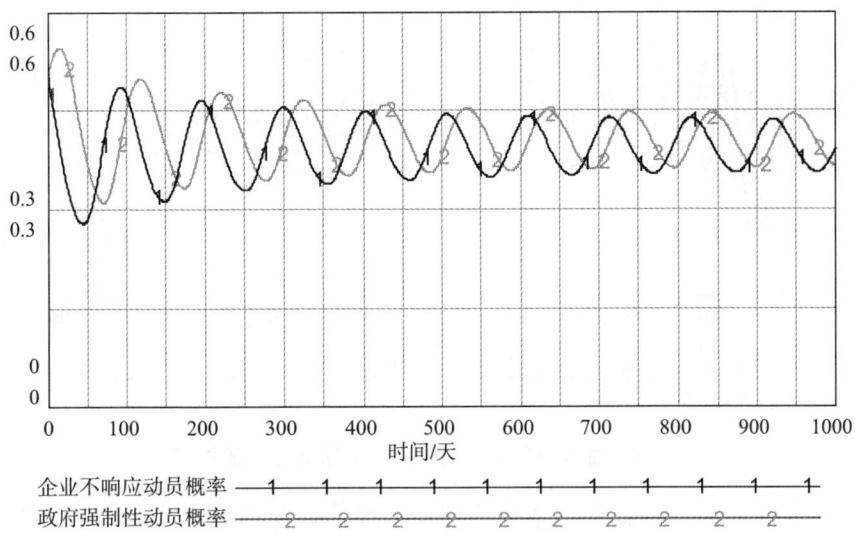

图 5.7　初始模型博弈双方策略选择变化曲线

5.5.3.2　策略仿真分析

系统动力学被称为"政策实验室",是因为系统动力学把社会系统模型化,把政策以变量替代,通过改变政策变量的赋值进行政策实验,在实验过程中,随时修改政策方案得以比较不同方案的实施效果[16]。以下将通过改变企业抵制动员的惩罚力度、企业响应动员的成本、企业响应动员的奖励等变量的赋值,来比较不同策略下的动员效果。

(1) 加大惩罚力度

最常见的用以改善动员效果的行政手段就是对抵制动员的企业施加更大的惩罚力度。有学者认为,混合战略博弈中提高惩罚力度无法改变被惩罚者违规概率的均衡点,该策略的广泛应用是因为其在短期内可以降低被惩罚者的均衡点[17]。但是在本模型中,应该考虑到惩罚力度的大小对于博弈双方的支付函数都是有影响的。而且从式(5-22)也可发现,提高 f 可以同时降低 γ^* 与 θ^*。假设在模型仿真中加大对企业的惩罚力度,即将 f 的赋值从 4 变为 6,企业不响应动员概率与政府强制动员概率的曲线如图 5.8

所示。

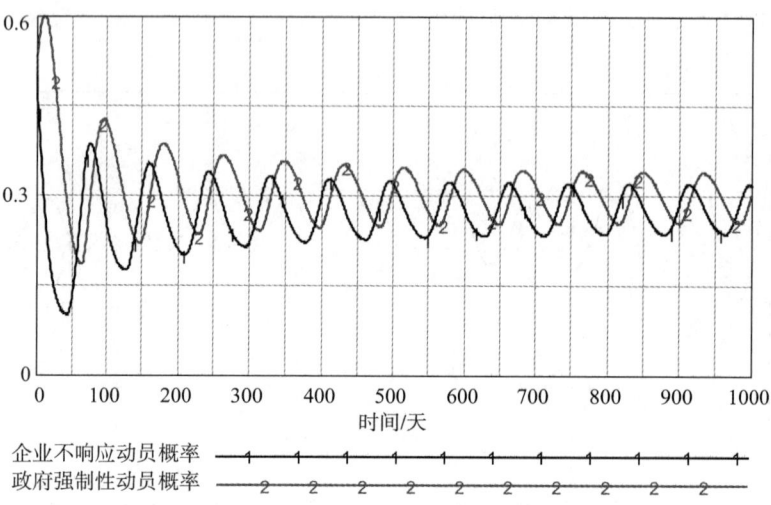

图 5.8 加大惩罚力度对博弈双方策略选择的影响

由图 5.8 可见，提高对企业的惩罚力度，企业不响应动员的概率与政府强制动员的概率都有了明显的下降，其波动的中心点由 0.4 变为约 0.3。在图 5.9 和 5.10 中可以更加直观地看出加大惩罚力度的效果。

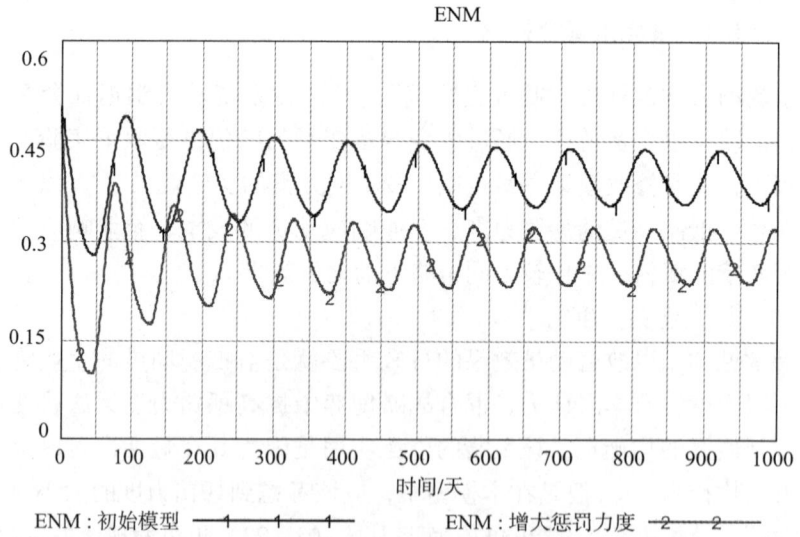

图 5.9 增大惩罚力度对企业策略选择的影响

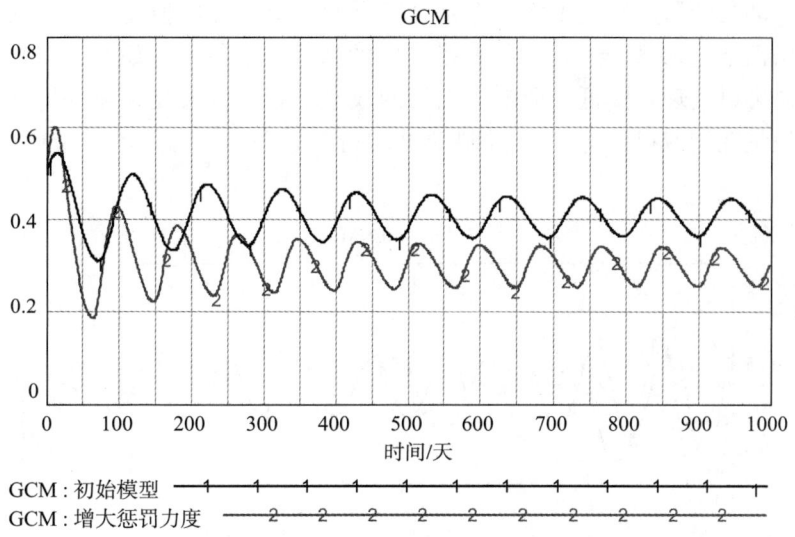

图 5.10　增大惩罚力度对政府策略选择的影响

同时，由于企业响应动员概率的增加，突发事件的破坏程度有了明显的缓和，如图 5.11 所示。

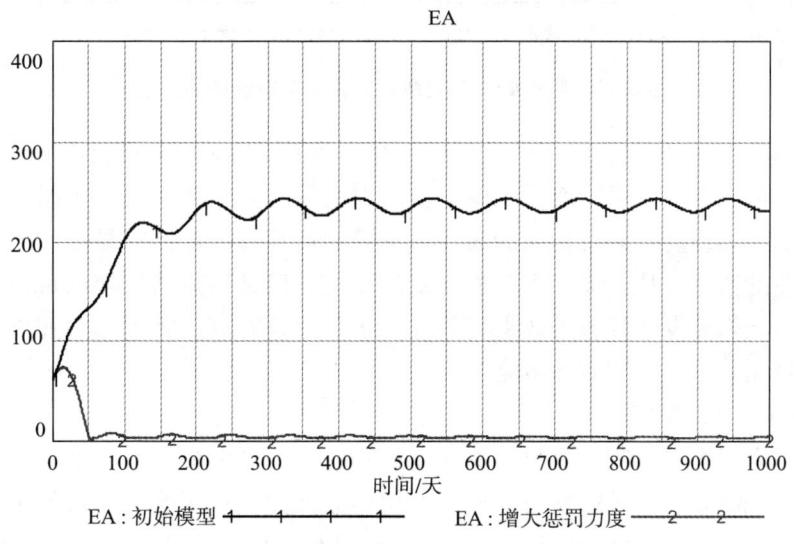

图 5.11　增大惩罚力度对突发事件破坏程度的影响

（2）降低企业响应动员的成本

通过式（5-22）可以初步判断，降低石油企业响应动员的成本对企业响应动员的概率影响不大，但是会降低政府对企业的监管力度。对比低成本条件下（EPRC=1）和初始模型中的高成本条件下（EPRC=2）的仿真结果可以发现，降低企业响应动员的成本尽管没有改变企业的博弈均衡点，但是在初期可以对企业抵制动员的行为进行一定的抑制，如图 5.12 所示。

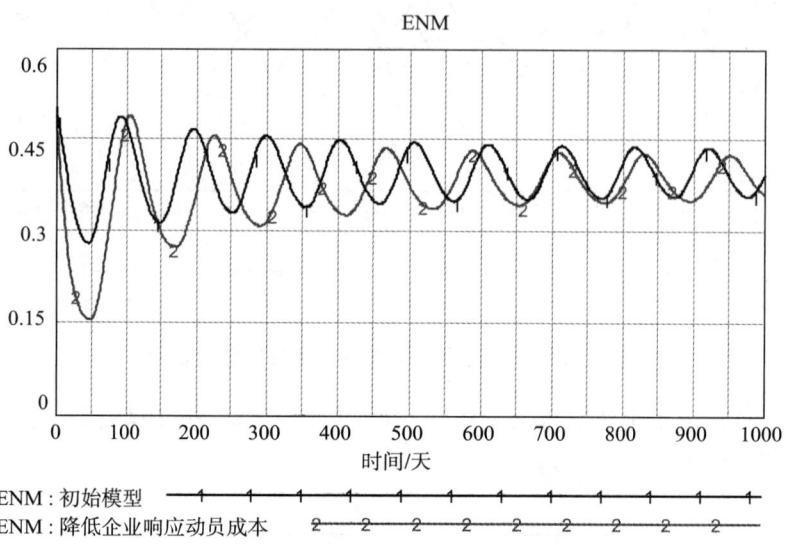

图 5.12　降低响应动员成本对企业策略选择的影响

图 5.13 给出了突发事件破坏程度在两种不同的响应动员成本条件下的对比。可以看出，尽管降低响应动员成本的策略并不能从根本上改变突发事件的破坏程度，并且初期的破坏力下降的短暂趋势反而容易让政府放松对企业的监督，从而又陷入一种反复的困境，但是该策略短期内可以较为快速地增强突发事件救援效果，并且对于节约政府应急管理部门在常态下的开销还是一个很有效的策略。

（3）其他策略

有人提出对于响应政府石油动员的企业给予更多的奖励，这样可以改善企业抵制政府动员的现象。在模型初始假设中，对于响应动员的企业给予一定的奖励 g，通过改变 g 的赋值，仿真结果却与预想的结果不一样，g 值越大，响应动员的概率反而越低，如图 5.14 所示，同时突发事件的破坏不但没有减缓，反而更加严重，如图 5.15 所示。对此结果进行初步分析，认为是由于提高对企业的奖励增加了政府的成本，从而削弱了政府对企业实施动员的动机。因此采用的模型设定中，奖励机制并不能取到预期的效果。

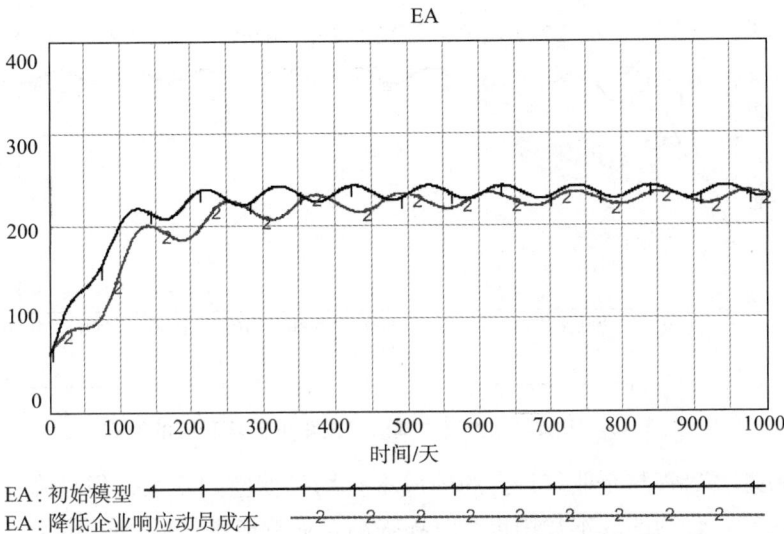

图 5.13　降低响应动员成本对突发事件破坏程度的影响

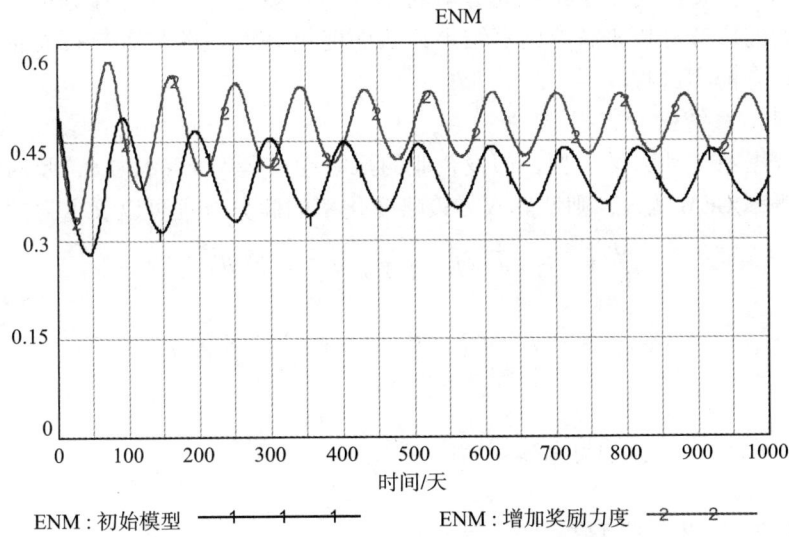

图 5.14　加大奖励力度对企业策略选择的影响

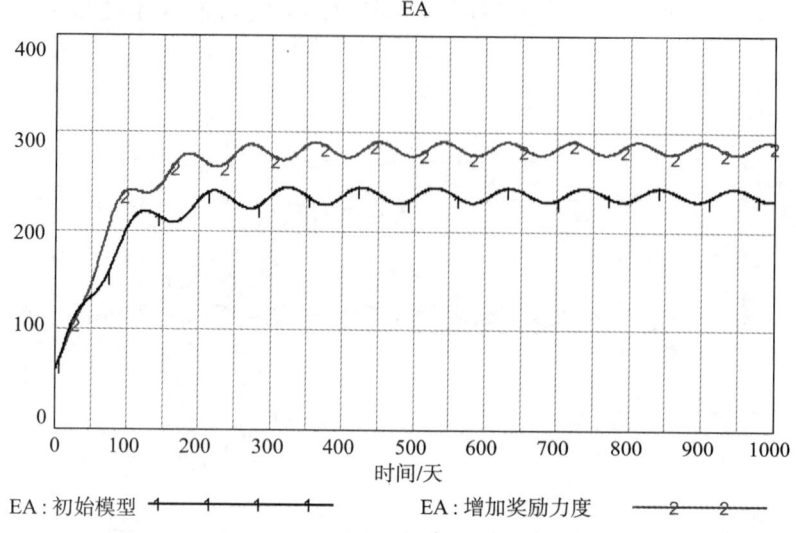

图 5.15　增加奖励力度成本对突发事件破坏程度的影响

另外，尽管与企业签订合约的成本费用可变空间不大，但是降低政府与企业签订合约的成本费用也是一项提高企业响应动员概率的策略。

5.5.3.3　模型动态性分析

本节主要是对基于系统动力学的博弈仿真模型进行动态性分析，通过对模型的定性分析来解释仿真结果，从而能更好地理解政府与石油企业之间的动态博弈过程。

（1）系统微分方程

根据系统动力学模型，假设企业的抵制动员概率 ENM 为 θ，政府强制动员概率 GCM 为 γ，则博弈双方策略变化率的微分方程可以表示为：

$$\begin{cases} \dfrac{\mathrm{d}\theta}{\mathrm{d}t} = [-(g+f) \times \gamma + e]^2 \times F(\theta) \\ \dfrac{\mathrm{d}\gamma}{\mathrm{d}t} = [(g+f) \times \theta - (c+g)]^2 \times G(\gamma) \end{cases} \quad (5-23)$$

其中，

$F(\theta) = -\theta$，如果 $\gamma > \gamma^* = \dfrac{e}{g+f}$；

$F(\theta) = \theta$，如果 $\gamma \leq \gamma^* = \dfrac{e}{g+f}$；

$G(\gamma) = -\gamma$，如果 $\theta \leq \theta^* = \dfrac{c+g}{g+f}$；

第 5 章 石油动员参与主体研究

$G(\gamma) = \gamma$，如果 $\theta > \theta^* = \dfrac{c+g}{g+f}$。

在系统动力学模型中，博弈参与者的策略选择概率是由大群体中采取策略的比例表示的。博弈参与者根据期望获益函数来决定自身的策略选择。例如，当政府强制动员概率低于均衡值，对石油企业而言，采取抵制动员策略的获益高于采取响应动员策略的获益，因此企业抵制动员的概率会按一定的速率增加，系统动力学模型中表现为大群体中响应动员的比例 $(1-ENM)$ 逐渐减少，抵制动员概率 ENM 的比例逐渐增加。

（2）系统均衡状态及稳定性分析

令 $m = e > 0$，$n = c + g > 0$，$k = g + f > 0$，$\dot{X} = \left(\dfrac{d\theta}{dt} \ \dfrac{d\gamma}{dt} \right)^T$，则式（5-23）可化为：

$$\dot{X} = \begin{pmatrix} \dot{\theta} \\ \dot{\gamma} \end{pmatrix} = \dfrac{(m - k \times \gamma)^2 \times F(\theta)}{(-n + k \times \theta)^2 \times G(\gamma)} = F(X) \qquad (5-24)$$

求解得到，$X_e = \begin{pmatrix} \dfrac{n}{k} \\ \dfrac{m}{k} \end{pmatrix}$ 是式（5-24）的均衡状态，都满足 $f(X_e) = 0$。

为了分析系统在均衡状态 $X_e = \begin{pmatrix} \dfrac{n}{k} \\ \dfrac{m}{k} \end{pmatrix}$ 的稳定性，引入变量 x 和 y，令 $\theta = x + \dfrac{n}{k}$，$\gamma = y + \dfrac{m}{k}$，根据 x 和 y 的取值范围将式（5-24）分解为如表 5.5 所示的 4 组方程组。

表 5.5 均衡状态的微分方程组

	$x \leq 0$	$x > 0$
$y \leq 0$	$\dot{X}_1 = \begin{pmatrix} \dfrac{dx}{dt} \\ \dfrac{dy}{dt} \end{pmatrix} = \dfrac{(-ky)^2 \times \left(1 - x - \dfrac{n}{k}\right)}{(kx)^2 \times \left(-y - \dfrac{m}{k}\right)}$ (5-25a)	$\dot{X}_2 = \begin{pmatrix} \dfrac{dx}{dt} \\ \dfrac{dy}{dt} \end{pmatrix}$ $= \dfrac{(-ky)^2 \times \left(1 - x - \dfrac{n}{k}\right)}{(kx)^2 \times \left(1 - y - \dfrac{m}{k}\right)}$ (5-25b)

续表

	$x \leqslant 0$	$x > 0$
$y > 0$	$\dot{X}_3 = \begin{pmatrix} \dfrac{dx}{dt} \\ \dfrac{dy}{dt} \end{pmatrix} = \dfrac{(-ky)^2 \times \left(-x - \dfrac{n}{k}\right)}{(kx)^2 \times \left(-y - \dfrac{m}{k}\right)}$ (5 – 25c)	$\dot{X}_4 = \begin{pmatrix} \dfrac{dx}{dt} \\ \dfrac{dy}{dt} \end{pmatrix}$ $= \dfrac{(-ky)^2 \times \left(-x - \dfrac{n}{k}\right)}{(kx)^2 \times \left(1 - y - \dfrac{m}{k}\right)}$ (5 – 25d)

对于表 5.5 所描述的非线性系统，稳定性概念是复杂的。但是，如果系统的状态偏离均衡点足够小，非线性影响非常小，可对非线性系统应用线性系统的稳定性判据。

从式（5 – 25a）可以得到：

$$\dot{X}_1 = \begin{pmatrix} \dfrac{dx}{dt} \\ \dfrac{dy}{dt} \end{pmatrix} = \dfrac{(-ky)^2 \times \left(1 - x - \dfrac{n}{k}\right)}{(kx)^2 \times \left(-y - \dfrac{m}{k}\right)} = f_1(X_1)$$

有 $f_1(0) = 0$。该式关于原点的一阶近似为：

$$\dot{X}_1 = \left(\dfrac{\partial f_1(X_1)}{\partial X_1}\right)_{X_1 = 0} X_1 \tag{5 – 26}$$

其中，

$$\left(\dfrac{\partial f_1(X_1)}{\partial X_1}\right)_{X_1 = 0} = J(X_1)$$

为雅可比矩阵。

根据式（5 – 26）解得 $J(X_1) = J(0,0) = \begin{pmatrix} 0 & 0 \\ 0 & 0 \end{pmatrix}$，其特征根为 $\lambda = 0$。

因此系统在 $x \leqslant 0, y \leqslant 0$ 的区间内，系统的均衡状态 $X_e = \begin{pmatrix} \dfrac{n}{k} \\ \dfrac{m}{k} \end{pmatrix}$ 为临界稳定，即任何微小的扰动都可能影响系统偏离均衡状态。

系统的均衡状态属于临界稳定，表明了对于石油动员过程中政府与石油企业博弈关系中，传统博弈分析得到的 Nash 均衡对于博弈双方的策略制订缺乏实际的指导意义，任何细微的干扰信息，如信息的延迟，都会使得博弈双方偏离原有的均衡状态。因此，在动态混合策略博弈模型假设前提下，目前的动员模式对于保障长远的动员效率和效果并不是长久之计，应当寻求更加合理的协作运行模式。

5.6 提高石油动员参与主体协作效率的政策建议

5.6.1 面向中央政府和地方政府间的政策建议

在中央政府—地方政府的博弈过程中，二者之间通过制订委托代理合约来约束双方的行为。中央政府需要建立一套有效评估地方政府努力程度的、科学系统的、可以量化的指标体系来对代理人进行评估，并以现场突击检查作为辅助，以此降低每次都需要派专门团队赴各地方政府进行现场监管的成本。通过提高违约处罚金额和减少地方财政补贴等措施加大地方政府违规惩罚力度。地方政府需要设立和完善石油动员指挥中心，确保配备规定数量的专业人员，合理编制地方政府石油动员预案并定期组织石油动员演练。

5.6.2 面向政府和石油企业间的政策建议

目前的动员模式对于保障长远的动员效率和效果并不是长久之计，政府和企业应该相互配合，建立稳定且行之有效的体制框架和机制流程，明确各主体的职责和权限，让石油动员有章可循、有据可依。各地方政府应该与石油企业制订详细的动员合约，明确双方的责任和义务、动员流程以及奖惩措施；石油企业应该完善义务储备和商业储备，并制订科学的动员预案，在石油动员过程中做好相应的动员工作，同时尽可能降低响应动员的成本。

5.6.3 面向石油企业的政策建议

在石油动员过程中，石油企业是石油资源的主要供应方，因此要完善义务储备和商业储备，根据中央政府规定的商业石油储备率范围，构建企业内部的石油储备体系，以便战争或突发事件发生时，企业能够积极响应地方政府的动员，积极参与救援，满足辖区的超常规石油需求，确保辖区经济秩序稳定。

本章小结

本章研究聚焦于石油动员参与主体研究。首先，对石油动员参与主体的博弈行为进行了分析，基于此，对中央政府与地方政府、公众与政府、政府与石油企业间的委托代理关系进行了分析，进而构建了基于委托代理关系的中央政府—地方政府间的博弈模型。通过对模型分析发现：中央政府的监管概率与其对地方政府违规后的罚款成反向变动关系，即惩罚越重，监管力度可相应减小一些；中央政府实施监管的难度越大、成本越高，地方政府违规的可能性越大；中央政府对违规行为的罚款力度越大，地方政府违规的概率就越低。其次，运用系统动力学的方法构建了政府联盟与石油企业间的博弈模型，并进行了策略仿真分析。仿真结果表明：提高对企业的惩罚力度，企业抵制动员的概率与政府强制动员的概率都有了明显的下降；降低企业响应动员成本在短期内可以较快速地增强突发事件救援效果，并且还可以节约政府应急管理部门在常态下的开销。最后，对模型进行动态性分析，利用非线性系统的稳定性分析证明系统的均衡状态为临界稳定，任何细微的干扰信息都会使博弈双方偏离原有的均衡状态，因此有必要改进当前动员模式，提出面向中央政府和地方政府间、政府和石油企业间、石油企业三个方面的政策建议，从而提高石油动员效率。

参考文献

[1] G J Stigler. The Theory of Economic Regulation [J]. Bell Journal Economics. 1971, (2): 3-21.

[2] Peltzman S. Towards a Move General Theory of Regulation [J]. Journal of Law and Economics. 1976, (19): 211.

[3] G S Becker. A Theory of Competition Among Pressure Groups for Political Influence [J]. Quarterly Journal of Economics. 1983, (8): 75.

[4] 方忠, 张华荣. 三层互动：中央政府与地方政府的正和博弈 [J]. 成

都行政学院学报（哲学社会科学），2005，（01）：22-24.

[5] Cole E. Partnering: A Quality Model for Contract Relations [J]. The Journal of Public Manager. 1993: 39-42.

[6] Calorado. The International Encyclopedia of Public Policy and Administration [J]. West view Press, A Division of Harper Collins Publishers, 1998: 1498.

[7] 刘志斌. 油价系统模拟及石油企业的最优策略 [D]. 西南财经大学，2007.

[8] 匡梅. 中国市场经济条件下的石油价格体制改革研究 [D]. 南京航空航天大学，2007.

[9] 赵淑红. 应急管理中的动态博弈模型及应用 [D]. 河南大学，2007.

[10] Peter Tisato. Service Unreliability and Bus Subsidy [J]. Transportation Research. 1998，32 (6)：423-436.

[11] 张维迎. 博弈论与信息经济学 [M]. 上海：上海人民出版社，1996.

[12] Becker G S. Crime and Punishment: an economic approach [J]. J Polit Econ., 1968, 76: 169-217.

[13] Rosenthal R. Sequences of Games with Varying Opponents [J]. Econometrica, 1979, 47: 1352-1366.

[14] Oechssler J. An Evolutionary Interpretation of Mixed-Strategy Equilibris [M]. Mimeo, 1994. Columbia University.

[15] 车宏安. 软科学方法论研究 [M]. 上海：上海科学技术文献出版社，1995.

[16] 李旭. 社会系统动力学 [M]. 上海：复旦大学出版社，2009.

[17] Dong-Hwan Kim, Doa-Hoon Kim. A System Dynamics Model for a Mixed-Strategy Game between Police and Driver [J]. System Dynamics Review, 1997, 13 (1): 33-52.

[18] 鄂继明. 基于多主体博弈关系的石油动员模式研究 [D]. 北京理工大学，2012.

[19] 夏芸. 基于产业链视角的石油参与主体博弈关系研究 [D]. 北京理工大学，2014.

第6章 石油动员潜力释放机理研究

常态下石油动员准备的核心内容就是增强石油动员潜力，它可以为危机状态下的动员实施和复员提供基础保障。因此，为了有效地应对战争、重大突发事件等危机事件，国家必须高度重视石油动员潜力的建设工作。本章立足于前面章节阐述的我国石油产业的现状，从石油产业链视角分析我国石油动员潜力的主要来源，并进一步研究影响各类石油动员潜力来源的因素。在此基础上，建立模拟石油动员潜力释放的系统动力学模型，并分析影响石油动员潜力释放的关键因素，最后据此提出加强石油动员潜力建设的政策性建议。

6.1 石油动员潜力生成机理研究

6.1.1 石油动员潜力的概念及来源

6.1.1.1 石油动员潜力的概念

潜力的本质含义，就是指潜在的、尚未开发出来的、在一定激发条件下能释放出来的增量[1]。目前，有关石油动员潜力内涵研究的文献较少，而石油动员属于国民经济动员的重要组成部分，因此可以借鉴国民经济动员潜力的概念,并结合石油动员的特点,界定石油动员潜力的概念。

在《国防经济大辞典》中,国民经济动员潜力的概念被表述为:"国家通过一定的动员机制,可以直接或者间接转化为战争实力的经济能力。"刘康娜把国民经济动员潜力界定为:在一定经济动员条件下的人力、财力、物力、技术等资源的潜在能力,是应对战争和突发事件时经济动用可以动用的资源保障能力,这种能力的大小,表现为这些资源的构成、数量、比例和利用效果。[2]朱庆林认为,国民经济动员潜力是指国民经济中能够用于保障战争需求和应付突发事件需要的物质力量,或是国民经济实力中通过一定机制可能转化为现实国民经济动员实力的那一部分。[3]王建军将国民经济动员潜力界定为:国民经济各产业中,能够为应对紧急状态提供紧急需求的,潜在供给能力。[4]孔昭君、王成敏将国民经济动员潜力界定为:在国民经济体系因战争或紧急事态而被动员的状态下增加的资源超常供给能力。[1]

综合以上国民经济动员潜力的定义,并结合石油动员的特点,本书对石油动员潜力做出如下定义:石油动员潜力是指在石油产业中潜在的、可以通过一定动员手段激发的石油产品超常供给能力。

6.1.1.2 石油动员潜力的来源

通过第3章分析可知,常态下在石油产业链中存在石油产品(或成品油)的直接来源和间接来源,这些资源具备转化为最终石油产品(或成品油)的潜力,也就是超常供给能力的来源。

从石油产业链的视角对我国石油产品超常供给能力进行分析。从上游来看,超常供给能力可以通过石油勘探开发企业常态下的产能预留和储量预留实现。石油开采企业的产能预留是指其常态下非满负荷运行的一种工作状态。石油资源的储量预留是指针对已探明的油田制订长远的开采计划,科学确定年度开采量,限制现有油田的开采度。在相关法律法规完备的理想条件下,可以在原油开采的工作强度和油田开采的长期规划中都预留一定比例,为满足超常规的石油需求、实现有效的石油动员做准备。

从中游的储备来看,石油的超常供给能力可以来自石油储备,而这也将成为石油可动员量中最重要的一部分。

从下游的成品油批发、零售以及其他石油制品销售环节来看,石油产品的超常供给能力来源于压缩石油产品销售及限制石油产品其他用途。在突发事件和战争发生时，石油产品供应紧张，为了实现对有限资源的合理调配，就要通过临时性政策提高石油产品消费成本，如提高成品油价格或消费税等，通过行政手段、市场手段等压缩石油产品的消费量。

另外，从运输安全隐患较低的产油国临时增加石油进口量也是保障石油超常供给能力的一个重要途径。

通过以上分析可知，我国石油动员潜力主要来源于四个方面：石油储备、石油资源进口能力、调整石油产品用途、石油企业产能的扩充，如图 2.4 所示，这四个方面的潜力需要通过石油产业链或石油动员链转换为石油产品以满足最终需求。

6.1.2 石油动员潜力来源的影响因素

石油动员的最终目的是在战时和急时最大限度地将石油动员潜力转化为石油动员实力，满足战争和突发事件对石油产品的超常需求。因此，只分析清楚石油动员潜力的来源还远远不够，还必须识别出石油动员潜力来源的影响因素。

6.1.2.1 石油企业产能扩充的影响因素

战争和突发事件需要的是石油产品而不是原油。石油产品的产量水平，不仅受企业内部各方面因素的影响，更依赖于整条石油产业链的协调配合。由于很多学者已经从不同角度研究了石油企业内部各种因素对企业产能的影响问题，故本书主要研究石油产业链的协调配合对石油产品超常供给的影响。

在勘探阶段，可以采取两种措施为危态下石油企业产能的快速提升奠定基础。一是通过提高区域勘探、预探和详探的速度，快速提交可供开发的探明可采储量；二是在勘探阶段进行石油资源储备。这种储备是相对于实物石油储备而言的，就是将石油储量按一定的比例纳入国家石油储备的范畴。石油资源储备是现代石油储备中不可缺少的一环，也是成本较低的一种储备形式。石油资源储备投入的只是勘探发现成本，暂缓了后期的开发费用支出，而且由于石油是一种枯竭式的战略资源，通过封存本国部分石油资源，可以在石油战略储备方面掌握主动权。

开发阶段的产能储备也可以为危态下石油企业产能的快速提升赢得时

间。产能储备就是在开发设计过程中根据油藏条件，根据优化设计方案测算油田产能，配套建设地面管网系统，但实际开发以低于设计产能一定额度的产量进行开采，这一预留的生产能力就是产能储备。通过产能建设和实际生产产量对产能储备进行控制。产能储备的最大优势在于能够以较少的经济代价，获得极大的市场调控能力，这也是石油生产国最常采用的储备方式[5]。

能源动员任务的最终完成是将能源提供给特定的需求者。能源动员的主要环节包括：能源的生产、储存、配送、分配等。其中，配送、分配是不容忽视的物流环节。例如2008年南方雨雪冰冻灾害期间，内蒙古自治区鄂尔多斯市承担了为南方供应煤炭的任务，虽然当地完成煤炭开采本不成问题，但是煤炭运输成为制约环节，内蒙古自治区采取交警上路强行拦截的办法才解决了运输问题[6]。同样属于能源动员范畴的石油动员，其运输问题也很重要，如果开采出来的原油无法顺利运送到炼化企业，那么石油产品的生产就很成问题。

虽然上游、中游环节会极大地影响危态时石油产品产量的快速提升，但是下游环节中石油炼化企业的产能水平，决定着最终能否满足应急应战需求的石油产品的产量。在危态下可以对石油炼化企业的生产过程进行控制，使生产领域原有的尚未投入使用的产能尽快形成生产能力，以应对紧急需求。

6.1.2.2 实物石油储备能力的影响因素

实物石油储备包括原油储备和成品油储备。影响实物石油储备能力的因素很多，包括储备成本、国家经济实力、储备体系等。

（1）储备成本对实物石油储备能力的影响

建设国家实物石油储备要花费巨额资金，储备成本对国家实物石油储备的规模有较大的影响。石油储备的成本包括建设储备基地、设施的建设成本，维护、保持储备体系运行的成本和购买石油的成本。前两项成本所占比重较小，也相对容易控制。影响建设成本和运营维护成本的主要因素是储备设施类型，表6.1列举了三种储备设施的相关费用，可以发现：在最大动用量和最大注入量相同的条件下，以盐穴作为储备方式不仅建设周期短，而且总花费最少。而石油购买成本与油价有关，支出最大，美国石油储备建设中75%的资金都是用于购买原油的[7]。由于油价是战略石油储备的主要成本，一般在存储战略石油储备时采取"低进高出"的策略，所以油价与战略石油储备的规模是负相关的。

表6.1 来自 PB—KBB 的有关储备设施建设成本

储备设施类型	陆上壕沟	硬岩矿井	盐穹
适合的国家	美国、中国、澳大利亚、韩国、泰国	美国、中国、澳大利亚、韩国、泰国	美国、中国、澳大利亚、泰国
现金成本（$/BBL）	15.68	15.44	5.51
操作维护费用（$/BBL）	0.16	0.09	0.17
注入费用（$/BBL）	0.05	0.05	0.09
动用成本（MMB）	0.07	0.07	0.10
最大动用量（MMBD）	100	100	100
最大注入量（MMZD）	1.17	1.17	1.17
完成时间（Years）	11	13	8

（2）国家经济实力对实物石油储备能力的影响

实物石油储备的主要目的是防范短期石油供应冲击（大规模减少或中断）、石油价格剧烈波动，保障国家石油安全。从自然需求的角度看，实物石油储备量当然越大越好，但事实上，储备量大小受有效需求即有支付能力的需求规模的制约，国家实物石油储备的规模不可能超过自身的经济承受能力。因此，实物石油储备的规模与国家经济实力正相关，目标规模必须控制在我国经济实力允许的范围内。

（3）储备体系对实物石油储备能力的影响

储备体系是否完善是影响国家实物石油储备能力的另一个重要因素。由于政府的力量是有限的，如果单纯依赖于政府的储备，将会给政府带来巨大的开支，政府难以承受。因此要建立起合理、完善的储备体系，不但在政府一级要进行相应的储备，在企业和相关机构也要建立起储备机制，使企业也担负起储备的义务，政府可以在政策上给予适当的照顾和补偿。这样既可以使政府摆脱高额储备费用的负担，又可以使企业担负起相应的社会责任，同时得到政策的优惠，与政府储备形成良好的互补关系，使得整体储备实力大大增强，提高了应对危机的能力。

6.1.2.3 石油资源进口能力的影响因素

石油资源进口能力主要受石油进口价格、进口来源、运输安全、国际政治等四方面因素的影响。

(1) 石油进口价格

石油除了具有一般商品的基本属性外，还具有战略物资的属性，其价格和供应很大程度上受政治势力和政治局势的影响。战争和突发事件的发生，导致短时间内石油需求剧增，临时进口量快速增加，供需关系失衡，可能会出现石油输出国肆意抬高价格的现象，这在很大程度上会限制石油资源的进口能力。

(2) 进口来源

石油进口来源是否多元，对一国石油资源的进口能力产生较大影响。从战略安全角度出发，采取多元化的石油进口方式可以避免对某一地区石油的过分依赖，增强石油进口能力。

(3) 运输安全

运输的安全程度与运输的距离、运输线的安全状况、运输方式以及运输国对石油运输的军事控制和防护能力的强弱有关。一般来说，运输的距离越近，影响石油安全的因素就越少，安全性越高。石油运输方式主要有海路运输、铁路运输和管道运输。其中以海路运输为主，管道运输次之。海路运输成本低、效率高、灵活性强，但容易受到外界因素的干扰；管道运输通常适用于内陆贸易；铁路运输运量小、成本高，但在调整运输量方面具有很强的灵活性。当海运受阻，管道尚未连通时，铁路运输能够迅速改善国内石油供应短缺的局面。

(4) 国际政治因素

这是影响石油进口能力的重要诱发因素。近几十年内爆发的石油危机、石油供应中断、石油价格的大幅度波动都与政治因素有关。如果石油出口国和进口国之间的政治关系恶化，就会对石油供应造成巨大影响，如第一次石油危机就是因为阿拉伯国家与西方国家政治关系紧张所导致的结果。

6.1.2.4　调整石油产品用途的影响因素

此部分的影响因素最为复杂和难以把握，是整个石油产业链动员潜力释放环节中不确定性最突出的一块。其影响因素主要有：公众的自愿参与程度、宣传力度、经济管制机构的完善性和动员法规的完善程度。

(1) 公众的自愿参与程度

限制石油产品用途是对公众消费的直接干预和控制，不可避免地影响到公众的正常生活，所以公众是否愿意接受这种调整，对动员活动是否支持是至关重要的。如果一次动员活动组织不得力，在公众中产生抵触情绪，那动员的效果可想而知，很难让公众做出牺牲，获得大量的动员物资。此外，公众的自愿参与程度也与危机事件的性质有很大的关系，如在亚洲金融危机期间，韩国民众把自己黄金首饰无偿捐献给政府，帮助国家渡过难关，这是政府在动员初期没有意料到的，动员出的财富远远超过预期；2008年5月12日在我国四川省汶川发生里氏8级地震后，全国民众自发踊跃捐款、捐物，在第一时间有力地支持了灾区的抢险救灾工作；而美国在越南战争中，国内反战情绪高涨，没有人愿意到越南打仗，更没有人愿意出钱支持越战，最后导致美国不得不从越南撤兵。

（2）宣传力度

石油动员是政府行为，建立信息发布制度是加强石油动员管理的重要手段。及时准确地向社会发布有关信息，对于依法开展石油动员活动，妥善处理各种情况，保护国家财产和人民生命安全，维护社会稳定和国家、政府的良好形象，具有重要意义。在实行石油消费管制的过程中，政府应采取多种信息发布形式，如召开新闻发布会、利用权威媒体发布以及政府工作网站发布等，向公众和社会团体说明国家目前应战应急的形势、采取石油消费管制的目的、相应的奖惩手段等。通过加大宣传力度，鼓励公众积极参与动员活动。

（3）经济管制机构的完善性

战时和急时的经济管制需要军队和地方的高度配合。为了充分发挥经济管制机构的作用，不但要在横向上协调军队和地方相关部门，加强管制机构的权威性，而且要在纵向上加强从国家到地方各级管制机构的建设，确保经济管制工作顺利运行。

（4）动员法规的完善程度

战时和急时往往经济矛盾突出，局面难以控制。在这种情况下，为了赢得战争、成功应对突发事件，国家必须根据《宪法》，结合高技术局部战争和突发事件的需求，制定和颁发有关法律法规，以便有效地组织石油消费管制。而石油消费管制一般是通过管制令的形式来颁布和实施的。由于管制令具有权威性、强制性和普遍约束力，因此可以对国家的石油资源实行有效的控制和再分配。有无完善的管制法规，是制约包括石油消费管制在内的经济管制的效果和速度的重要因素。

6.1.3 石油动员潜力生成机理分析

危态下石油产品需求变化快、变化幅度大，石油产业链需要不断调整或转化成石油动员链以满足需求。另外，石油动员潜力需要通过石油产业链或石油动员链的传导而转换为石油产品以满足最终需求。石油动员潜力释放机理也是危态下石油产业超常供给能力的生成机理。危态下石油动员活动伴随着石油动员潜力释放的过程，涵盖石油产业链的全链条，石油产业上游动员负责勘探、开发和生产原油，中游动员负责储备石油资源（原油和成品油）以及实现石油资源的运输，下游动员负责炼化生产石油产品并通过石油物流网络将石油产品配送至需求方。

6.1.3.1 常态下石油产业的运行机理

常态下，石油产业维持在一个相对稳定的状态，在上游环节投入一定的人力、物力、财力（总量为 I），经中游环节和下游环节转化为满足应战应急需求的石油产品，总量为 $P = \lambda I = S = D$。其中，λ 为转化系数，$\lambda \in (0,1)$，P 为常态下石油产品的产量，S 为常态下石油产品的供给量，D 为常态下石油产品的需求量。如图 6.1 所示。

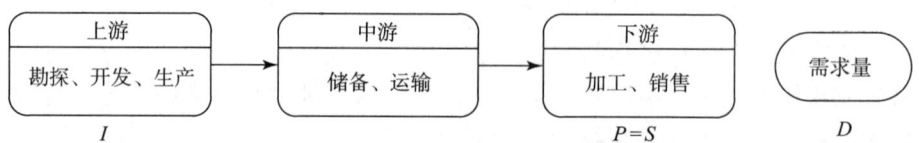

图 6.1 常态下石油产业的运行机理示意图

6.1.3.2 危态下石油产业的潜力生成机理

危态下，石油产业处于被动员的状态，在上游环节会由于动用石油资源储备和开发企业的产能储备而增加投入，此时投入的人力、物力、财力的总量 $I' = I + I_s$；经中游环节和下游环节转化为满足应战应急需求的石油产品，总量为 $P' = \lambda I' = \lambda(I + I_s)$。除此之外，也会通过采取动用实物石油储备 R、增加原油进口 IP 和限制石油产品消费 L 等动员措施来增加石油的超常规供给能力。此时，$P' + \lambda \cdot (IP + S) + L = S' = D'$，危态下石油产业的动员潜力可以表示为：

$$\text{Potential} = (P' - P) + \lambda \cdot (R + \text{IP}) + L$$
$$= \lambda I_s + \lambda \cdot (R + \text{IP}) + L$$

其中，λ 为转化系数，$\lambda \in (0,1)$，I_s 为危态下增加的投入量，P' 为危态下石油产品的产量，S' 为危态下石油产品的供给量，D' 为危态下石油产品的需求量，如图 6.2 所示。

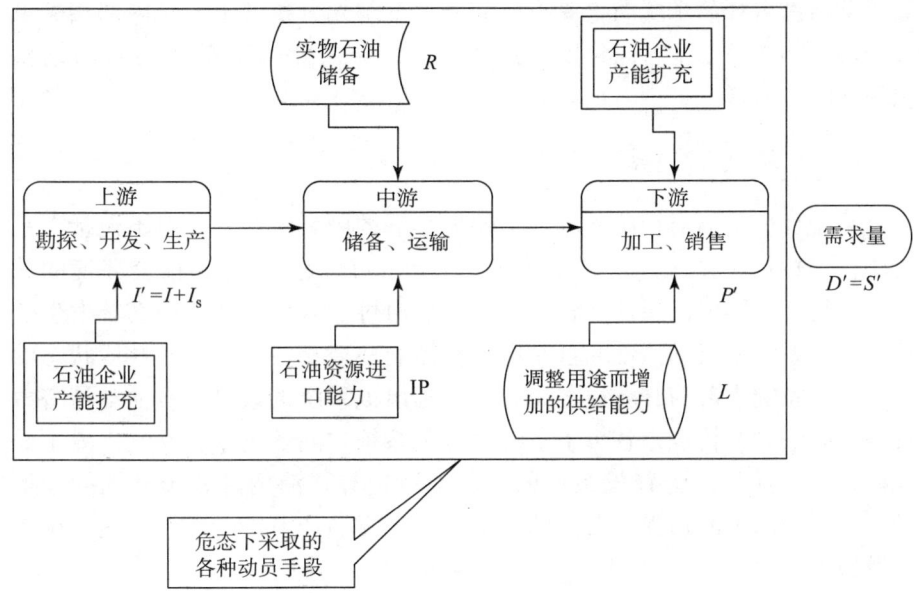

图 6.2　危态下石油产业的运行机理示意图

6.2　石油动员潜力释放的系统动力学建模

6.2.1　石油动员潜力释放建模基础

6.2.1.1　建模目的

建立系统动力学模型的目的是解决实际问题，所以首要任务是确定构建模型的目的。本章构建石油动员潜力释放系统动力学模型的目的是分析各种因素之间的关系以及它们影响石油动员潜力释放的方式和程度，通过仿真模拟石油动员潜力释放的过程，寻找阻碍石油动员潜力释放的关键原因，并根据这些原因制定相关政策。

6.2.1.2 系统结构

基于石油动员潜力的来源和本章研究的目的，在构建石油动员潜力释放系统动力学模型时，将总系统分为石油企业产能子系统、储备能力子系统、石油资源进口能力子系统和调整石油产品用途子系统，各子系统均是石油动员潜力释放系统的重要组成部分。本章先分析各子系统内部相关量之间的结构关系，然后将四个子系统相组合，分析子系统之间的结构关系。

6.2.1.3 系统边界

系统环境是指对系统本身产生较大影响的因素集合，一般不包括在系统中，是存在于系统之外的系统无法控制的自然、经济和社会环境的总称。系统环境因素的属性和状态变化一般通过输入值的变化使系统发生变化；反之系统本身的活动通过输出也会影响环境相关因素的属性或状态的变化。在系统内部与其环境之间可以勾画出该系统的边界。石油动员潜力释放系统的主要构成是各个子系统以及子系统之间的关系。系统边界主要是确定石油动员潜力释放系统的上、下游边界。消费者处于系统的最下游，是系统的下游边界。石油勘探企业位于石油产业链的上游，是系统的上游边界。

6.2.1.4 建模步骤

基于系统动力学的石油动员潜力释放系统建模过程主要包括系统分析、绘制系统流图、构造方程、模型测试、计算机仿真、分析结果六个步骤。本章要根据石油动员潜力释放系统的政策模拟仿真结果，找出影响石油动员潜力来源的因素，并据此提出加强石油动员潜力建设的建议。

6.2.2 石油企业产能子系统

和平时期（常态下）石油的勘探、开发、生产，为危态下石油企业产能的扩大奠定了重要的物质基础。因此，本章将石油企业产能系统分为常态下的石油勘探开发子系统和危态下的石油企业产能扩大子系统。

6.2.2.1 常态下的石油勘探开发子系统

石油企业产能的提升需要整条石油产业链的配合。其中石油勘探的主要目的是发现油田，在勘探阶段中，探明石油地质储量、动用地质储量和剩余可采储量是重要指标。勘探直接投资与每万吨探明石油地质储量所需直接投资之商为年新增探明石油地质储量；年新增动用石油地质储量和年新增探明石油地质储量有直接关系；累计探明石油地质储量与累计动用石油地质储量之差是未动用地质储量；未动用地质储量与采收率的乘积为剩余可采储量。油田开发的目的是开采出石油，在开发阶段，年油产量是重要指标。在开发直接投资比例一定的条件下，总投资越多，开发直接投资就越多；年新增油产能与开发直接投资存在相关性；自然递减率影响着年递减油产能；年新增油产能与年递减油产能之差为年产油能力；年油产量由年产油能力、综合递减率、石油企业的加工能力以及剩余可采储量共同决定。常态下的石油勘探开发子系统的系统流图及其系统动力学方程分别如图6.3、表6.2所示。

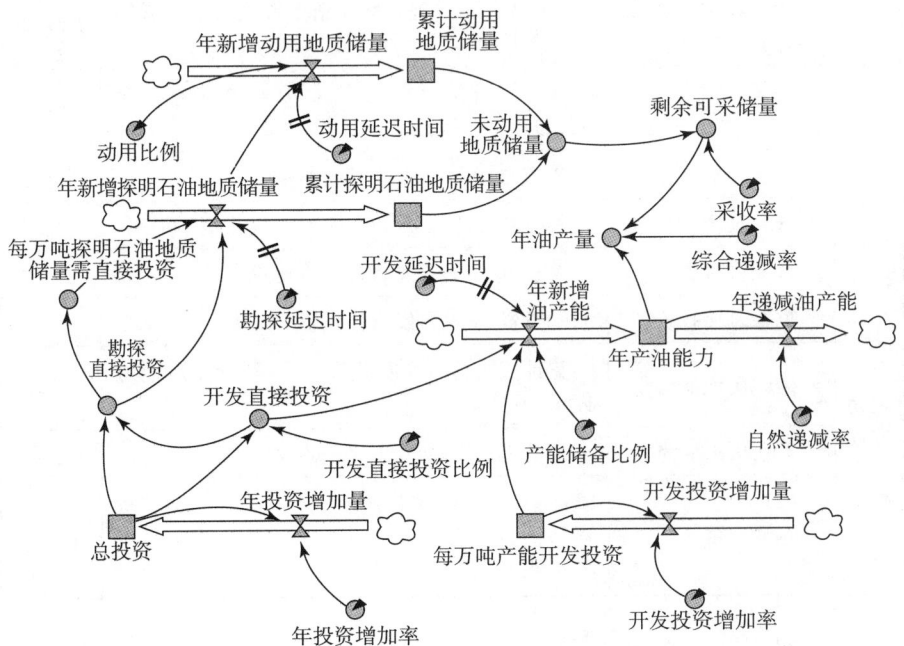

图 6.3　常态下的石油勘探开发子系统流图

表 6.2 常态下的石油勘探开发子系统的 SD 方程

方程类型	变量名称	方程	单位
水平方程	总投资	总投资.J + 年投资增加量.JK × DT	万元
	累计探明石油地质储量	累计探明石油地质储量.J + 年新增探明石油地质储量.JK × DT	万吨
	累计动用地质储量	累计动用地质储量.J + 年新增动用地质储量.JK × DT	万吨
	年产油能力	年产油能力.J + (年新增油产能 − 年递减油产能).JK × DT	万吨
	每万吨产能开发投资	每万吨产能开发投资.J + 开发投资增加量.JK × DT	万元
速率方程	年投资增加量	总投资.K × 年投资增加率	万元/年
	年新增探明石油地质储量	delay(勘探直接投资/每万吨探明石油地质储量需直接投资,勘探延迟时间)	万吨/年
	年新增动用地质储量	max[delay(0.96 × 年新增探明石油地质储量 − 0.178,动用延迟时间),0]	万吨/年
	年新增油产能	delay(开发直接投资/每万吨产能直接投资,开发延迟时间)	万吨/年
	年递减油产能	年产油能力.K × 自然递减率	万吨/年
	开发投资增加量	每万吨产能开发投资.K × 开发投资增加率	
辅助方程	开发直接投资	总投资.K × 开发直接投资比例	万元
	勘探直接投资	总投资.K − 开发直接投资.K	万元
	未动用地质储量	累计探明石油地质储量.K − 累计动用地质储量.K	万吨
	剩余可采储量	未动用地质储量.K × 采收率	万吨
	年油产量	max[(1.93 × 年产油能力 − 0.0025 × 剩余可采储量 − 2267.1) × (1 − 综合递减率),0]	万吨/年

6.2.2.2 危态下的石油企业产能扩大子系统

危态下的石油企业扩大产能需要受到很多因素的影响,比如炼化调整时间、原油生产调整时间、原油需求系数、劳动力调整时间、劳动力生产率、运输延迟时间等，其中原油需求系数和炼化调整时间会影响原油炼化率，运输延迟时间会影响原油的入厂率，劳动生产率会影响工人的产能。本系统反映了危态下的石油企业产能扩大的情况。系统流图如6.4所示，相关的系统动力学方程如表6.3所示。

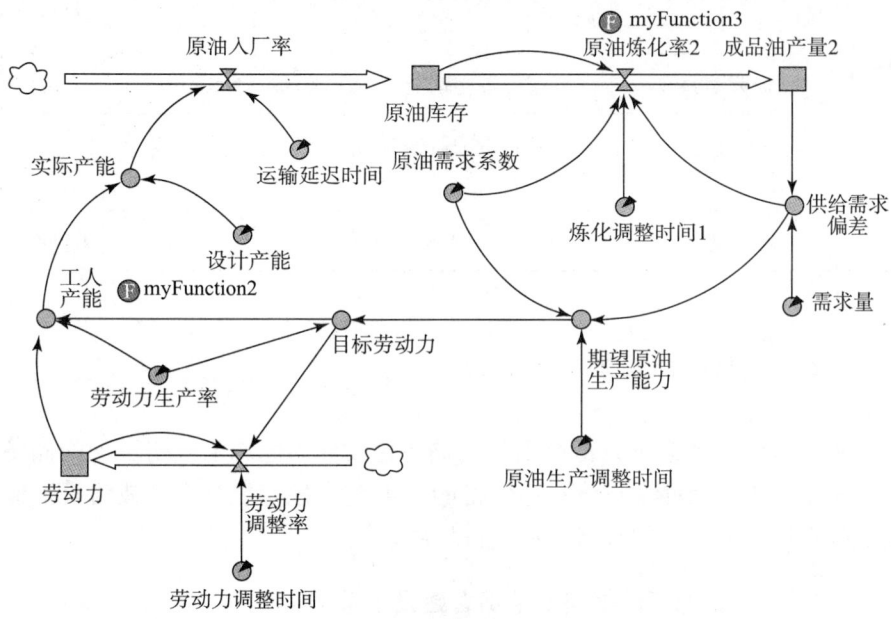

图 6.4 危态下的石油企业产能扩大子系统流图

表 6.3 危态下的石油企业产能扩大子系统的 SD 方程

方程类型	变量名称	方程	单位
水平方程	原油库存	原油库存.J+（原油入厂率.JK−原油炼化率.JK）×DT	万吨
	成品油产量2	成品油产量2.J+原油炼化率2.JK×DT	万吨
	劳动力	劳动力.J+劳动力调整率.JK×DT	人
速率方程	原油入厂率	delay（实际产能，运输延迟时间）	万吨/天
	原油炼化率2	myFunction3（原油库存，原油需求系数，炼化调整时间1，供给需求偏差）	万吨/天
	劳动力调整率	（目标劳动力−劳动力）/劳动力调整时间	人/天

续表

方程类型	变量名称	方程	单位
辅助方程	供给需求偏差	需求量-成品油产量	万吨
	期望原油生产能力	原油需求系数×供给需求偏差/原油生产调整时间	万吨/天
	目标劳动力	期望原油生产能力·K/劳动生产率	人
	工人产能	myFunction2（目标劳动力，劳动力，劳动生产率）	万吨/天
	实际产能	min（设计产能，工人产能）	万吨/天

6.2.3 石油储备能力子系统

和平时期（常态下）战略石油的储备建设会为危态下战略石油的储备释放奠定基础，因此本章将石油储备能力子系统分为常态下的战略石油储备建设系统和危态下的战略石油储备释放系统。

6.2.3.1 常态下的战略石油储备建设子系统

在常态下的战略石油储备建设中，国家经济实力直接影响战略石油储备总投资。运营维护投资、建设投资和购买原油投资与战略石油储备总投资均成正比例；储备体系的完善程度会影响储备基地和设施的建设费用，地方石油储备、企业商业储备和中小型公司石油储备越多，国家需要对战略石油储备的建设投资就越少；在战略石油储备总投资一定的条件下，建设投资越少，则购买原油投资就越多。本子系统的系统流图如图6.5所示，相关的系统动力学方程如表6.4所示。

第 6 章 石油动员潜力释放机理研究

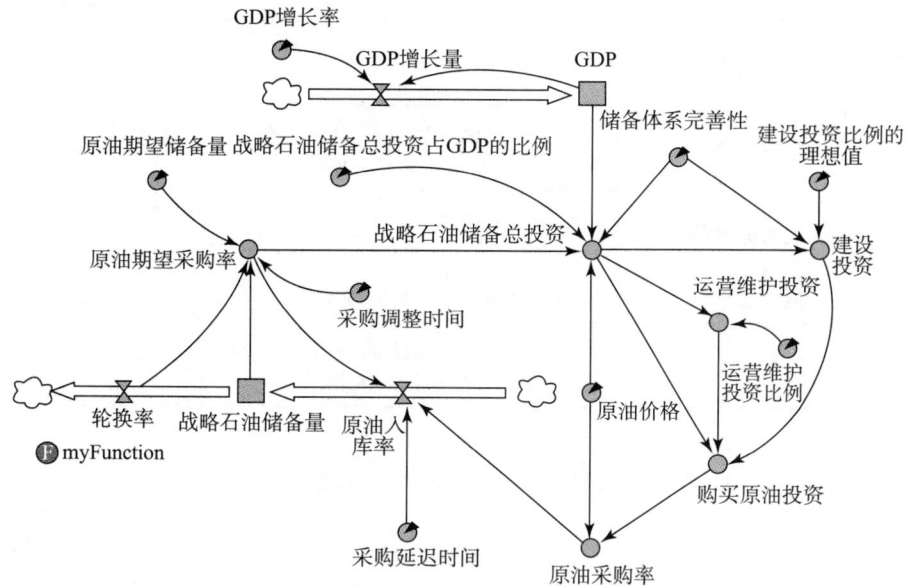

图 6.5 战略石油储备能力建设子系统流图

表 6.4 常态下战略石油储备建设子系统的 SD 方程

方程类型	变量名称	方程	单位
水平方程	GDP	GDP.J + GDP 增长量.JK × DT	亿元
	战略石油储备量	战略石油储备量.J + （原油入库率 − 轮换率）.JK × DT	万吨
速率方程	GDP 增长量	GDP.K × GDP 增长率	亿元/年
	原油入库率	delay (min (原油采购率.K，原油期望采购率.K)，采购延迟时间)	万吨/年
	轮换率	myFunction（战略石油储备量）	万吨/年
辅助方程	战略石油储备总投资	min（GDP × 战略石油储备总投资占 GDP 的比例，原油期望采购率 × 原油价格/（1 − 运营维护投资比例 − （0.229 × max（2 − 储备体系完善性，1））））	亿元
	运营维护投资	运营维护投资比例 × 战略石油储备总投资.K	亿元

续表

方程类型	变量名称	方程	单位
辅助方程	建设投资	建设投资比例的理想值×战略石油储备总投资.K×max（2－储备体系完善性，1）	亿元
	购买原油投资	战略石油储备总投资.K－运营维护投资.K－建设投资.K	亿元
	原油采购率	购买原油投资.K/原油价格	万吨/年
	原油期望采购率	max［（原油期望储备量－战略石油储备量）/采购调整时间＋轮换率，0］	万吨/年

6.2.3.2 危态下的战略石油储备释放子系统

危态下，需要将战略石油储备投入使用。由于原油不能直接被使用，需要将原油加工为成品油，所以，危态下的战略石油储备释放子系统主要研究将原油转化为成品油的过程。因此，原油炼化率是一个非常重要的变量，它由剩余战略石油储备量、供给需求偏差、原油需求系数和炼化调整时间共同决定。本系统的系统流图如图 6.6 所示，相关的系统动力学方程如表 6.5 所示。

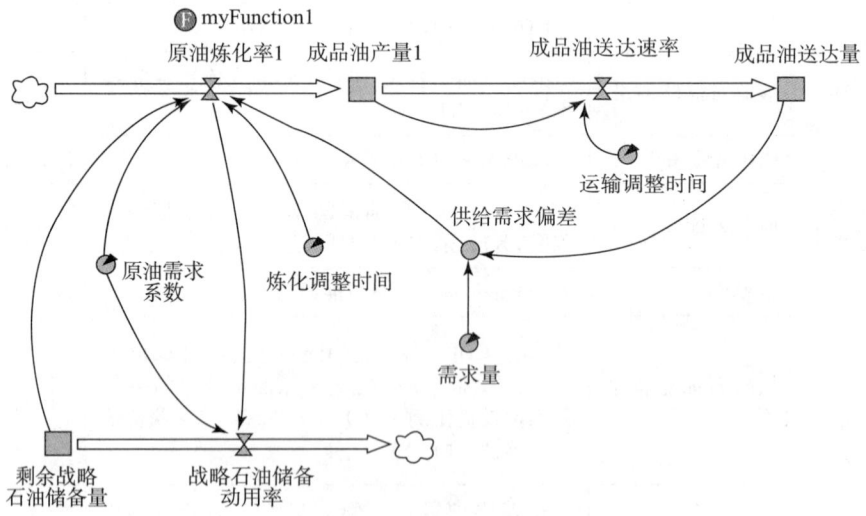

图 6.6 危态下的战略石油储备释放子系统流图

表 6.5　危态下战略石油储备释放子系统的 SD 方程

方程类型	变量名称	方程	单位
水平方程	成品油产量 1	成品油产量 1.J +（原油炼化率.JK – 成品油送达速率.JK）×DT	万吨
	成品油送达量	成品油送达量.J + 成品油送达速率.JK×DT	万吨
	剩余战略石油储备量	剩余战略石油储备量.J – 战略石油储备动用率×DT	万吨
速率方程	原油炼化率 1	myFunction1（剩余战略石油储备量，原油需求系数，炼化调整时间 1，供给需求偏差）	万吨/天
	战略石油储备动用率	原油炼化率×原油需求系数	万吨/天
	成品油送达速率	成品油产量/运输调整时间	万吨/天
辅助方程	供给需求偏差	需求量 – 成品油送达量.K	万吨

6.2.4　石油资源进口能力子系统

在石油资源进口能力子系统中，石油需求量与石油进口量之差就是石油进口偏差，石油进口偏差与进口调节时间之商就是理想的石油进口能力。战争和突发事件的发生，导致短时间内石油需求剧增，临时进口量快速增加，供需关系失衡，可能会出现石油输出国肆意抬高价格的现象，这会影响石油进口能力，此外，石油进口来源地的多元性、军事因素、政治因素都会对一国的石油进口能力产生影响。本子系统的系统流程如图 6.7 所示，相关的系统动力学方程如表 6.6 所示。

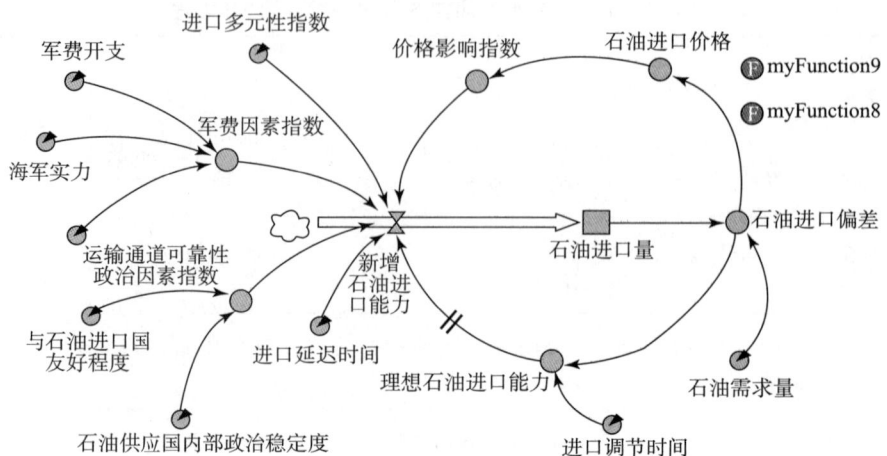

图 6.7　石油资源进口能力子系统流图

表 6.6　石油资源进口能力子系统的 SD 方程

方程类型	变量名称	方程	单位
水平方程	石油进口量	石油进口量.J + 新增石油进口能力.JK × DT	万吨
速率方程	新增石油进口能力	Delay（理想石油进口能力 × 军事因素指数 × 政治因素指数 × 进口多元性指数 × 价格影响指数，进口延迟时间）	万吨/天
辅助方程	军事因素指数	（0.16 × 军费开支 + 0.65 × 海军实力 + 0.19 × 运输通道可靠性）/10	
	政治因素指数	（0.6 × 与石油进口国友好程度 + 0.4 × 石油供应国内部政治稳定度）/10	
	理想石油进口能力	石油进口偏差.K/进口调节时间	万吨/天
	石油进口偏差	石油需求量 − 石油进口量.K	万吨
	石油进口价格	myFunction9（石油进口偏差）	美元/吨
	价格影响指数	myFunction8（石油进口价格）	

6.2.5 调整石油产品用途子系统

调整石油产品用途子系统主要是通过调整石油产品的用途来增加石油在应战应急时候的供给能力。此系统存在两条负反馈回路，分别是：宣传力度→公众的自愿参与程度→可动员比例1→压缩居民生活需求增加的供给能力→调整用途增加的供给能力→石油供给量→石油供需偏差→宣传力度；宣传力度→公众的自愿参与程度→可动员比例2→压缩其他用途增加的供给能力→调整用途增加的供给能力→石油供给量→石油供需偏差→宣传力度。此子系统的系统流图如图6.8所示，相关的系统动力学方程如表6.7所示。

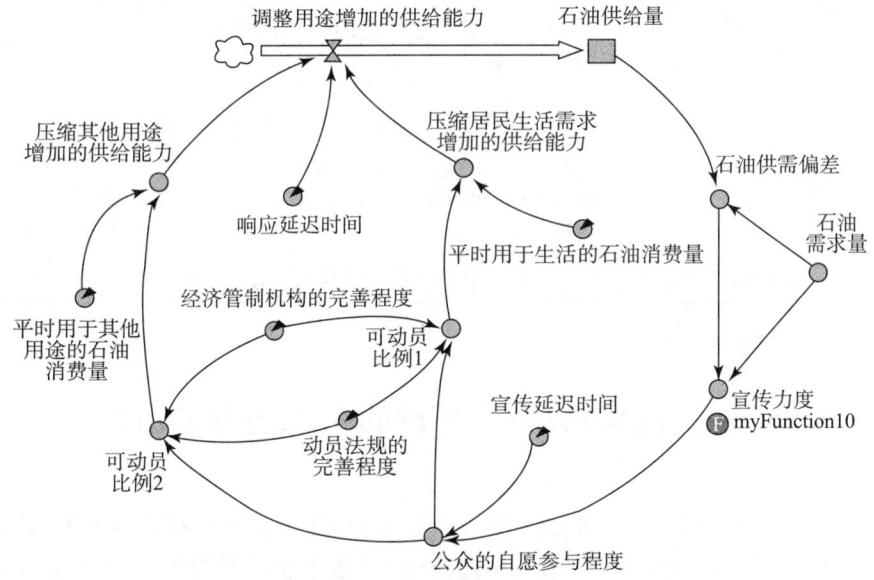

图6.8 调整石油产品用途而增加的供给能力子系统流图

表6.7 调整石油产品用途而增加的供给能力子系统的 SD 方程

方程类型	变量名称	方程	单位
水平方程	石油供给量	石油供给量.J + 调整用途增加的供给能力.JK × DT	万吨
速率方程	调整用途增加的供给能力	Delay（压缩居民生活需求增加的供给能力.K + 压缩其他用途增加的供给能力.K, 响应延迟时间）	万吨/天

续表

方程类型	变量名称	方程	单位
辅助方程	压缩居民生活需求增加的供给能力	平时用于生活的石油消费量×可动员比例1.K	万吨/天
	可动员比例1	min（公众的自愿参与程度.K×经济管制机构的完善程度×动员法规的完善程度，0.5）	
	可动员比例2	min（公众的自愿参与程度.K×经济管制机构的完善程度×动员法规的完善程度，0.3）	
	压缩其他用途增加的供给能力	平时用于其他用途的石油消费量×可动员比例2.K	万吨/天
	公众的自愿参与程度	Delay（0.9×宣传力度，宣传延迟时间）	
	宣传力度	myFunction10（石油需求量，石油供需偏差）	
	石油供需偏差	石油需求量−石油供给量.K	万吨

6.3 石油动员潜力释放的系统动力学仿真

本节在上一节的基础上，将石油企业产能子系统、石油储备能子系统、石油资源进口能力子系统和调整石油产品用途子系统四个子系统合成为一个总系统，研究危态下石油动员潜力释放的过程和机理。通过对石油动员潜力释放系统动力学模型的仿真分析，探寻影响石油潜力来源的因素，为石油动员潜力建设提供政策性建议打下基础。

6.3.1 石油动员潜力释放系统动力学模型

6.3.1.1 模型假设

在建立石油动员潜力释放系统动力学仿真模型的过程中，为了便于系统的研究，主要进行了以下几个方面系统性的假设。

1）常态下石油企业的最大产能是其设计产能的 90%，预留的 10% 的生产能力作为产能储备，而危态下石油企业的最大产能就是设计产能。

2）石油企业内部各节点职能部门无信息延迟，仅考虑生产物质延迟。

3）石油企业内部各仓库的仓储能力不限制。

4）不考虑劳动力的成本影响，假设劳动力可以无限量供应。

5）石油企业的炼化能力不受限制。

6）战略石油储备包括石油资源储备和石油产品储备，该系统中的战略石油储备特指的是石油产品——原油的储备。

7）不考虑原油价格变化的影响，假设原油价格不变。

8）我国的经济稳定增长，即 GDP 的年均增长率不变。

9）动用战略石油储备的物质延迟时间为零，且不考虑信息延迟。

10）由于突发事件发生时，应急资源的需求时限要求很紧，为了尽量缩短动员时间，假设本系统中的石油资源进口仅指的是成品油进口。

11）本文中的成品油是指中国海关分类中包括石脑油、汽油、煤油、柴油、润滑油和燃料油等油品在内的液体石油产品[8]。

12）在危态下，石油的价格和供应很大程度上受政治势力和政治局势的影响。

13）根据 2011 年我国成品油的进口平均价格达到 805.4 美元/吨的实际情况，本模型将常态下的石油（仅指成品油）进口价格假设为 800 美元/吨。

14）将石油消费需求分为：生活消费和其他消费，所以调整石油产品用途而增加的供给能力也主要来源于这两个方面。

15）考虑到居民最低生活需求，假设用于生活消费的石油，其最大可动员比例为 0.5；用于其他用途的石油，其最大可动员比例为 0.3。

16）结合实际，任何动员活动，公众的参与都不可能是 100%，本模型假设公众的参与比例是 0.9。

6.3.1.2 系统流图

在综合分析危态下的石油企业产能扩大子系统、战略石油储备释放子系统、石油资源进口能力子系统和调整石油产品用途子系统之间关系的基础上，绘制出石油动员潜力释放的系统流图。本系统流图是利用 AnyLogic 仿真软件绘制的，具体如图 6.9 所示。

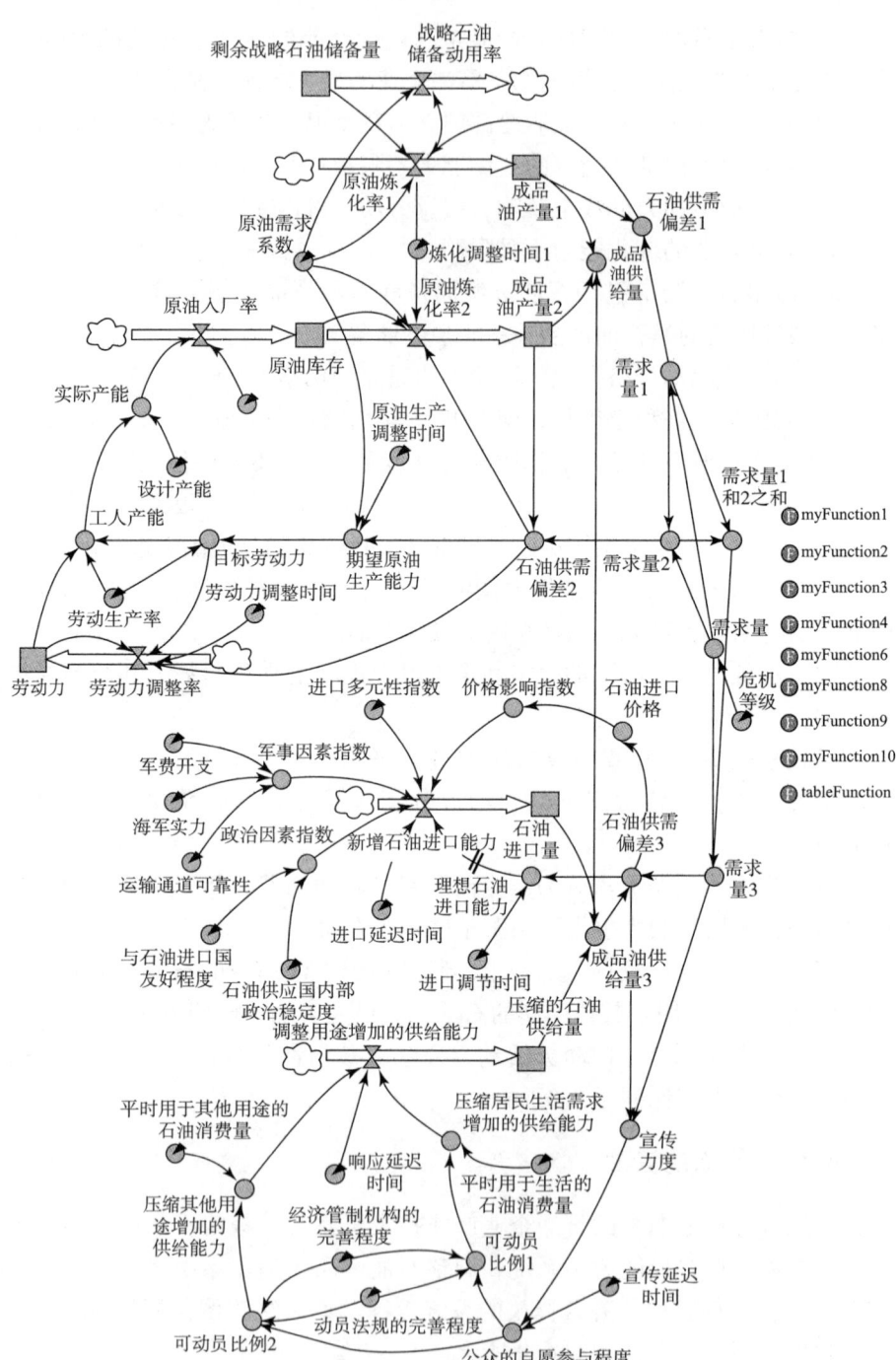

图 6.9　石油动员潜力释放系统流图

6.3.1.3 系统动力学方程及其说明

由于图 6.9 是在综合上一节的四个子系统流图的基础上绘制出来的,所以其中大部分变量之间的关系已在上一节中阐明。表 6.8 主要表示的是总系统中新变量之间的关系。

表 6.8 石油产业链动员潜力释放系统的 SD 方程

方程类型	变量名称	方程	单位	方程说明
辅助方程	需求量	tableFunction（危机等级）	万吨	石油的需求量随着危机等级的不同而不同,为了便于研究本文规定危机等级,分别为 1 级、2 级、3 级和 4 级时的需求需求量分别是 2 000 万吨、5 000 万吨、10 000 万吨和 15 000 万吨
	需求量 1	min（需求量,5 000）	万吨	需求量 1 表示只动用战略石油储备的石油需求量。当石油需求量 > 5 000 万吨时,需求量 1 = 5 000 万吨,否则需求量 1 = 需求量
	需求量 2	myFunction4（需求量,需求量 1）	万吨	需求量 2 表示石油企业的产能扩大量,它是需求量和需求量 1 的函数。当石油需求量 > 10 000 万吨时,需求量 2 = 5 000 万吨;当 5 000 万吨 < 石油需求量 ≤ 10 000 万吨时,需求量 2 = 需求量 − 5 000;否则需求量 2 = 0
	需求量 3	myFunction6（需求量,需求量 1 和 2 之和）	万吨/天	
	实际产能	min（设计产能,工人产能）	万吨/天	

6.3.1.4 模型基本模拟参数估计

建立了石油动员潜力释放系统动力学模型以后,在进行计算机仿真之前,需要确定模型中方程式的所有参数,这些参数包括常量、表函数、存量初始值等。通过调查收集所需的数据资料,利用专业知识,在往年的统计数据基础上，运用统计方法、模拟试验法以及其他数学方法对模型参数进行估计。有些参数的取值是根据对石油企业经营数据收集而来的，有些参数是通过模拟试验法来确定的，有些参数是经过合理的估计而得到的。表6.9是石油动员潜力释放系统动力学模型仿真的参数值表。

表6.9 石油动员潜力释放系统动力学模型仿真的参数值表

方程类型	变量名称	数值	单位	参数说明
初始值方程	石油进口量	0	万吨	
	石油供给量	0	万吨	模拟从平衡状态开始
	GDP	109 655.2	亿元	将我国2001年的GDP值109 655.2亿元，作为本模型中GDP的初始值
	战略石油储备量	500	万吨	战略石油储备量大于0
	原油库存	1	万吨	
	成品油生产量	0	万吨	模拟从平衡状态开始，所以该状态变量的初始值为0
	劳动力	2 500	人	劳动力初始值>0
	剩余战略石油储备量	8 500	万吨	2020年我国战略石油储备基地建成时达到的储备能力
	成品油产量	0	万吨	模拟从平衡状态开始
	成品油送达量	0	万吨	
	总投资	2 000 000	万元	为了更贴近实际，将《基于SD的胜利油田石油勘探开发系统仿真及对策研究》[9]中的相关数据作为本模型中的参数设定值
	累计探明石油地质储量	404 894	万吨	
	累计动用地质储量	333 361	万吨	
	年产油能力	2 646	万吨	
	每万吨产能开发投资	2 000	万元	
常量方程	年投资增加率	0.07		
	开发投资增加率	0.07		

续表

方程类型	变量名称	数值	单位	参数说明
常量方程	开发直接投资比例	0.75		取值范围为（0，1）
	采收率	0.2871		
	综合递减率	0.0634		
	自然递减率	0.14		
	勘探延迟时间	5	年	延迟时间大于0
	动用延迟时间	0.6	年	
	开发延迟时间	2	年	
	设计产能	60	万吨/天	2011年，我国原油产量为2.036 46亿吨，按照一年365天计算，平均每天实际的原油产量约为55.8万吨。假设常态下的实际产能只是设计产能的90%，则设计产能约是62万吨/天。本模型参照实际数据，将石油企业设计产能定为60万吨/天
	运输延迟时间	5	天	
	原油需求系数	1.67		查阅数据得到，中石化1吨原油提炼汽油0.177吨、柴油0.383吨，成品油率60.8%，故每炼成1吨成品油，需要1.67吨原油
	劳动力调整时间	2	天	
	劳动生产率	0.0004	万吨/（天·人）	
	炼化调整时间	5	天	
	原油生产调整时间	5	天	
	GDP增长率	10.5%		根据《中国统计年鉴2011》，2001—2010年我国GDP的年均增长率为10.5%，本模型将该值作为GDP的年增长率

续表

方程类型	变量名称	数值	单位	参数说明
常量方程	储备体系完善性	0.6		储备体系完善性的取值范围是 (0, 1]
	建设投资比例的理想值	22.9%		
	运营维护投资比例	1.7%		
	原油期望储备量	8 500	万吨	本模型以 2020 年我国战略石油储备基地建成时达到的储备能力：8 500 万吨（达到国际能源署建议的相当于 90 天的石油净进口量），作为原油期望储备量
	采购调整时间	0.25	年	采购调整时间大于 0
	采购延迟时间	0.2	年	采购延迟时间大于 0
	原油价格	511 × 70 000	元/万吨	约合 70 美元/桶
	轮换率	500 + step (500, 10)	万吨/年	从第 10 年开始轮换率增加为 1 000 万吨/年
	战略石油储备总投资占 GDP 的比例	0.0025%		
	原油需求系数	1.67		
	炼化调整时间	5	天	
	运输调整时间	3	天	
	进口多元性指数	0.8		取值范围为 (0, 1]
	军费开支	4		中国的军费开支处于较弱势
	海军实力	4		中国的海军实力处于较弱势
	运输通道可靠性	6		中国运输通道可靠性为基本强盛

续表

方程类型	变量名称	数值	单位	参数说明
常量方程	与石油进口国友好程度	8		中国与石油进口国较为友好
	石油供应国内部政治稳定度	6		石油供应国内部政治稳定性一般
	进口延迟时间	20	天	
	进口调节时间	20	天	
	平时用于生活的石油消费量	6.5	万吨/天	取 2001—2010 年的平均值
	平时用于其他用途的石油消费量	83.1	万吨/天	
	经济管制机构的完善程度	0.7		取值范围为 (0, 1]
	动员法规的完善程度	0.7		
	宣传延迟时间	2	天	
	响应延迟时间	3	天	

6.3.2 石油动员潜力释放模型的有效性测试

根据系统动力学模型有效性测试的方法与内容，这里对图 6.10 所示的石油产业链动员潜力释放模型进行相关的测试。在模型的范围适合性测试和模型的结构有效性测试方面，模型在构建的过程中能够再现危态下石油动员潜力释放的动态行为，同时能够以较少的元素结构表现实际的情况，模型的元素结构同模型的因果反馈关系及相关的数学关系能够很好地匹配，因此，模型的范围和结构均符合要求。在参数验证测试方面，在可能的情况下，模型中的参数设置都尽量做到与真实世界中的石油动员系统匹配。在模型的量纲一致性测试方面，模型的所有变量、初始值、参数、数学关系方程均符合量纲一致性要求。在极端条件测试方面，假设石油需求量为 0 时对系统进行仿真，观察模型中原油炼化率 1、成品油产量 1、原油炼化率2、成品油产量2、新增石油进口能力、石油进口量、调整用途增加的供给能力以及压缩的石油供给量的运行状态，如图6.10所示。

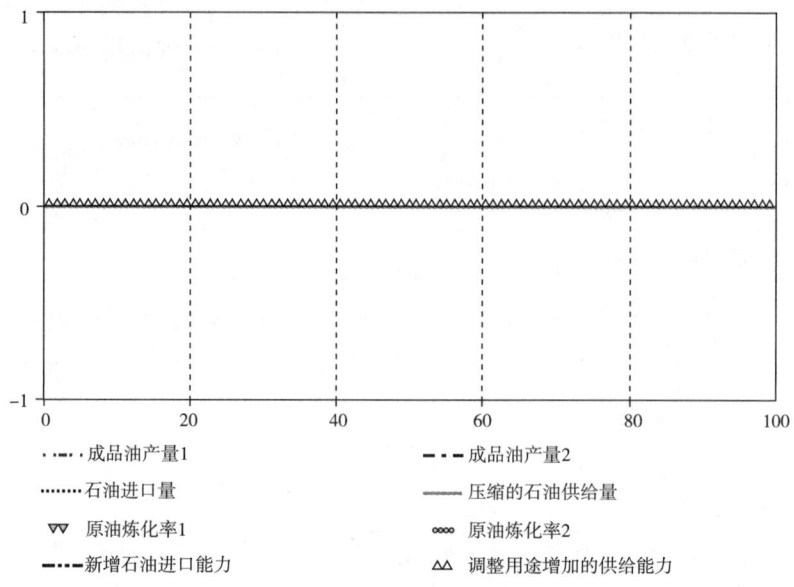

图6.10 石油需求量=0时的总系统仿真结果图

图6.10中显示石油需求量始终为0，即无石油需求的极端测试条件。此时，四个子系统中的供给速率和石油供给量也均为0，这是比较符合现实情况的。因此，该模型通过了极端条件测试。

6.3.3 石油动员潜力释放的仿真结果分析

6.3.3.1 情景设定

石油动员的主要目的是最大限度地满足突发事件对石油产品的需求。本文根据不同的石油需求量，设定三种石油动员情景，分别是：

情景一：0＜石油需求量≤5 000万吨时，只需动用战略石油储备来满足突发事件对石油的需求；

情景二：5 000万吨＜石油需求量≤10 000万吨时，动用战略石油储备已经不能满足突发事件对石油的需求，还需要石油企业扩大产能来增加石油供给量；

情景三：石油需求量＞10 000万吨时，在动用战略石油储备和企业产

第 6 章 石油动员潜力释放机理研究

能扩大的同时,还要增加石油进口和调整石油产品用途来增加石油供给量。

6.3.3.2 仿真结果分析

模拟突发事件发生后的 100 天,通过石油动员将常态下的石油动员潜力转化为危态下的石油产品超常供给能力的过程,仿真结果如下。

情景一:石油需求量 = 5 000 万吨

图 6.11 是石油需求量为 5 000 万吨时的石油产业链动员潜力释放的 SD 仿真图。由仿真图形和仿真数据可知:成品油供给量曲线和成品油产量 1 曲线重合,在第 0~20 天成品油产量 1 逐渐增加,但是产量的增加率逐渐减小,直到第 21 天成品油产量 1 超过 5 000 万吨并且达到稳态值。而成品油产量 2、石油进口量和压缩的石油供给量始终为 0。所以,此时只动用了战略石油储备。

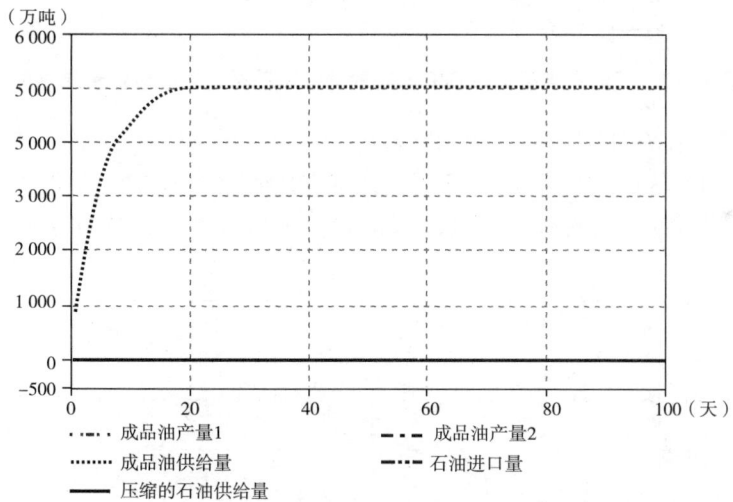

图 6.11 石油需求量 = 5 000 万吨时的石油动员潜力释放仿真结果图

情景二:石油需求量 = 10 000 万吨

图 6.12 是石油需求量为 10 000 万吨时的石油产业链动员潜力释放的 SD 仿真图。由仿真图形和仿真数据可知:成品油供给量是成品油产量 1 和成品油产量 2 之和,成品油产量 1 的曲线与情景一中的一样。在第 0~96 天,成品油产量 2 逐渐增加,直到第 97 天达到稳态值 5 000 万吨,所以成品油供给量也是在第 97 天达到稳态值 10 000 万吨。而石油进口量和压缩

的石油供给量始终为0。所以，此时除了动用战略石油储备以外，还要通过石油企业的生产来满足石油需求。

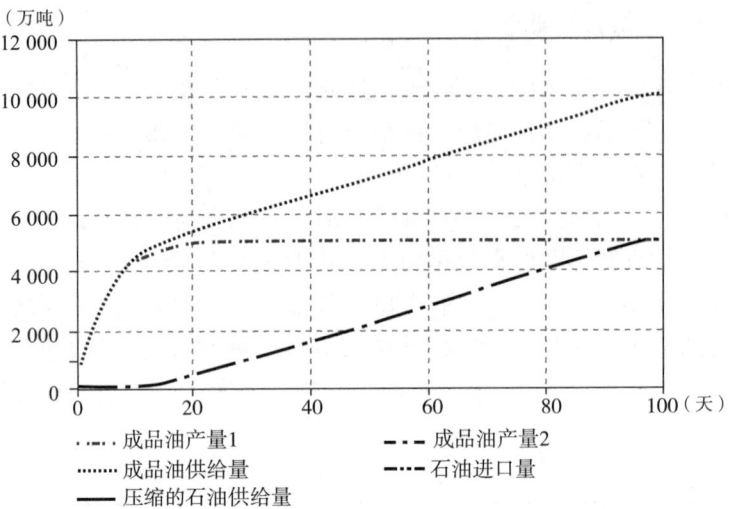

图 6.12　石油需求量 = 10 000 万吨时的石油动员潜力释放仿真结果图

情景三：石油需求量 = 15 000 万吨

图 6.13 是石油需求量为 15 000 万吨时的石油产业链动员潜力释放的 SD 仿真图。由仿真图形和仿真数据可知：成品油供给量是成品油产量 1、

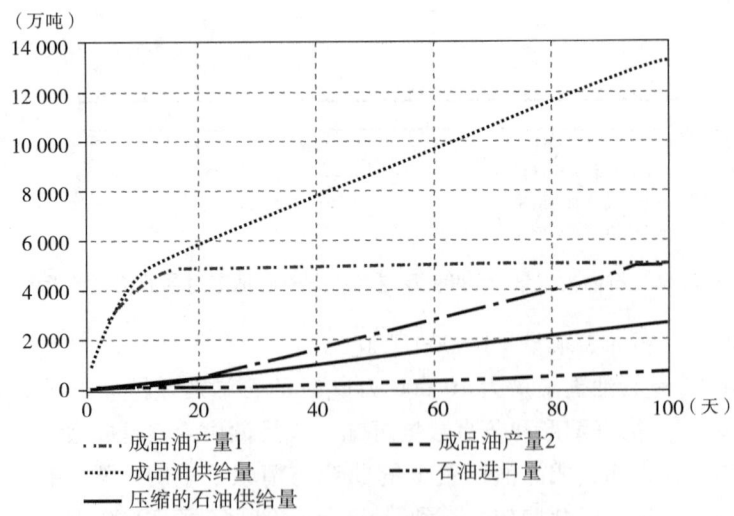

图 6.13　石油需求量 = 15 000 万吨时的石油动员潜力释放仿真结果图

成品油产量2、石油进口量和压缩的石油供给量之和。成品油产量1和2的曲线与情景二中的一样。受进口延迟时间的影响，石油进口量在第0~19天为0，从第20天开始逐渐增加，到第100天石油进口量达到676.9万吨。受宣传延迟时间和响应延迟时间的影响，第0~4天，压缩的石油供给量为0，从第5天开始压缩的石油供给量开始增加，到第100天，压缩的石油供给量达到2 614万吨。所以，到第100天四个子系统所能提供的石油供给量之和为13 291万吨。

综上所知，本章所构建的石油产业链动员潜力释放的SD模型能够较好地反映实际情况。下面将对石油动员潜力释放的政策进行模拟分析。

6.3.4 石油动员潜力释放的政策模拟分析

本部分通过改变每个子模型中的一些可控变量的参数值，观察其对石油动员潜力释放的影响，找到影响危态下的石油动员潜力释放的关键因素和提高石油动员潜力的方案。

6.3.4.1 石油企业产能扩大的政策模拟分析

(1) 常态下的原油动用比例对剩余可采储量的影响

设定原油动用比例取值范围是［0.5，1］，步长设置为0.1，得到如图6.14所示的剩余可采储量变化的仿真结果图。可以看出，在其他条件不变的前提下，同一时间节点下，原油动用比例越大，剩余可采储量越少，即石油资源储备越少，这会影响危态下的石油企业的产能扩大。

(2) 常态下的产能储备比例对年油产量的影响

设定产能储备比例的取值范围是［0，0.5］，步长设置为0.1，得到如图6.15所示的年油产量变化的仿真结果图。可以看出，在其他条件不变的情况下，产能储备比例越高，常态下的年油产量越低，从而可以为危态下的石油企业产能的扩大赢得时间。

(3) 炼化调整时间对成品油产量的影响

设定炼化调整时间的取值范围是［5，15］，步长设置为5天，由图6.16可以看出，在其他条件不变的前提下，炼化调整时间越短，成品油产量越高，但是不同的炼化调整时间对应的成品油产量的稳态值相同。所以，在动员初期，炼化调整时间会影响成品油产量的高低；从动员周期来看，炼化调整时间主要影响动员时间的长短。

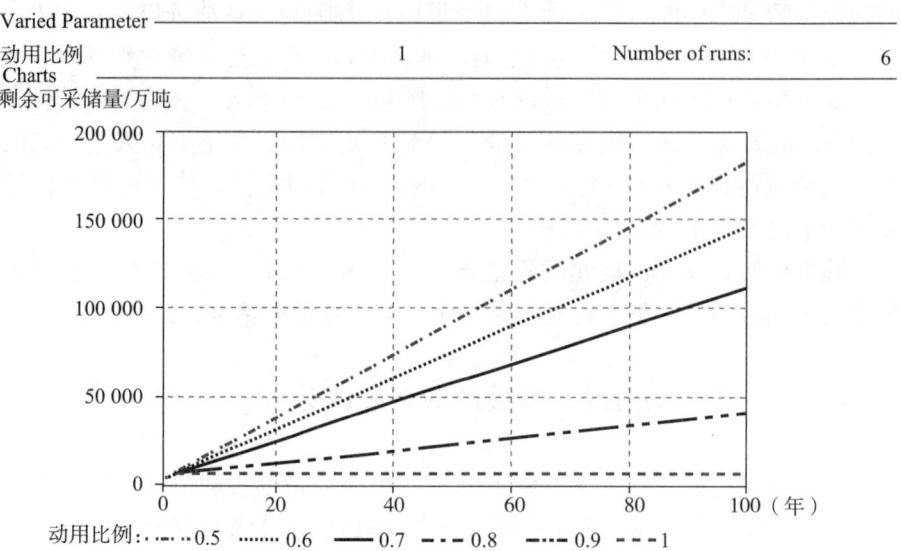

图 6.14　常态下的动用比例对剩余可采储量影响的仿真结果图

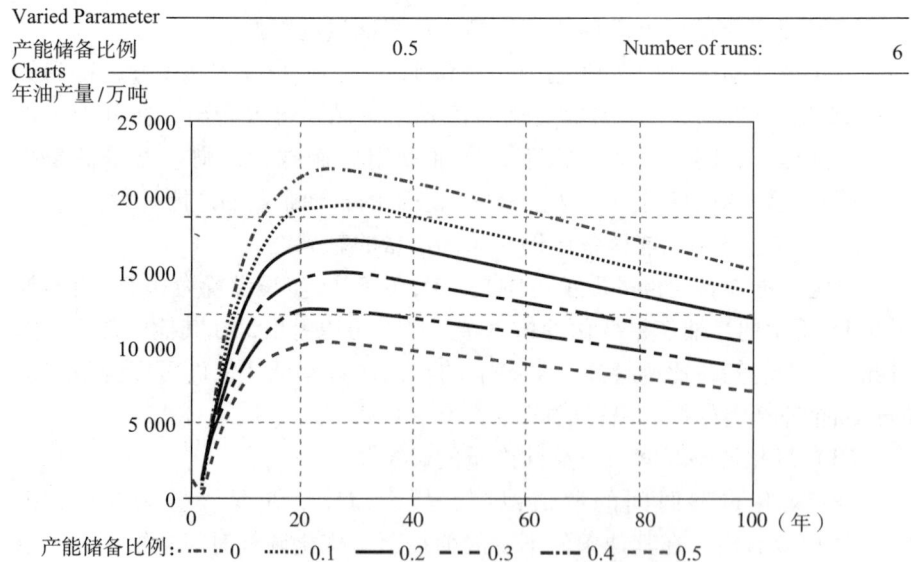

图 6.15　常态下开发阶段的产能储备对年油产量影响的仿真结果图

第 6 章　石油动员潜力释放机理研究　　153

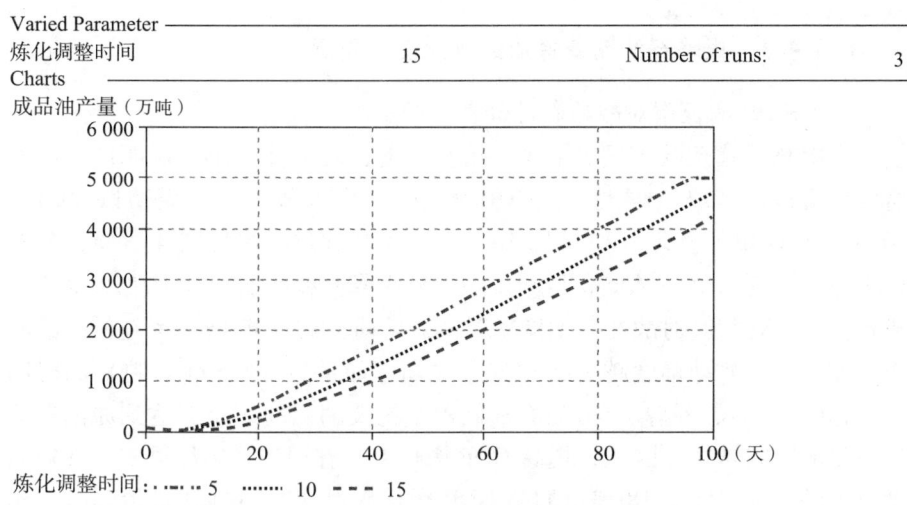

图 6.16　炼化调整时间对成品油产量影响的仿真结果图

（4）原油生产调整时间对成品油产量的影响

设定原油生产调整时间的取值范围是 [1，9]，步长设置为 4 天，得到如图 6.17 所示的成品油产量的仿真曲线。从该仿真结果图可以看出，不同的原油生产调整时间对应的成品油产量的仿真曲线重合。所以，原油生产调整时间对最终的成品油产量以及动员时间基本没有影响。

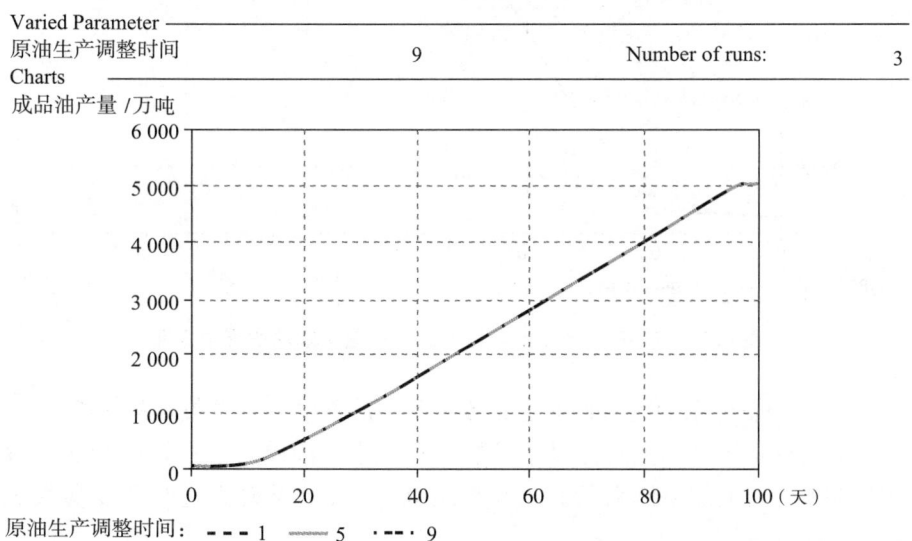

图 6.17　原油生产调整时间对成品油产量影响的仿真结果图

6.3.4.2 战略石油储备释放的政策模拟分析

(1) GDP增长率对战略石油储备量的影响

GDP增长率反映了国家的经济增长速度,其取值越小,说明国家的经济发展缓慢;其取值越大,说明国家的经济发展较快。本模型以2001—2010年的GDP平均增长率(即10.5%)为基础进行参数变化试验,分析GDP增长率对战略石油储备量的影响。利用降低和增加GDP增长率对模型进行仿真,观察其对战略石油储备量的影响可知,GDP增长率越低,战略石油储备量的波动幅度越大,达到原油期望储备量(8 500万吨)的时间越长;GDP增长率越高,战略石油储备量的波动幅度越小,达到原油期望储备量的时间越短。因此,提高GDP增长率,有利于我国尽早实现战略石油储备的目标。图6.18表示的是GDP增长率对战略石油储备量影响的仿真结果图。

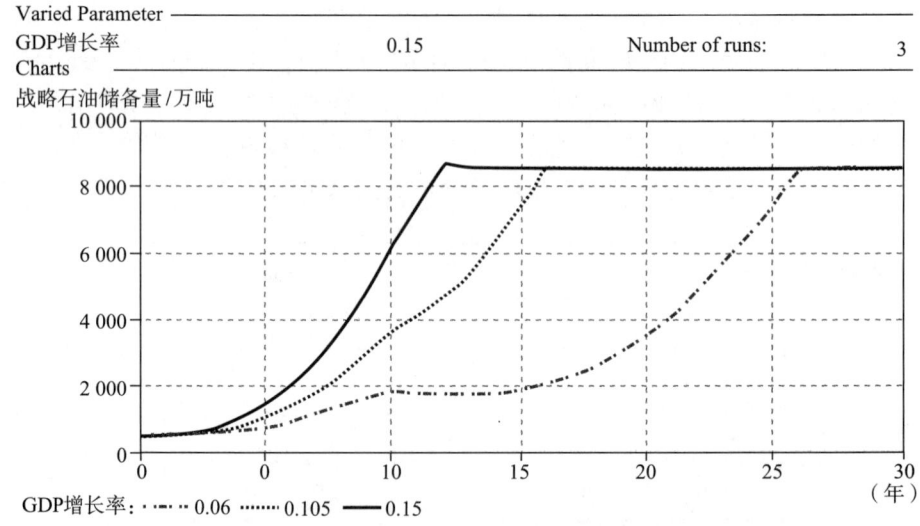

图6.18　GDP增长率对战略石油储备量影响的仿真结果图

(2) 储备体系的完善性对建设投资和战略石油储备总投资的影响

分析储备体系的完善性对建设投资和战略石油储备总投资的影响,假定目前我国石油储备体系的完善程度为0.6,在此基础上进行改变参数试验和优化分析。

图6.19和图6.20是在不考虑其他影响战略石油储备投资因素的情况

下，储备体系的完善程度分别为 0.2、0.6 和 1 时的建设投资和战略石油储备总投资仿真结果图。

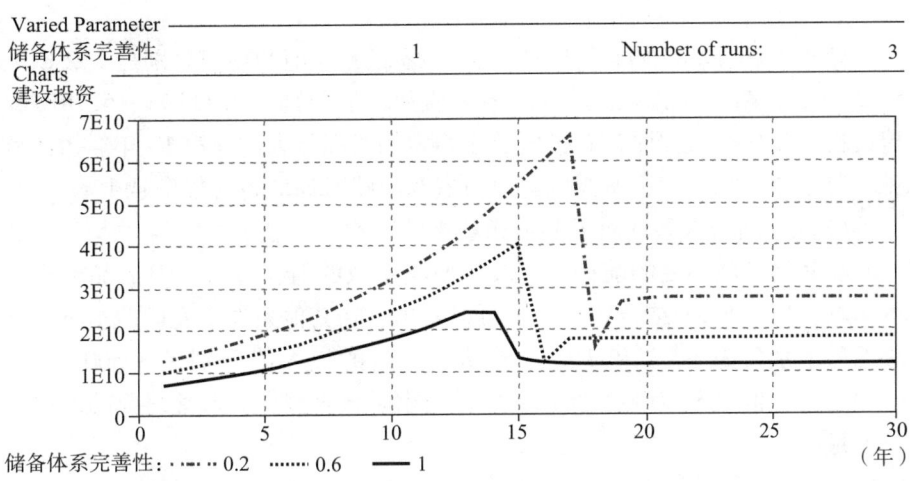

图 6.19　储备体系完善性对建设投资影响的仿真结果图

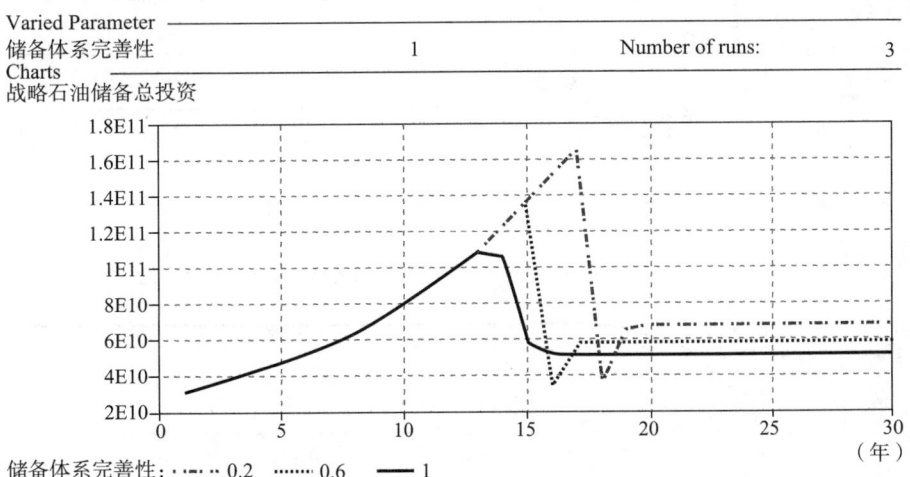

图 6.20　储备体系完善性对战略石油储备总投资影响的仿真结果图

通过观察仿真结果图以及仿真数据可知，储备体系的完善程度为 0.2 时，建设投资的最大值和均值分别是 6.73E10 和 3.02E10，战略石油储备总投资的最大值和均值分别是 1.63E11 和 7.33E10，建设投资和战略石油储备总投资趋于稳定的时间点都是第 15 年。

储备体系的完善程度为 0.6 时，建设投资的最大值和均值分别是

4.24E10 和 2.07E10，战略石油储备总投资的最大值和均值分别是 1.32E11 和 6.44E10，建设投资和战略石油储备总投资趋于稳定的时间点大约在第 12 年。

储备体系的完善程度为 1 时，建设投资的最大值和均值分别是 2.55E10、1.32E10，战略石油储备总投资的最大值和均值分别是 1.11E11、5.78E10，建设投资和战略石油储备总投资趋于稳定的时间点大约在第 10 年。由此可见，储备体系越完善，所需的建设投资和战略石油储备总投资越少。

（3）原油需求系数对成品油送达量的影响

在其他参数不变的前提下，改变原油系数的值，分析其对成品油产量的影响。由图 6.21 结合仿真数据可以看出，在其他条件不变的前提下，当原油需求系数为 1、2 和 3 时，成品油产量的最大值分别是 8 500 万吨、4 250 万吨和 2 833 万吨。所以，原油需求系数直接影响着最终成品油可动员产量的大小。

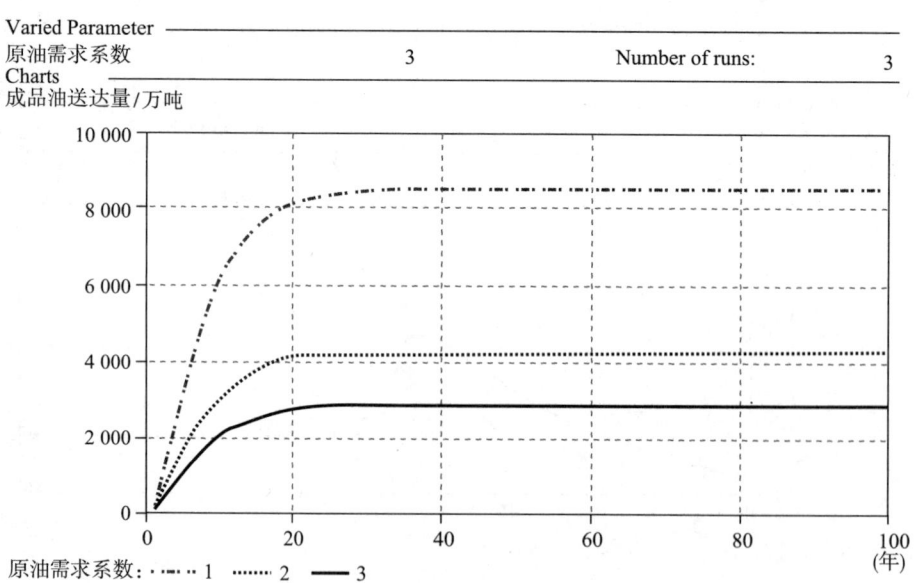

图 6.21　原油需求系数对成品油送达量影响的仿真结果图

6.3.4.3　石油资源进口能力的政策模拟分析

（1）进口多元性指数对石油进口量的影响

设定进口多元性指数的取值范围是 [0.2, 1]，步长设置为 0.2，得到如图 6.22 所示的成品油产量的仿真曲线。观察图形可以看出，在前 200 天以内，进口多元性指数越高，即进口来源地越多，石油进口量越多。但是，石油进口量最终在不同的时间点都趋近于需求量 1000 万吨。所以，多元性指数影响石油进口动员任务的时间。

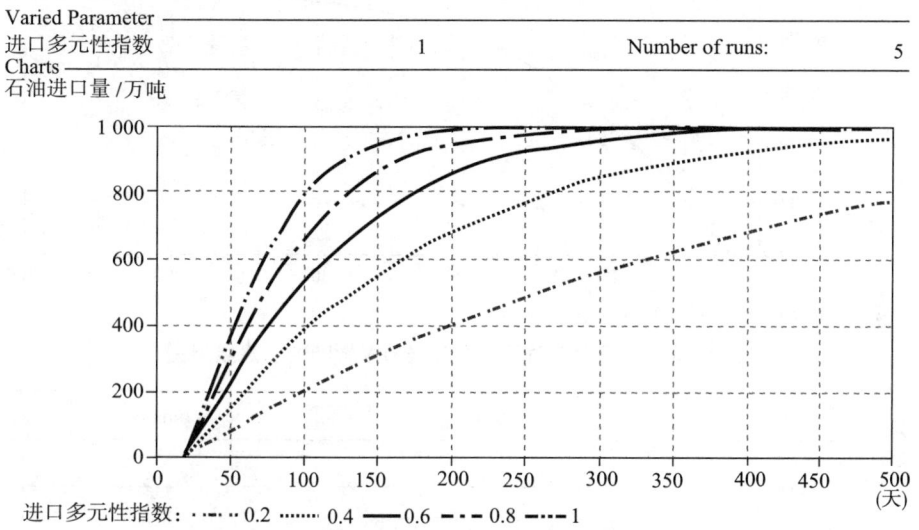

图 6.22　进口多元性指数对石油进口量影响的仿真结果图

（2）进口调节时间对石油进口量的影响

观察图 6.23 可知，在相同的时间节点下，进口调节时间越短，石油的进口量越多。由仿真数据可知，当进口调节时间分别为 10 天、20 天和 30 天时，石油进口量的最大值都是 1000 万吨。但是对应的石油进口量达到稳态值的时间却不尽相同，进口调节时间越短，石油进口量达到稳态值的时间越短，反之越长。通过调节模型可知当进口调节时间≤10 天时，会出现过度动员现象。所以，进口调节时间也会影响动员时间的长短，应根据实际动员情况，调整进口调节时间的长短。

（3）进口延迟时间对石油进口量的影响

观察图 6.24 可知，不管进口延迟时间是多少，石油进口量的稳态值最终都趋近于 1000 万吨，但是进口延迟时间越长，越容易出现过度动员的现象。通过调试模型，可以发现当进口延迟时间≥30 天时，就会出现过度动员现象。所以，为了避免发生过度动员，最好控制进口延迟时间在 30 天以内。

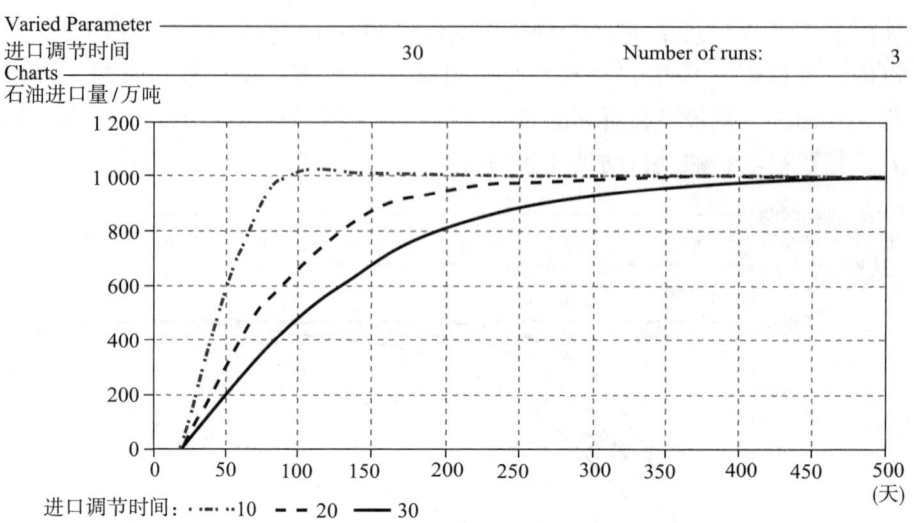

图 6.23 进口调节时间对石油进口量影响的仿真结果图

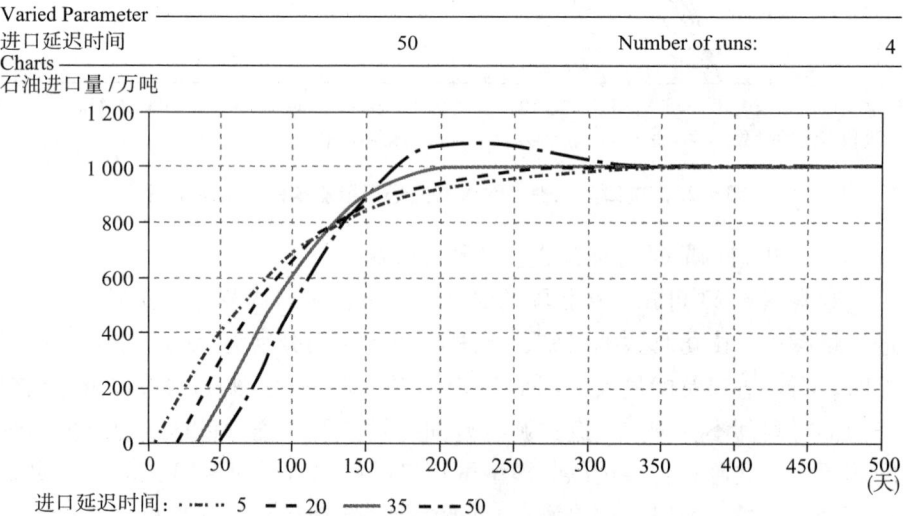

图 6.24 进口延迟时间对石油进口量影响的仿真结果图

6.3.4.4 调整石油产品用途的政策模拟分析

（1）经济管制机构的完善程度对石油供给量的影响

观察图 6.25 可以看出，在相同的时间节点下，经济管制机构的完善程度越高，石油的供给量越多。经济管制机构的完善程度分别为 1、0.7、0.4 时，石油供给量达到 1000 万吨需要的时间大约是 99 天、146 天、200 天。因此，经济管制机构越完善，完成动员任务的时间越短。

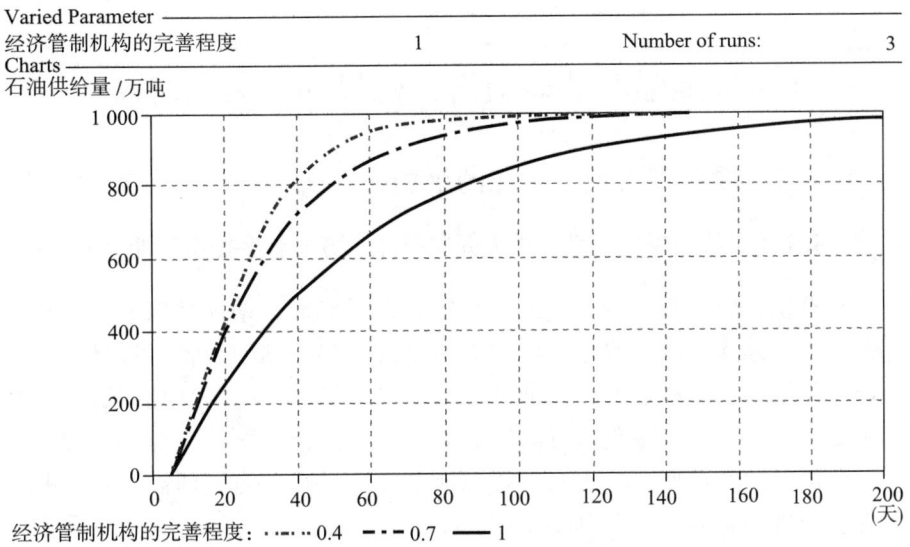

图 6.25　经济管制机构的完善程度对石油供给量影响的仿真结果图

(2) 动员法规的完善程度对石油供给量的影响

观察图 6.26 可以看出，在相同的时间节点下，动员法规的完善程度越高，石油的供给量越多。动员法规的完善程度分别为 1、0.7、0.4 时，石油供给量达到 1 000 万吨需要的时间大约是 99 天、146 天、200 天。因此，动员法规越完善，完成动员任务的时间越短。

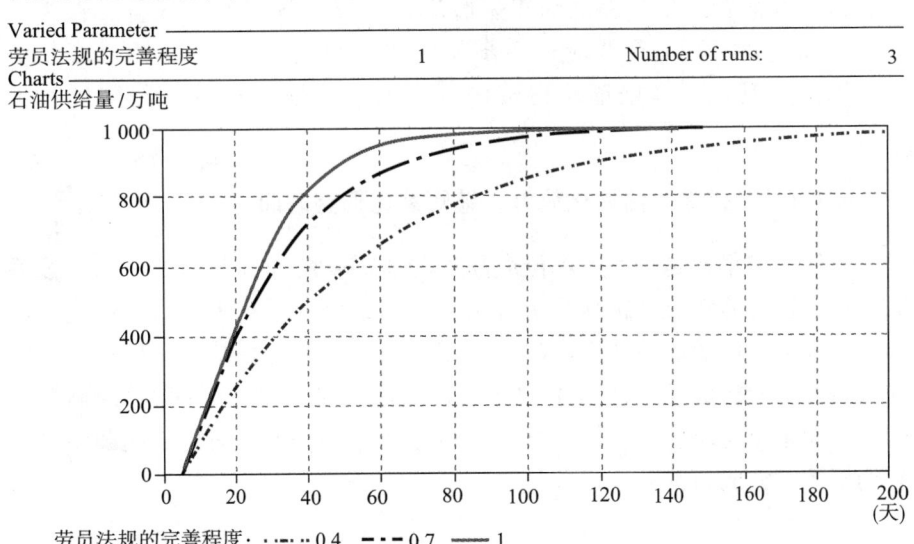

图 6.26　动员法规的完善程度对石油供给量影响的仿真结果图

6.4　加强石油动员潜力建设的政策性建议

6.4.1　提高石油企业产能的措施

6.4.1.1　从勘探、开发、扩大开放等几个方面着手提高石油企业产能

在勘探方面，石油企业应该加强综合地质研究，增加勘探投入，优化部署，推进勘探开发一体化，巩固资源基础，强化圈闭储备，提升国内原油储量替补率。在开发方面，推进石油开采技术进步是提高我国石油产量的重要途径，也是缓解我国石油供需突出矛盾的措施之一。与煤炭资源相比，我国石油产量低，一方面与我国能源资源赋存特点，即储量低、赋存条件复杂等因素有关，特别是油田开采进入高含水、高成本、高采出阶段，产量自然递减率较高。另一方面，我国石油勘探开采技术尚待提高，尤其是在深海勘探技术上，我国仍属于技术相对落后的国家；而国内陆上石油开采普遍采用注水技术，平均原油采收率只有32%，造成已开发油藏中仍有大量原油滞留地下。加快发展石油勘探开采技术，对开发中后期的大油田采取增储挖潜、提高采收率等多种手段以维持稳产和高产。目前，油田开发要坚持以市场为导向，以经济效益为中心，加强技术论证，引进采油新技术，提高油田采收率，增强油气田经济效益。在扩大开放方面，我国石油企业应进一步加大"走出去的步伐"，积极开拓国外石油供应基地，多渠道获得资源，最大可能地占有或控制国外石油资源。

6.4.1.2　提高原油炼化能力，缩短炼化调整时间

原油需求系数是指生产单位成品油与所需要的原油数量的比值，该系数越小，说明炼化能力越强。仿真结果显示，该数据越小，原油炼化率越高，最终能提供的成品油产量越多。根据6.3节的仿真结果，炼化调整时间对石油企业的成品油产量影响不大，但是其对于动员时间的影响较大。因此，如果出现应急生产任务时，提高原油炼化能力，缩短炼化调整时间有助于按时完成石油动员任务。

6.4.2 提高储备能力的措施

6.4.2.1 增强国家经济实力

GDP 被公认为是衡量一国经济状况的最佳指标，GDP 增长率则反映了一国的经济发展速度。根据对战略石油储备释放的政策模拟分析：GDP 增长率越低，战略石油储备量的波动幅度越大，达到原油期望储备量（8500万吨）的时间越长；GDP 增长率越高，战略石油储备量的波动幅度越小，达到原油期望储备量的时间越短。因此，我国要尽早实现战略石油储备的目标，就需要发展经济，增强国家经济实力。

6.4.2.2 完善我国的战略石油储备体系

我国应从石油储备的品种、规模、结构、方式、地点等方面入手完善石油战略储备体系。在储备的品种上，在进行必要的原油战略储备的同时，适当增加特定成品油的储备。在储备的规模上，要根据我国的实际情况制订储备目标。对此，可采取分步实施的方法。首先，制订近期目标，尽快实现相当于 30 天净进口量的石油战略储备目标，在此基础上再制订中期储备目标和远期储备目标，继续扩大储备数量，争取早日达到国际能源署（IEA）规定的 90 天以上净进口量的标准。其次，在储备结构上，要做到实物储备和资源储备相结合。实物储备需要动员社会各方力量（包括生产和流通环节的企业）积极参与，建立起政府和社会两级实物储备体系。同时对开采成本高于进口价的边际性油田作为"探明储量"，以资源储备的形式储存在地下。最后，从我国的实际情况出发，除在选择储备方式和地点上要兼顾战备安全、交通运输便利、储存成本低等要求外，还要考虑地质条件、能源基础设施和靠近能源加工中心等因素，采取地面罐储、地下洞储等方式因地制宜地储备石油资源。

6.4.3 提高我国石油资源进口能力的措施

一是要根据边境省市以及沿海地区的运输方式和运输能力等实际条件，考察选定可供进口的石油供应国；二是要与供应国政府建立战略联盟，并与相关企业签订应急石油供应协议，可以在价格或税费等环节对供应企业提供一定的优惠，确保急时或战时的石油进口能够迅速启动、顺利实施。这样不但可以防止石油供应国临时大肆提高石油进口价格，而且可以缩短石油进口延迟时间；三是实现进口石油的多元化，从多个国家进口石油，以分散运输风险。从陆上进口石油，主要采取管道运输方式，这就要求不但要加强管道运输的监管工作，而且要处理好与沿线国家或地区的各项相关事务，可以采取与沿线国家或出口国共同建设管道的方式以降低风险。在海上石油运输方面，应加强海军护航能力建设，以降低海上石油进口运输环节的风险。

6.4.4　建立石油消费管制领导机构，完善相关法律法规

首先，必须建立一个权威、稳定的石油消费管制领导机构，其职责权力、人员配置必须由相关法律法规做出明确规定。其次，必须建立与完善石油资源管制的法律法规体系，为危态下实行石油管制提供法律依据。各级政府及相关领导机构必须合理运用法律的权威性和约束力以保障石油产品消费管制顺利进行。由于战时和急时的情况比较复杂，国家必须根据《中华人民共和国宪法》和《中华人民共和国国防法》的基本精神，建立健全石油资源管制的法律法规，明确战时和急时石油资源管制的原则、方针、方式和程序，规定政府有关部门的职责和权限，规范企业、个人的权利和义务，并对相关消费主体的补偿方式和标准做出明确规定，使得石油消费管制工作法制化。最后，应建立"以行政手段和法律手段为主，以经济手段为辅"的基本工作制度。行政手段的特点是依靠行政权力，通过下达指令、指示、命令等方式指挥和组织经济活动。这种方法具有直接性、单一性和强制性的特点，能保证危态下石油动员活动的高效性。法律手段是指在危态下运用法律、法令、条例等法律规范，调整战争和突发事件中国家、企业和个人之间的经济关系，保证经济正常运转。另外，经济手段也是石油消费管制不可缺少的方法，但是为了保证动员效率，还是要以行政手段和法律手段为主。

本章小结

本章研究聚焦于石油动员潜力释放机理。首先，在界定了石油动员潜

力基本概念的基础上,从石油产业链视角分析出我国石油动员潜力主要来源于石油企业产能扩大、石油储备能力、石油进口能力和调整石油产品用途而增加的供给能力四个方面,并进一步研究了各类石油动员潜力来源的影响因素。其中,石油企业产能的提高需要产业链所有环节的紧密配合,储备成本、国家经济实力、储备体系等因素影响石油储备能力;石油资源进口能力受进口价格、进口来源、运输安全、国际政治等因素的制约;公众的自愿参与程度、宣传力度、经济管制机构的完善性和动员法规的完善程度等直接影响着消费管制工作的效率。其次,建立了模拟石油动员潜力释放的系统动力学模型,并分析了影响石油动员潜力释放的关键因素。最后,针对仿真模拟得出的结论,建议从加强石油勘探开发、扩大对外合作、提高原油炼化能力、缩短炼化调整时间、增强国家经济实力、完善国家石油储备体系、加强石油运输保障能力、实现进口石油的多元化、建立石油消费管制领导机构、完善相关法律法规几个方面来提高我国石油动员潜力。

参考文献

[1] 孔昭君,王成敏. 供给视角的国民经济动员潜力理论探索 [J]. 北京理工大学学报(社会科学版),2010,12(02):5-9.

[2] 刘康娜. 国民经济潜力分析及评价指标体系初探 [D]. 北京:北京理工大学,2006.

[3] 朱庆林. 国民经济动员学教程 [M]. 北京:军事科学出版社,2007:28.

[4] 王建军. 国民经济动员潜力研究 [D]. 北京:北京理工大学,2008.

[5] 刘柏林,黄石松. 复杂国际能源形势下的中国石油能源储备策略 [J]. 管理现代化,2010,(06):6-8+5.

[6] 孔昭君. 论国民经济动员链 [J]. 北京理工大学学报(社会科学版),2012,14(01):71-76.

[7] 范小宁. 石油储备的成本与安全性分析 [J]. 技术经济与管理研究,2007,(04):55-56.

［8］田春荣. 2010 年中国石油进出口状况分析［J］. 国际石油经济, 2011, (03): 15-25+104-105.
［9］孔祥瑞. 基于 SD 的胜利油田石油勘探开发系统仿真及对策研究［D］. 北京: 中国石油大学, 2011.
［10］王超. 基于产业链的石油动员潜力释放机理研究［D］. 北京: 北京理工大学, 2012.

第 7 章
成品油动员物流网络设计

成品油作为一种重要的战略资源，关乎国家的经济安全和国防安全。首先，维持成品油的安全运输、稳定供应是社会经济平稳运行的重要保证。其次，在近年来几次重大自然灾害的救援过程中，应急救援保障造成了大量的油料消耗，需要各级动员组织及相关企事业单位快速反应。最后，成品油动员已成为应对信息化战争的主要动员活动之一。成品油动员物流是实现成品油超常供给的终端环节，而成品油动员物流网络是保障成品油投送的基础环境。本章基于网络的视角，以图论和社会网络分析等相关理论为指导，界定了成品油动员网络的内涵，深入研究成品油动员物流中心的布局和成品油动员物流网络关键节点的选择问题，并以广东省为例，设计了成品油动员物流网络，以期为我国成品油动员物流网络建设提供理论参考。

7.1 成品油动员物流网络的基本理论

7.1.1 成品油动员物流网络的内涵

国民经济动员物流（以下简称动员物流）指动员物资经过筹措、运输、包装、加工和生产、储存、供应等环节,最终送达需求方而被消耗,实现其空间转移或空间与支配权同时转移的过程[1]。动员物流以动员型物流中心为节点,通过若干布局合理的动员型物流中心及配套设施保障动员物资从筹措地到需求部门的高速运转,并形成具备"平时服务,急时应急,战时服务"功能的动员物流网络。

成品油作为重要的工业燃料和车辆的主要动力来源,成品油的稳定供应是顺利应对突发事件和战争的前提。在突发事件和战争爆发时,面对突如其来的成品油供应短缺和超常规的成品油需求,敏捷、完善的成品油动员物流体系是顺利实施抗灾、救援和后勤保障的重要保证。

成品油动员物流网络,是指危态下整合物流组织网络、物流基础设施网络和物流信息网络并通过动员型物流中心的辐射能力,提高整个成品油物流网络的稳定性,形成的满足短时期内大幅波动的成品油动员需求的物流网络。成品油动员物流网络是成品油动员物流活动的载体,也是成品油动员物流高效运作的基础和保障。本章的研究重点是成品油动员物流基础设施网络。

成品油动员物流网络建设的主要目标是通过政府经济动员部门主导、相关能源企业配合,在特定区域内重点建设若干个动员型物流中心,依托物流中心的辐射作用,实现区域内多个动员组织之间的协作,通过连接区域物流网络形成全国性的成品油动员物流网络。

成品油动员物流基础设施网络是为了应对战争和突发事件对成品油的需求,而建立的相互关联的节点、线路和组织的集合。其中节点和线路是构成动员物流网络的基本元素,这两类基本元素的组合配置直接影响整个物流网络辐射能力、功能范围和组织结构,其他要素都是这两类基本元素的延伸和拓展。

7.1.2 成品油动员物流网络的特点

7.1.2.1 逆向性

动员物流网络的运作方式在一定程度上与逆向物流类似。在成品油动员物流网络中,成品油由供应点向需求点流动。与商业物流(图7.1(a))放射状的结构相反,其网络运作方向呈现出集聚归一形态,如图7.1(b)所示。

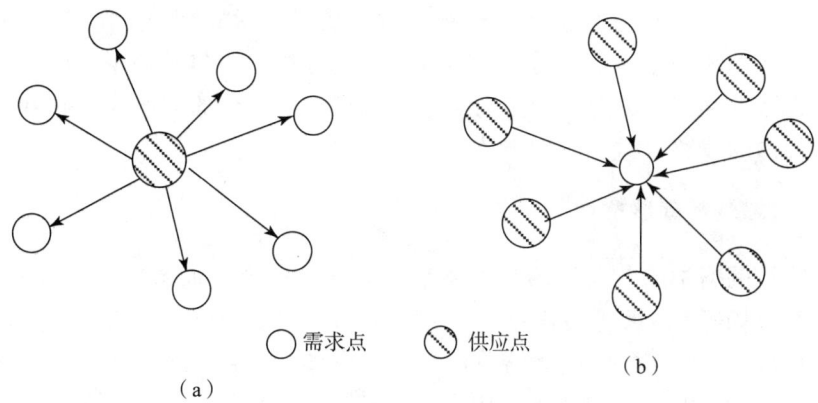

图 7.1 动员物流网络的逆向性
（a）商业物流；（b）动员物流

7.1.2.2 政府主导、过程集成

一般的物流过程大多数是市场行为，政府多发挥政策引导和规范的职能。而在成品油动员物流过程中，政府是物流活动的领导者、组织者和指挥者，政府必须承担起首要责任。另外，成品油动员物流网络打破了组织界限，从整体网络角度出发集成跨组织的动员活动。

7.1.2.3 动态性

动员物流网络的生命周期随着动员任务的发展、变化而改变，各个单元根据危态下的动员计划来安排生产、运输、存储等物流活动。网络随着动员任务结束而解体，其中的各个参与主体恢复到常态下的生产与经营活动，因此成品油动员物流网络具有较强的动态特性。

7.1.2.4 信息先导性

物流信息作为物流网络的中枢神经在物流运作中发挥着至关重要的作用。一方面信息作为物流活动的输入，可以起到联系物流各相关环节的作用；另一方面，物流活动自身反馈的信息可以帮助校准物流管理的坐标，有助于物流系统效益的最大化。信息流在动员物流网络运作过程中起引导和整合作用，对于动员物资的有序组织与调度十分重要。通过物流信息网络的构建，实现节点之间的信息传达和沟通，从而保证实体之间的有序联系[2]。

7.1.3 成品油动员物流网络的结构组成

物流过程按照其运动的程度即相对位移大小观察，它是由许多运动过程和许多相对停顿过程组成，即物流过程就处于物品的运动→停顿→运动→停顿的流动过程中。通过对物流系统的分析，可将其抽象成由节点和线路连成的网络，因此，物流网络是由执行停顿使命的节点（点）和执行运动使命的线路（线）两种基本元素组成[3]。

7.1.3.1 网络节点

物流网络中的节点指的是物流基础设施，包括交通基础设施（车站、港口与机场等）、货物储存点（工厂、仓库、流通中心、商店、顾客等）和信息搜集处理点等[4]。物流节点是完成仓储、装卸、流通加工、包装等各种物流功能的基地和载体，其数量、规模、地理位置、服务区域等决定货物流动的线路，构成物流网络的基本框架。

成品油属于易燃易爆物品，因此其储存需要采取易燃、易爆、毒害性液体、气体物质的储存设施。易燃、有毒气体一般有微正压气柜储存、压力储存和低温常压储存。压力储存多以球罐、柜罐为主；全冷冻式低温常压储存以固定双层低温储存为主，有地上、地下和半地下三种方式，我国以地上储罐为主，国外还有低温岩洞储存。可燃和有毒害性液体的储存一般主要以浮顶罐、内浮顶罐、拱顶罐为主，有的也采用球罐、卧罐微正压储存，但是为数不多。

物流网络的管理设施和机构集中设置在物流节点之中，实际上物流线路上的活动也是靠节点组织和联系的，物流网络如果离开了节点，物流线路上的运动必然陷入瘫痪。物流节点还是整个物流网络信息收集与处理的集中地，若干个这种类型的信息点和物流信息中心结合起来便形成了管理整个物流网络活动的信息网络。

总之，物流节点是融物流活动和信息处理为一体的综合设施，整个物流网络运转的有序化、合理化和效率化都取决于物流节点的功能配置和管理水平[5]。

合理布局动员物流节点不仅有助于整合物流资源，实现危态时的迅速反应和敏捷动员，而且对于提高社会物流效率，降低全社会物流成本也具有重要意义。在成品油动员物流网络中，节点可以被归纳成以下几类。

（1）需求点——加油站、救援车辆、重点用油企业

在一般性突发事件中，物资的需求点是受灾点或者避难点，一般都集中在某个地区的几个固定点。而成品油动员物流的需求点不呈现集中趋势，而是分散于受灾地区沿线各加油站、救援车辆以及重点用油企业。

（2）动员配送点——中型动员物流中心、片区销售公司油库

根据规划要求动员配送点可以覆盖整个动员规划区域，在仓储和配送

方面具有相应能力的站点。其在相关区域应具有一定数量，每个站点覆盖相应责任区，突发事件发生时，可以承担应急油品的配送任务。

(3) 物流集散中心——大型动员物流中心、二级销售公司油库

物流集散中心在仓储、配送以及综合信息的处理能力上优于应急配送点的综合站点，负责突发公共事件发生过程中应急油品的筹划、分配、调度、组织等任务，为应急配送点提供物资和应急措施。其数量和位置根据整个动员区域的规划而定。

(4) 物资供应点——油品储备库，一般为省级油库

与普通物流中的物资供应商或生产企业相对应的是整个动员过程中的物资供应点。由于突发事件发生时对应急油品的种类、数量、速度等要求比较高，因此物资供应点应具有社会性，根据突发事件的性质、影响、范围等应涵盖规划区域所有应急物资有关的单位、组织、团体及个人。

7.1.3.2 网络线路

物流网络中的线路代表着不同存储点之间的货物移动，任意一对节点之间可能有多条线相连，表示不同的运输路线或不同产品的各种运输服务，如各种海运航线、铁路线、飞机航线以及海、陆、空联运航线。运输是指借助公共运输线路及其设施和运输工具来实现人和物空间位移的一种经济活动和社会活动。本章仅讨论货物的运输，因此简化定义为：在物流节点之间以及物流节点与物流服务需求商之间，以改变"物"的空间位置为目的的服务性活动。

成品油运输环节是连接原料基地、生产企业、销售企业、终端用户的纽带和桥梁。按输送方式可以分为管道输送及移动设备输送。移动设备输送又可以大体分为铁路运输、公路运输、水路船舶运输等。附属设备还包括装卸台（铁路和公路装卸台）、码头、泵房等。目前我国成品油运输方式中，铁路约占50%，水运约占20%，公路占23%，管道直输占7%[6]。

此外，成品油属于易燃、易爆危险品，在公路运输中需使用特殊的运载工具如油罐车等来进行运输。

在动员物流网络中，线路可以被归纳成以下两类。

(1) 配送路径

配送路径指动员物资从供应点到配送点的运输线路。动员物流的特点决定其供应点的社会性。配送路径交叉复杂，在整个动员物流网络的构建中，从层次和结构上应该进行合理的规划，制订好路线，选择好方式，在动员油品的集散过程中做到快速有效。

(2) 救援配送路径

救援配送路径指动员物资从配送点到受灾需求点的线路，其路径安排一定要体现速度快、物资安全等特性，实现配送的准确及时。整个动员物流网络的节点层次、节点数量、路径规划以及需求点的地理特性、天气等因素，都直接影响突发事件发生过程中物资的集散和配送，对救援过程中的效果和成本产生影响。因此，动员物流网络结构和层次的合理规划直接对整个系统的运行效率和效益产生至关重要的影响。

7.1.3.3 网络结构概念图

根据成品油动员物流的主要流程，动员主体、动员客体、动员环境等要素以及动员物流网络的各节点、线路的特点，成品油动员物流网络通常为以下结构，如图 7.2 所示。

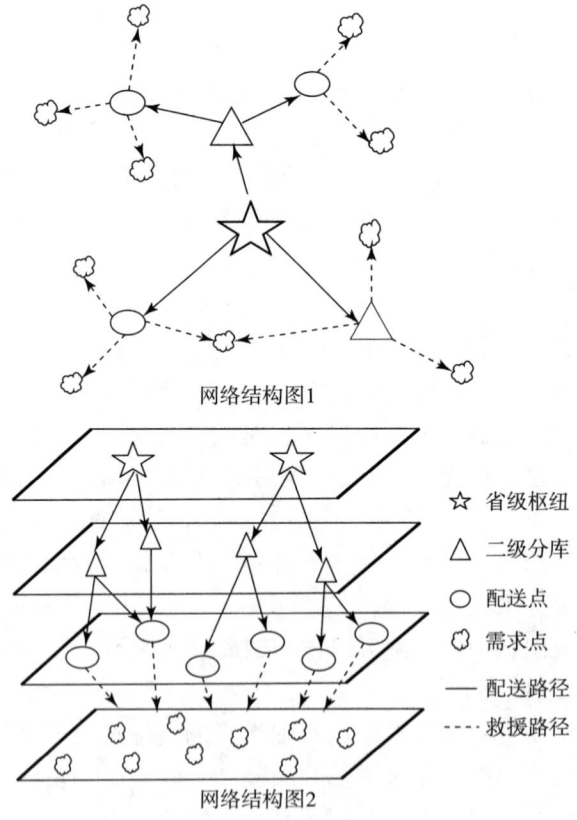

图 7.2 成品油物流网络结构图

以广东省为例，成品油动员物流运作流程如图 7.3 所示。

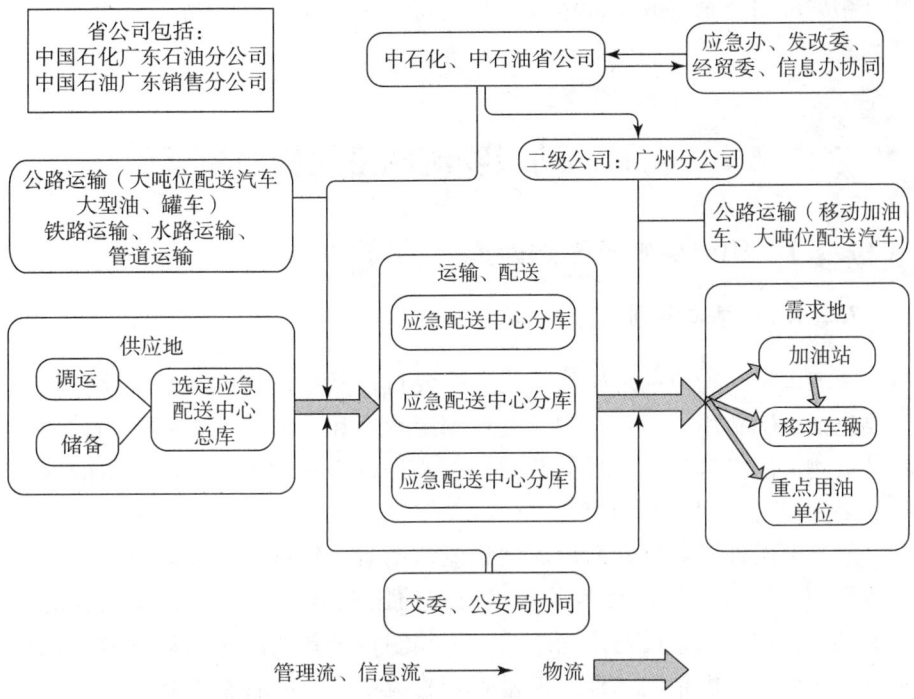

图 7.3　成品油动员物流运作流程

其中，政府部门的主要职责如下[7]。

1）市应急办：根据成品油市场动态，负责向省政府、市政府报送紧急重要事项；负责协调各区（县级市）政府、各成员单位在成品油应急预案启动后相关的应急管理工作。

2）市发改委：编制本市成品油储备资金年度预算；协助市领导做好综合协调工作；负责组织开展本市成品油储备的调配工作。

3）市经贸委：负责拟定本市成品油应急供给方案，会同成员单位及时向市政府和指挥部提出预警和应急意见；负责各部门与企业间有关协调工作；监测成品油市场信息和协调组织油品资源，确保市场正常供应。

4）市交委：负责公交车和出租车行业的稳定和正常运行，并负责管理运油车的安全生产工作。

5）市公安局（公安消防局）：负责维持应急油品运输交通秩序；维护加油站公共秩序和社会稳定；依据消防法规监督加油站的消防安全。

6）市信息办：建立能源信息管理平台及安全预警系统，负责归集和整合相关部门及企业成品油市场信息；对市场动态进行监测、识别、分析和判断。

7.2　成品油动员物流网络的构建模式

7.2.1　构建原则及影响因素

7.2.1.1　基本原则

一般来讲，物流网络构建问题的主要目标是总运营成本最小化，其中主要包括运输费用、运营费用、选址固定费用和重新选址费用等四种；而在动员物流网络构建时，最低费用往往不是首要考虑因素，而动员的效率和效果则成为规划问题的首要目标。

发生突发性公共事件而形成的物流活动概率较低，因此动员物流设施的使用频率相对较低，其四种费用成本的比例也与日常商业物流有所区别。所以，在构建动员物流网络时，无须制订全新的配送网络计划。如果在一个区域范围内精确选址、大量新建物流中心、购置新设备，势必造成大量的资源浪费和设备闲置。因此，在选址过程中，应尽量避免不必要的重复建设，要加强对现有资源的利用，对现有设施设备及功能要素进行整合、改造、扩充和拓展，增加普通物流中心的动员功能，使其在完成日常物流活动的同时具备危机状态下的动员能力。

鉴于动员物流的上述特性，在选择动员网络节点时，只要满足100%覆盖率和快速反应的要求，不必苛求节点位置的精确性，而应更多地考虑物流节点之间的联系紧密度、动员反应时限、救急保障率等。

7.2.1.2　影响因素

（1）覆盖率

由于突发事件的不确定性，为了向区域内任何可能站点提供应急物流服务，必须考虑站点的出救半径以及在整个区域范围内的辐射能力。在规定的时间限制下，对于任何一个需求点，都应该至少有一个动员物流中心能够覆盖到，这就涉及集合覆盖问题。每个动员物流中心和需求点可以看作网络图中的节点，动员物流网络中的线路即为网络图中的线，这样就可以把动员物流网络规划问题转化为图论中的相关问题来求解。

（2）反应速度

时效性要求高是动员物流的主要特点之一，动员物流中心要在一定的时间内向指定的地点提供必要的保障。这就对动员物流系统提出了严格的时限要求，如果动员的时限过长，那么就失去了动员保障的作用。对于现代战争来讲，能源的及时供应对于战争的成败起着十分重要的作用；在突发事件发生时，对成品油的激增需求也是在短期发生的。反应速度的快慢一方面在于信息的准确传达与处理；另一方面，更取决于实际操作中的运输能力及交通状况，拥有良好的交通网络条件是快速反应的前提。因而通常应将动员配送站点设在城市周边而非中心，避免运输拥堵。

（3）经济合理性因素

虽然成本不是动员物流网络构建考虑的第一要素，但是不计成本的动员物流也是不可行的。对于成品油生产、销售企业来讲，总是希望在动员活动中既能满足成品油供应，又尽可能地控制成本，达到动员效益和经济效益的双赢。动员物流网络规划的目的之一是在满足时效要求的前提下提高其经济效益，不计代价的高效率是不可取的。在选择时要充分衡量站点现在的运行情况和扩建成本以及在危机状态下的特殊成本。

7.2.2 构建思路

7.2.2.1 动员物流网络结构——轴辐式

物流效率直接依赖和受限于物流网络结构。节点（配送站点）的地理位置和容量决定了物流网络结构的主要方面，因此，节点选址对于动员物流系统的运行和管理具有战略性意义。动员物流网络具有逆向性、虚拟性、过程集成、政府主导、信息先导的特点，因此可以构建多枢纽站联合分派的轴辐式动员物流网络。

实践证明，轴辐式网络模式突出的优势在于规模经济，其最大的特征是交通流量在支柱链路上高度集聚，使交通流单位距离的运输成本降低，基于这一优势，即使运输链路稍长，但还是有利于整个网络成本的降低。

应用在动员物流网络中，配送点属于第一类节点，也就是直接负责应战应急时物资输送的配送站点。该类节点数量较多，在物流网络中实现与物资需求点的连接，是直接进行救急的配送中心。每个配送站点负责一片固定区域的救急运输任务，当所负责区域突发公共事件之后，该站点就成为实际的"出救点"(以后将要提到的"出救点"在物理意义上就是配送站点)。

省级枢纽以及二级分库属于第二类节点,是物流实际活动中出救点的指挥中心和后援基地,在动员状态下实现物资补充、协调管理。其属于综合型的动员物流中心,也是动员物流网络中的枢纽点,其从第一类配送站点中产生,除了自身可能的出救任务之外,还分管附近区域的配送站点,具有较大规模的物资集散、保管、调遣等功能。

这种分层次的网络结构,符合政府物流组织行为的特点,反应速度快、执行效率高,便于政府宏观调控和进行统一的应急调度指挥。同时,双层结构在灾时更能满足突发性公共事件物资需求量大、供应持续性的要求,为应急运输开辟绿色通道,保证了救援物资输送的有序性和充足性。

7.2.2.2 配送站点选择及枢纽点定位的双层选址

如图 7.1 及图 7.2 所示的拓扑结构,构建动员物流网络必须解决两大问题:一是在规划区域内选定配送站点,也就是动员物流中进行救援物资配送的所有可能出救点;二是在这些确定的配送站点中,选取符合动员特殊要求的枢纽点,建立动员物流中心,便于动员配送的统筹和协调,实现动员物资的统一集散和中转。

这样,动员物流网络节点选址布局就演变为两个连续的问题。由于完全定量化的优化技术不能全面准确地反映动员物流网络优化决策的现实要求,而节点选址决策又具有重要的战略地位,实践中往往是采用半定量化的方法来辅助物流网络优化决策。鉴于动员物流网络构建的全面覆盖要求和整合利用原则,本文将综合运用定量的解析方法和启发式方法,以获得较优可行解,在充分利用现有设施的基础上,构建带枢纽的动员物流网络,重点在于凸现这种网络的有序和紧密联系,以便动员物流活动的顺畅进行。

首先将动员规划区域分为若干个物流区域,在每个区域内确定配送站点,以此来保障动员物流网络的全面覆盖率和灾时应急速度;其次在这个基础上,按照对各个配送点的覆盖率以及动员时限的要求遴选合适的站点将其升级为枢纽点,构建完整的、有序的动员物流静态网络,为灾时调度做好硬件准备。

7.2.2.3 动员物流网络构建内容

成品油动员物流网络构建的主要目标是通过政府经济动员部门主导、相关能源企业配合，在特定区域内重点建设若干个动员型物流中心，通过区域内多个动员组织之间的协作，连接区域物流网络形成全国性的成品油动员物流网络。因此，可以从以下两个方面来考虑构建成品油动员物流网络。

（1）成品油动员物流中心的布局

成品油动员物流网络主要是通过动员型物流中心的辐射能力，提高整个成品油物流网络的稳定性，以满足短时期内大幅波动的成品油动员需求的物流网络体系。因此，需要确定产品从供应起点到需求终点的整个流通渠道的结构。主要包括物流设施的类型、位置与数量，设施所服务的顾客群体与产品类别，以及产品在设施之间的运输方式等。本书主要研究成品油动员物流中心的布局，即满足一定限制条件下的动员物流中心的数量、位置等方面的决策优化，这是构建网络最基础也是最重要的部分。

（2）成品油动员物流网络的关键节点选择

为了保证动员物流网络的可靠性，需要对关键节点进行重点保护。因为在动员过程中，关键节点起着物资供应、流通中转的重要作用，相比普通节点具有不可替代的作用。正因如此，关键节点也往往容易成为敌方攻击的对象。因此，可以通过对关键节点的重点保护来保证整个网络的稳定性，保证动员过程中的供给能力。

7.2.3 动员区域划分——物流区域的形成

7.2.3.1 划分目的及原则

划分区域动员物流网络的目的主要有三点：满足动员物流网络的100%覆盖率；便于选择动员配送站点；在发生突发事件时，应急任务的权责分明。

相应的区域划分有如下规则：第一，最少数原则，区域数越少则运转点数越少，所需的固定资产投资就越少，只要通过合适的技术，在干道运输中取得较高的通过率，可达到物流成本合理的目的；第二，最小必要数原则，由于应急物流的高时效性要求，势必限制了出救配送半径，因此区域划分至少要达到一定的数量来满足快速全面反应的要求；第三，物流量均衡原则,通过干道运输连接的两个出救点的设计能力和节点物资流量不能差别太大;第四,区域再分原则,当某一区域内的人口密度、交通状况突变时,要能实现区域的整合或分割。

7.2.3.2 划分方法

动员物流与日常商业物流最大的区别在于其物流活动的发生地、流向、流量无法预计,因此不可能在平时对物流需求做出较准确的预测,这就决定了动员物流区域的划分不能像一般的物流规划那样通过需求调查来进行。

由于动员物流属于社会物流范畴、政府物流行为,因此按照行政区划来划分物流区域是比较合理的。从效率上来看,按照行政区划划分有利于行政命令的上传下达,也避免了动员物流实际操作时权责不清,能够有效提高救援效率;从经济角度看,由于各种社会、经济基础资料一般都是按行政区划规划的,利用现有建制也能节约物流成本。如果构建全国性的网络,可以以省或片区作为物流区域单位;如果构建省域网络,可以以市为一个区域单位;如果构建市域网络,则以县、区为区域单位。在特殊情况下,也可以将人工边界(铁路线、隧道等)、自然边界(河流、山脉等)作为区域的边界。另外,在此基础上,物流区域的划分还要适当考虑本区域周边相关区域的情况,以及该区域内各行政区的自身情况,加以整合,如将较大面积的行政区进行分割、小面积行政区进行组合等。

7.3 成品油动员物流中心的布局

一般来讲,如果在某个动员物流区域内没有物流配送中心,或者是物流配送中心无法满足动员物流要求,那么只能在该区域内寻求最合适的地点新建动员物流中心。

在实际中,并非在平面的任何位置都可以建立动员物流中心,因此可以简化为研究在离散情况下的布局模型。在离散情况下,待选区域是一个离散的候选位置的集合,数量通常是有限的,这种情况往往更切合实际。

7.3.1 理论基础

将动员需求地看作网络图中的节点，节点之间的连线（弧）就是两点之间的距离，当速度恒定，也可以看作是从一点到达另一点所需时间。那么整个动员物流中心布局问题可以抽象为一个无向赋权图。

给定一个无向连续网络图 $G = (V, E)$，其中 V 为 G 的非空节点集，$V = \{v_1, v_2, \cdots, v_n\}$，$E$ 是连接各节点的弧集，$E = \{e_1, e_2, \cdots, e_n\}$，$h_i$ 为节点 v_i 的权重，$b(e_i)$ 为弧 e_i 的长度。如果弧 e_i 连接节点 v_p 和 v_q，那么弧 e_i 可以表示成 $e_i = (v_p, v_q)$，$b(e_i)$ 也可以表示成 $b(e_i) = b(v_p, v_q)$，G 中任何两点 x, y 的最短路径以 $d(x, y)$ 表示。

对于网络图 G，可以以数学的形式表达出来。其中距离矩阵（时间矩阵）可以包括该网络的全部结构和数值的信息，可以此为基点对网络图进行计算。最小距离矩阵是对距离矩阵的优化结果，应用该矩阵可以将 P-中心问题、集合覆盖问题等统一到一个平台上进行讨论。对给定的有 n 个节点的图 G，可以得到其距离矩阵 A：

$$A = \begin{bmatrix} a(v_1,v_1) & a(v_1,v_2) & \cdots & a(v_1,v_j) & \cdots & a(v_1,v_n) \\ a(v_2,v_1) & a(v_2,v_2) & \cdots & a(v_2,v_j) & \cdots & a(v_2,v_n) \\ \vdots & \vdots & & \vdots & & \vdots \\ a(v_i,v_1) & a(v_i,v_2) & \cdots & a(v_i,v_j) & \cdots & a(v_i,v_n) \\ \vdots & \vdots & & \vdots & & \vdots \\ a(v_n,v_1) & a(v_n,v_2) & \cdots & a(v_n,v_j) & \cdots & a(v_n,v_n) \end{bmatrix}$$

矩阵 A 中，$a(v_i, v_j)$ 表示当 v_i、v_j 之间直接连接时两点的距离，即有 $v_i = v_j$ 时 $a(v_i, v_j) = 0$；当两点无直接连接时，$a(v_i, v_j)$ 为 ∞。可以容易地得出，距离矩阵 A 为对称矩阵。

7.3.2 选址模型及算法

7.3.2.1 总时间最短的选址

首先将时间因素作为动员物流中心布局的主要优化目标。由距离矩阵 A，利用 Floyd 算法可以求得最小距离矩阵 D 和最短路径矩阵 P。

$$D = \begin{bmatrix} 0 & d(v_1,v_2) & \cdots & d(v_1,v_j) & \cdots & d(v_1,v_n) \\ d(v_2,v_1) & 0 & \cdots & d(v_2,v_j) & \cdots & d(v_2,v_n) \\ \vdots & \vdots & & \vdots & & \vdots \\ d(v_i,v_1) & d(v_i,v_2) & \cdots & d(v_i,v_j) & \cdots & d(v_i,v_n) \\ \vdots & \vdots & & \vdots & & \vdots \\ d(v_n,v_1) & d(v_n,v_2) & \cdots & d(v_n,v_j) & \cdots & 0 \end{bmatrix}$$

矩阵 D 中，$d(v_i,v_j)$ 表示节点 v_i、v_j 之间的最短距离，该矩阵同样是对称矩阵。最短距离矩阵可用 Hakimi 法求得。

$$P = \begin{bmatrix} 0 & p(v_1,v_2) & \cdots & p(v_1,v_j) & \cdots & p(v_1,v_n) \\ p(v_2,v_1) & 0 & \cdots & p(v_2,v_j) & \cdots & p(v_2,v_n) \\ \vdots & \vdots & & \vdots & & \vdots \\ p(v_i,v_1) & p(v_i,v_2) & \cdots & p(v_i,v_j) & \cdots & p(v_i,v_n) \\ \vdots & \vdots & & \vdots & & \vdots \\ p(v_n,v_1) & p(v_n,v_2) & \cdots & p(v_n,v_j) & \cdots & 0 \end{bmatrix}$$

矩阵 P 中，$p(v_i,v_j)$ 表示节点 v_i、v_j 之间的最短路径。有时两点间的最短路径并不是唯一的。

距离矩阵 D 中的第 i 行表示节点 v_i 到 G 中各个节点的最短距离。从节点 v_i 到其他节点的连线上找到一个点 x_i，使 x_i 到离其最远的节点的最大距离 $r(x_i)$ 最小，点 x_i 就是对应节点 v_i 的一个局部中心点，$r(x_i)$ 称为局部中心点 x_i 的局部半径。

由于 x_i 是 G 的第 i 行的局部中心点，由局部中心点性质可知，x_i 是满足 $\min\max\limits_{v \in V} d(v,x_i)$ 的点。很明显，$r(x_i)$ 是从 x_i 到 G 的至少两个方向的点的距离，证明略。

从距离矩阵 D 中的第 i 行找到最大的元素 $d(v_i,v_k^{(i)})$，然后根据最短路径矩阵 P 判断从矩阵 D 中找出不在路径 $p(v_i,v_k^{(i)})$ 上的次最大元素 $d(v_i,v_l^{(i)})$，那么局部中心点一定在 $p(v_i,v_k^{(i)})$ 上，且局部半径 $r(x_i) = \dfrac{d(v_i,v_k^{(i)}) + d(v_i,v_l^{(i)})}{2}$。对于每一行，都可以求出这样一个局部半径，其中最小的就是绝对半径：$r(x_0) = \min r(x_i),(i = 1,2,\cdots,n)$。

7.3.2.2　时限的确定

在危态时，时间因素往往处于最重要的位置。因为一旦过了有效的救

第7章 成品油动员物流网络设计

援时间,那么动员的作用就会大大削弱。因此,在进行动员物流网络构建时,救援时限是需要考虑的第一要素。因此,可以考虑在满足动员时限的前提下,动员物流中心到达各个需求点的距离之和最小。模型表示如下:

$$\min \sum_{i=1}^{n} d(v_i, x) \tag{7.1}$$

$$\text{s. t.} \quad \max_{x \in G} d(v_i, x) \leq T$$

式(7.1)中,T 为动员时限,如果 T 小于绝对半径 $r(x_0)$,则式(7.1)没有可行解。下面考虑 T 的取值范围。

设

$$z_m(x) = \sum_{i=1}^{n} d(v_i, x)$$

$$z_c(x) = \max_{1 \leq i \leq n} d(v_i, x)$$

由绝对中心点定义可知,使 $z_c(x) = \max\limits_{1 \leq i \leq n} d(v_i, x)$ 最小的点 x_c 为绝对中心点,$r(x_c)$ 为网络 G 的绝对半径。

设在无动员时间限制的情况下,使 $z_m = \sum\limits_{i=1}^{n} d(v_i, x)$ 最小的点为 x_m,称 x_m 为绝对中位点。其对应的半径为 $r(x_m) = z_c(x_m)$。若动员时限 $T < z_c(x)$,则该模型没有可行解;若动员时限 $T > r(x_m)$,则 x_m 就是最优可行解。即在无动员时间限制的情况下,网络的绝对中位点一定可以在网络的节点中取得,从最小距离矩阵 D 即可以看出各节点的最短总距离,即得到式(7.1)的最优解。故主要讨论 $T \in [r(x_c), r(x_m)]$ 的情况。

对于最小距离矩阵 D 中的每一行:

1) $r(x_i) > T$ 时,则没有符合约束条件 $\max\limits_{1 \leq i \leq n} d(v_i, x) \leq T$ 的点;

2) $r(x_i) \leq T$ 时,可沿获得局部半径的两个方向 $p(x_i, v_k)$ 和 $p(x_i, v_h)$ 移动 $T - r(x_i)$,获得的两个新的节点分别记作 v'_i 和 v''_i。其中 v_k 是第 i 行最大元素所在节点,即 $d(x_i, v_k)$ 为第 i 行最大元素。如果 $p(x_i, v_h)$ 和 $p(x_i, v_h)$ 的最优路径不唯一,则局部中心点也不唯一。那么可记获得新的节点为 $v_i^{[1]'}, v_i^{[1]''}, v_i^{[2]'}, v_i^{[2]''}, \cdots$,则 $\forall x \in (v'_i, v''_i), \max\limits_{1 \leq i \leq n} d(v_i, x) \leq T$。令 i 从 1 到 n,分别标记新的节点 $v'_1, v''_1, v'_2, v''_2, \cdots, v'_n, v''_n$,就可以求出 G 中所有满足约束条件 $\max\limits_{1 \leq i \leq n} d(v_i, x) \leq T$ 的点。

7.3.2.3 模型及算法

可以得出在满足动员时限要求下，单个动员物流中心的布局算法步骤：

1) $i=1$。

2) 取最小距离矩阵 $\boldsymbol{D}$ 中第 i 行的最大元素所对应的节点 $v_k^{(i)}$ ($i=1,2,\cdots,n$)。

3) 根据最优路径矩阵 $\boldsymbol{P}$ 找到不在 v_i 和 $v_k^{(i)}$ 的最优路径上的次最大元素对应的节点 $v_l^{(i)}$，若次最大元素所在路径与最大元素所在路径部分重合（设重合部分距离为 dc），则选择第三大元素对应的节点 $v_t^{(i)}$；若仍有部分重合则继续找次大的元素。

4) 分别计算 $r(x_i^{(t)}) = \dfrac{d(v_i,v_k^{(i)}) + d(v_i,v_t^{(i)})}{2}, r(x_i^{(l)})) = \dfrac{d(v_i,v_k^{(i)}) + d(v_i,v_l^{(i)})}{2} - dc, \cdots, (i=1,2,\cdots,n)$；取局部半径 $r(x_i) = max(r(x_i^{(l)}), r(x_i^{(k)}), \cdots)$；获得局部半径的节点为 $v_k^{(i)}$，另一点记为 $v_h^{(i)}$。

5) 若 $r(x_i) > T$ 时，转算法步骤 8），否则从局部中心点 x_i 沿方向 $p(v_i,v_k^{(i)})$ 和 $p(v_i,v_h^{(i)})$ 移动 $T-r(x_i)$ 个单位，获得的两个新的节点分别记作 v'_i 和 v''_i。

6) 若 v'_i、v''_i，连线上包含原有节点，可能不止一个，则记为 $v_{i1}^{(i)}$，$v_{i2}^{(i)}$，$\cdots$，$v_{im}^{(i)}$。

7) 计算 $\sum\limits_{i=1}^{n}d(v_i,v'_i), \sum\limits_{i=1}^{n}d(v_i,v''_i), \sum\limits_{i=1}^{n}d(v_i,v_{i1}^{(i)}), \cdots, \sum\limits_{i=1}^{n}d(v_i,v_{im}^{(i)})$。

8) $i=i+1$，如果 $i<n$，转算法步骤 2），否则取步骤 7) 中计算的最小值对应的新标记的节点作为模型的最优解。

7.3.2.4 总费用最小的选址

在进行动员中心选址时，往往不会只考虑总救援时间最短，还要考虑经济合理性因素。因此，应当在救援速率与救援成本之间进行科学的平衡。可以同时计算出救援成本最低的方案，进行对比分析，由专家进行选择，方能得出较为合理的结果。

假设在区域内任一地点修建动员中心的建造、运营成本相同，则主要考虑动员过程中的运输成本。根据我国实际情况，在不同道路上进行运输的成本是有差异的，因此需要找出路线的各自费率，从而计算使总费用最小的选址方案。

按照之前的模型，可以将各个节点之间的运输费率乘以路线的距离长度，得到节点之间费用的数据。根据邻接矩阵，构建费用的最小距离矩阵、最短路径矩阵，计算出令总费用最小的节点位置。

7.3.3 算例

图 7.4 所示的网络结构为 A 区域动员需求节点分布，节点 $V_i(i=1,2,\cdots,7)$ 表示动员需求地点，边长表示通过该路段所需要的时间（也就是在速度相同的情况下，两点之间的距离）。确定一个动员物流中心，以使任何一个地点出现动员需求，该动员物流中心都能在指定的时间之内到达。同时，到达各需求点的总时间最短。

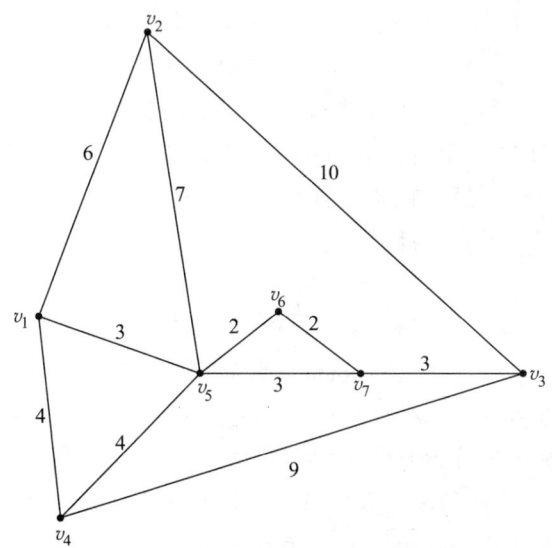

图 7.4 A 区域动员需求节点分布图

通过构建上图的邻接矩阵，根据 Floyd 算法得出其最小距离矩阵 D：

$$D = \begin{bmatrix} 0 & 6 & 9 & 4 & 3 & 5 & 6 \\ 6 & 0 & 10 & 10 & 7 & 9 & 10 \\ 9 & 10 & 0 & 9 & 6 & 5 & 3 \\ 4 & 10 & 9 & 0 & 4 & 6 & 7 \\ 3 & 7 & 6 & 4 & 0 & 2 & 3 \\ 5 & 9 & 5 & 6 & 2 & 0 & 2 \\ 6 & 10 & 3 & 7 & 3 & 2 & 0 \end{bmatrix}$$

可得最短路径 P：

$$P = \begin{bmatrix} 0 & 12 & 1\,573 & 14 & 15 & 156 & 157 \\ 21 & 0 & 23 & 214 & 25 & 256 & 257 \\ 3\,751 & 32 & 0 & 34 & 375 & 376 & 37 \\ 41 & 412 & 43 & 0 & 45 & 456 & 457 \\ 51 & 52 & 573 & 54 & 0 & 56 & 57 \\ 651 & 652 & 673 & 654 & 65 & 0 & 67 \\ 751 & 752 & 73 & 754 & 75 & 76 & 0 \end{bmatrix}$$

分析 D 中第 6 行，最大元素为 9，次大元素为 6，9 所在路径（652）与 6 所在路径（654）部分重合（65），重合长度为 2，根据算法步骤 3），找第三大元素 5，其所在路径分别为（651）和（673），可见其中的（673）与其余都不重合。计算：

$$r(x_6^{(2)}) = (9+6)/2 - 2 = 5.5$$
$$r(x_6^{(3)}) = (9+5)/2 = 7$$
$$r(x_6) = \max(5.5, 7) = 7$$

即第 6 行的局部半径。

同理可得各行的局部半径：

$$r(x_i) = (7.5,\ 9.5,\ 9.5,\ 9.5,\ 6.5,\ 7,\ 6.5)$$

则绝对半径 $r(x_0) = \min r(x_i) = 6.5$。

绝对中心是在路径（752）上，从 v_7 到 v_5 前进 3.5，或路径（52）上，从 v_5 向 v_2 前进 0.5，结果均是在同一个位置上。

得出每个节点到其他各节点的最短总距离，如表 7.1 所示：

表 7.1　A 区域每个节点到其他节点的最短总距离

v_i	$\sum_{i=1}^{n} d(v_i, x)$
1	33
2	46
3	33
4	36
5	22
6	24
7	25

最小值在 i 等于 5 时，$\sum_{i=1}^{n} d(v_i, v_5) = 22$，故 $r(x_m) = 7$，绝对中位点 x_m 在节点 v_5 上。可知，当动员时限 $T < 6.5$，没有可行解；当 $T > 7$，$x_m(v_5)$ 为最优解。假定时限 $T = 6.8$，考虑有动员时限的情况。

根据给定的时限 $T = 6.8$，满足 $r(x_i) < T$ 的节点共有 2 个，分别是 v_5 和 v_7。

考虑节点 v_5：其局部半径为 $r(x_5) = 6.5$，对应的路径为（52）和（573），其局部中心点在路径 52 上，节点 5 向节点 2 移动 0.5 的位置 v_r 处，如图 7.5 所示。计算 $T - r(x_5) = 0.2$。以 vr 为中心，向两个方向分别移动 0.2 个单位，可得到两个新节点。分别记作 v_5' 和 v_5''，如图 7.5 所示。两个新节点连线上没有原来节点，只需考虑 v_5' 和 v_5''。

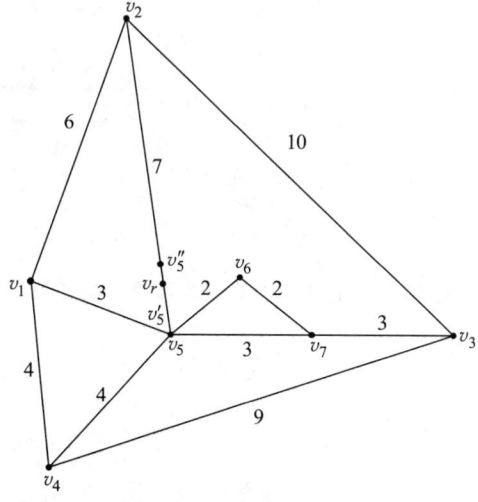

图 7.5　使得总距离最短的 A 区域选址结果

考虑节点 v_7：其局部半径为 $r(x_7) = 6.5$，对应的路径为 (752) 和 (73)，其局部中心点在路径 752 上，节点 5 向节点 2 移动 0.5 的位置 v_r 处。计算 $T - r(x_5) = 0.2$。以 v_r 为中心，向两个方向分别移动 0.2 个单位，可得到两个新节点。分别记作 v_7' 和 v_7''，分别与 v_5' 和 v_5'' 重合。两个新节点连线上没有原来节点，因此只需考虑 v_7' 和 v_7''。

计算可得：

$$\sum_{i=1}^{n} d(v_i, v_5') = 26.5$$

$$\sum_{i=1}^{n} d(v_i, v_5'') = 28.5$$

$\sum_{i=1}^{n} d(v_i, x)$ 的最小值为 26.5，发生在节点 v_5' 处。因此节点 v_5' 为给定时限（$T = 6.8$）时模型的最优解。

假设网络图中的费率如图 7.6 所示。

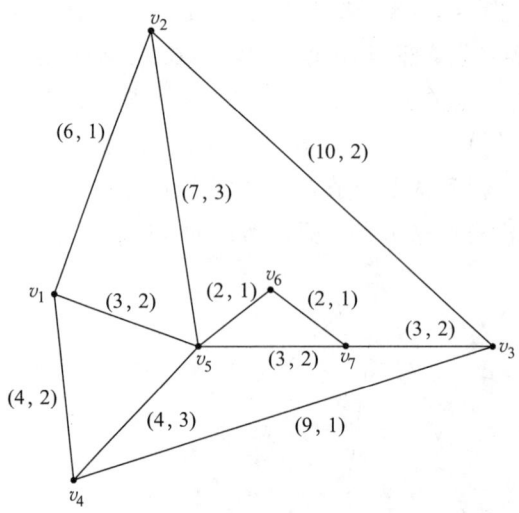

图 7.6　A 区域各节点间运输费率示意图

将各边费率乘以各边长度可得费用矩阵。由 Floyd 算法可得费用矩阵的最短距离矩阵 $\boldsymbol{D}_W$。

$$D_W = \begin{bmatrix} 0 & 6 & 16 & 8 & 6 & 8 & 10 \\ 6 & 0 & 20 & 14 & 12 & 14 & 16 \\ 16 & 20 & 0 & 9 & 10 & 8 & 6 \\ 8 & 14 & 9 & 0 & 12 & 14 & 15 \\ 6 & 12 & 10 & 12 & 0 & 2 & 4 \\ 8 & 14 & 8 & 14 & 2 & 0 & 2 \\ 10 & 16 & 6 & 15 & 4 & 2 & 0 \end{bmatrix}$$

以及最短路径矩阵 P_W：

$$P_W = \begin{bmatrix} 0 & 12 & 15\,673 & 14 & 15 & 156 & 1\,567 \\ 21 & 0 & 23 & 214 & 215 & 256 & 2\,567 \\ 37\,651 & 32 & 0 & 34 & 3\,765 & 376 & 37 \\ 41 & 412 & 43 & 0 & 45 & 456 & 437 \\ 51 & 512 & 5\,673 & 54 & 0 & 56 & 567 \\ 651 & 6\,512 & 673 & 654 & 65 & 0 & 67 \\ 7\,651 & 76\,512 & 73 & 734 & 765 & 76 & 0 \end{bmatrix}$$

根据算法步骤计算 $r(x_i)$，可得各行的局部半径：

$$r(x_i) = (12, 18, 18, 14.5, 12, 12, 15.5)$$

则绝对半径 $r(x_0) = \min r(x_i) = 12$

绝对中心有三个结果：是在路径（15 673）从 v_1 出发 4 设为 v_m；（512）上的 v_5；路径（6 512）上，从 v_6 出发 2，此点正好与 v_5 重合，如图 7.7 所示。

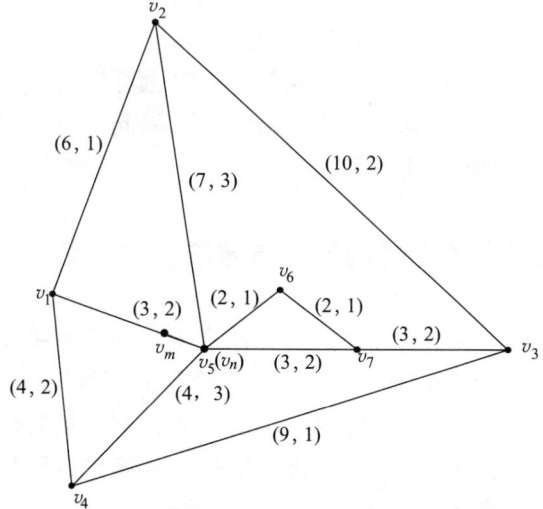

图 7.7　使得总费用最低的 A 区域选址结果

假设动员物流中心设在 v_m，则到各个需求点的费用分别为 4、10、12、12、2、4、6，总费用为 50。

假设动员物流中心设在 v_5，则到各个需求点的费用分别为 6、12、10、12、0、2、4，总费用为 46。因此将动员物流中心设在 v_5，既可以满足费用最小，又可以满足动员时间限制。

7.4　成品油动员物流网络关键节点的选择

当确定了较小区域内的动员物流中心的选址后，多个动员物流中心相互连接，就形成了连通的网络。但在网络中，各个节点的重要性是不同的，需要有选择性地进行层次划分，对关键节点和一般节点进行不同程度的建设及保护。

7.4.1　问题描述

对关键节点（或称核心节点）进行重点防护可以降低灾害的损失以及预防敌方的选择性打击。所谓选择性打击就是先攻击网络中重要的"核心节点"，那么对复杂网络中节点的重要度进行评估将是一项非常有意义的工作。通过节点重要度评估找出那些重要的"核心节点"，一方面可以重点保护这些"核心节点"来提高整个网络的可靠性，另外一方面也可以攻击敌方"薄弱环节"，达到摧毁整个网络的目的。

节点重要度是节点层次划分的依据，同时也可以通过节点重要度来进行关键节点的选择，以此保证网络的稳定性。因此，节点重要度的计算是网络构建中非常重要的一个环节。

7.4.2　关键节点选择的理论与方法

选择关键节点主要从研究节点重要性入手，其方法主要有两类：一是社会网络分析方法，将节点的"重要性等价为显著性"，指标的研究不破坏网络的整体性；二是节点删除的方法，将节点的"重要性等价为该节点被删除后对网络的破坏性"，指标的研究实际上考虑的是节点删除前后图的连通状况的变化情况。

7.4.2.1 社会网络分析方法

对社会网络分析这一问题的研究始于 20 世纪 40 年代末，其主流方法均基于这样一个假设：即节点的重要性等价于该节点与其他节点的连接而使其具有的显著性。这些方法的基本思路是从网络中寻找某种有用的属性信息（如度、最短路、路径中包含的信息量等）来凸现网络节点间的差异，也就是说，充分地反映出节点在网络中的位置特性，节点的重要性可以通过节点中心性来衡量，常用的复杂网络中心性指标有度指标、紧密度指标、特征向量指标、介数指标和流介数指标等。社会网络分析法通常与层次分析法、模糊综合评价、灰色关联分析法、主成分分析法等方法结合使用。

7.4.2.2 节点删除的方法

这种研究节点（集）重要性的思路是通过度量节点（集）被删除后对网络连通的破坏程度来定义其重要性的。显然，对网络连通的破坏程度越大，就说明被删除的节点（集）越重要，因为网络连通（或系统功能）的维持依赖于它们的存在。点断集的运用使我们能够方便地考虑节点（集）的重要性，囊括了对系统进行破坏的所有可能的形式。

(1) 介数法

介数（Betweenness）是 1979 年由 Freeman 提出的。节点 i 的介数指其他节点间通过节点 i 的最短路径的条数。在网络 $G = (V, E)$ 中，设 σ_{st} 表示从节点 $s \in V$ 到节点 $t \in V$ 的路径的数目。设 $\sigma_{st}(v)$ 表示从节点 s 到节点 t 的最短路径经过节点 $v \in V$ 的数目。则节点的介数可用公式表示为：

$$C_B(v) = \sum_{s \neq v \neq t \in V} \frac{\sigma_{st}(v)}{\sigma_{st}} \tag{7.2}$$

同理可以定义边的介数。

用介数指标来评估网络节点重要度，指的是经过该节点的最短路径越多该节点越重要。该算法可以较好地刻画节点在网络中路径的重要程度，但并未考虑节点对所有路径的作用和影响，且在较复杂的网络节点的介数计算中，其算法时间复杂度高。

(2) 节点删除法

主要是用节点删除的思想对节点的重要度进行评价。通过比较生成树的数目，判断图中任意数目的两组节点的相对重要性。从图中去掉节点以及相关联的链路后,所得到的图对应的生成树数目越少,则表明该组节点越重要。提出应当考虑连通分支的大小和形状,才能反映出不同节点或不同网络之间在结构和位置特性上的差异。因此采用节点(集)被删除后形成的所有不连通节点对之间的距离(最短路)的倒数之和来计算指标的大小。这种做法的隐含假设是:破坏近距离的、相对直接的联系所造成的破坏性大于破坏远距离的、相对间接的联系所造成的破坏性。

节点删除法存在一个问题,就是如果多个节点的删除都使得网络不连通,那么这些节点的重要度将是一致的,从而使得评估结果不精确。

(3)节点收缩法

所谓将节点 v_i 收缩是指将与节点 v_i 相连接的 k_i 个节点都与节点 v_i 融合,即用一个新节点代替这 k_i+1 个节点,原先与它们关联的边现在都与新节点关联,如图 7.8 所示。直观上可以这样理解节点的收缩:将网络的凝聚度定义为节点数 n 与平均路径长度 l 乘积的倒数,当把与节点 v_i 相连接的 k_i 个节点通过收缩都与节点 v_i 融合,这相当于节点 v_i 将它周围的 k_i 个节点"凝聚成了一个节点"。如果节点 v_i 是一个很重要的"核心节点",那么将它收缩后整个网络将更好地凝聚在一起。

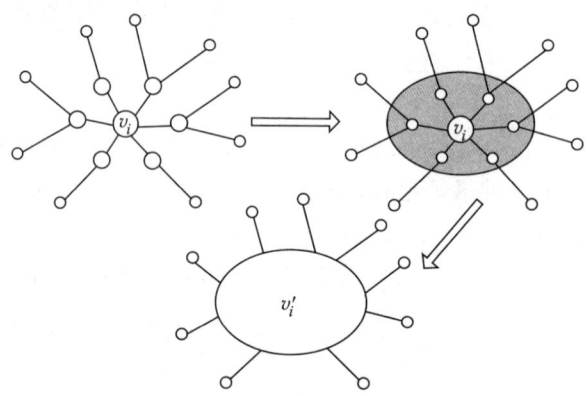

图 7.8 节点收缩法示意图

节点收缩法综合考虑了节点的连接度以及经过该节点最短路径的数目,如果一个节点的连接度越大、所处的位置越关键,则该节点收缩后网络凝聚度就越大,从而该节点也就越重要。实验分析表明该方法直观、有效且运算速度快,对于大型复杂网络可以获得理想的计算能力。

(4)优先等级法

一个节点的重要度等于将其删除后形成的连通图分支数与该节点直接

或间接相连节点数与其各自优先等级系数之积的和,即:

$$C_{P_i}^j = P_0\omega(G - v_j) + \sum_{i=1}^{k} P_i n_j^i \qquad (7.3)$$

式(7.3)中:$C_{P_i}^j$ 表示节点 v_j 的优先等级重要性指标;P_i 表示连通分支数或节点的优先等级,即 $P_0 \gg P_1 \gg P_2 \gg \cdots$;$\omega(G-v_j)$ 表示删除节点 v_j 后网络图形成的连通分支数;n_j^i 表示到节点 v_j 距离为 i 的节点个数;i 为自然数,j 表示节点预号。

在使用这种方法时,没有必要把 $C_{P_i}^j$ 的值准确算出,而只需把各个不同节点的 ω_j,n_j^1,n_j^2,$\cdots$,n_j^k 按顺序算出并依次分别比较同级数值大小就行,只有当前面同一级数值不能比较出大小时才算出后面同一等级的数字,然后再进行比较,依次类推,因此,可以大大节省计算量。

(5) 重要度评价矩阵

通过定义节点效率和节点重要度评价矩阵,用节点的度值和效率值来表征它对相邻节点的重要度贡献;节点效率体现了节点在网络中的全局重要性,相邻节点的重要度贡献体现了节点的局部重要性。

7.4.3 利用重要度评价矩阵选择关键节点

7.4.3.1 理论基础

设 $G = (V, E)$ 是一个无自环的无向网络,其中 V 是网络中的非空节点集,$V = \{v_1, v_2, \cdots, v_n\}$,$E$ 是节点间边的集合,$E = \{e_1, e_2, \cdots, e_n\}$。

定义网络效率 E 为网络中所有节点对之间距离倒数之和的平均值,它表示网络间物资、信息流通的平均难易程度。网络效率越高,网络物资、信息流通越容易。

$$E = \frac{1}{n(n-1)} \sum_{i \neq j} \frac{1}{d_{ij}} \qquad (7.4)$$

式(7.4)中,n 为网络中的节点数目,d_{ij} 表示节点 i 和 j 之间的距离。

7.4.3.2 构建重要度评价矩阵

彼此孤立的节点之间不存在重要度依赖关系,一旦节点间相互连接,就可能导致节点负载和重要度的变化。通过节点间的传递,形成一个重要度贡献关系的拓扑，该拓扑结构来自于实际网络的拓扑，是实际网络拓扑的一个映射。

网络的邻接矩阵表示的是节点之间直接相邻的情况，而节点间最显著的重要度贡献关系存在于相邻节点之间，因节点间的重要度贡献关系可以用邻接矩阵的映射矩阵来表示。因此可将其定义为节点重要度贡献矩阵。

定义节点重要度贡献矩阵：在节点数目为 n，平均度值为 $<k>$ 的无自环无向网络中，若节点 v_i 的度为 D_i，则 v_i 将自身重要度的 $\dfrac{D_i}{<k>^2}$ 贡献给它的每一个相邻节点。将所有节点对其相邻节点的重要度贡献比例值用矩阵的形式表示出来，就形成了节点重要度贡献矩阵，记为 H_{IC}。

$$H_{IC} = \begin{bmatrix} 1 & \dfrac{\delta_{12}D_2}{<k>^2} & \cdots & \dfrac{\delta_{1n}D_n}{<k>^2} \\ \dfrac{\delta_{21}D_1}{<k>^2} & 1 & \cdots & \dfrac{\delta_{2n}D_n}{<k>^2} \\ \vdots & \vdots & & \vdots \\ \dfrac{\delta_{n1}D_1}{<k>^2} & \dfrac{\delta_{n2}D_2}{<k>^2} & \cdots & 1 \end{bmatrix} \quad (7.5)$$

式（7.5）中，δ_{ij} 为网络邻接矩阵中对应的元素，称为贡献分配参数，当 v_i 与 v_j 直接相连时取值为 1，否则取值为 0；对角线上的数值表示节点对自身的重要度贡献比例值为 1。从重要度贡献矩阵的定义来看，H_{IC} 与网络的邻接矩阵具有相同的结构，它是网络邻接矩阵的一个映射，映射规则为：

$$\begin{aligned} \delta_{ij} &\to \dfrac{\delta_{ij}D_j}{<k>^2} \quad i \neq j \\ \delta_{ij} &\to 1 \quad i = j \end{aligned} \quad (7.6)$$

式（7.6）反映的是网络重要度贡献关系的拓扑，这种结构能够充分利用邻接矩阵的信息，便于计算机实现计算过程。H_{ICij} 表示节点 i 对节点 j 的重要度贡献比例值，而非平均分配，使得度值越大的节点对其相邻节点的影响越大。

依据网络效率的定义，此处定义节点 k 的效率 I_k 为：

$$I_k = \dfrac{1}{(n-1)} \sum_{i=1, i \neq k}^{n} \dfrac{1}{d_{ki}} \quad (7.7)$$

式（7.7）中，n 为网络中节点数目，d_{ki} 为节点 k 和 i 之间的距离，从 I_k 的定义可知，一个节点的效率表达了该节点到网络中其他节点的平均难易程度，体现了该节点对网络资源流通所做的贡献，故节点效率值越大，表明该节点在网络资源流通过程中所处位置越重要，去掉该节点导致网络资源流通性能下降的可能性就越大。因此，可知节点的效率在一定程度上反映了节点的重要程度。

$\omega(G-v_i)$ 表示删除节点 v_i 后网络图形成的连通分支数；连通分支数越多，则重要度越大。

由于节点的重要程度取决于两个因素：节点的位置信息和节点的相邻信息。因此，用度来构建节点之间的重要度关联，用节点的效率来表征节点的位置信息。融合节点的效率值，然后将 H_{IC} 中的重要度贡献比例值用节点的重要度贡献值来代替，可以得到节点重要度评价矩阵 H_E：

$$H_E = \begin{bmatrix} I_1 & \dfrac{\delta_{12}D_2I_2}{<k>^2} & \cdots & \dfrac{\delta_{1n}D_nI_n}{<k>^2} \\ \dfrac{\delta_{21}D_1I_1}{<k>^2} & I_2 & \cdots & \dfrac{\delta_{2n}D_nI_n}{<k>^2} \\ \vdots & \vdots & & \vdots \\ \dfrac{\delta_{n1}D_1I_1}{<k>^2} & \dfrac{\delta_{n2}D_2I_2}{<k>^2} & \cdots & I_n \end{bmatrix} \quad (7.8)$$

式（7.8）中，H_{Eij} 表示节点 j 对节点 i 的重要度贡献值。可以看出，一个节点对其相邻节点的重要度贡献值与节点自身的效率和度值有关，节点的效率值越大、度值越高，则它对相邻节点的重要度贡献越大。

运用节点重要度评价矩阵 H_E，综合考虑节点自身的效率和相邻节点的重要度贡献，可以定义节点 i 的重要度 C_i：

$$C_i = I_i \times \sum_{j=1,j\neq i}^{n} \dfrac{\delta_{ij}D_jI_j}{<k>^2} \times \omega(G-v_i) \quad (7.9)$$

式（7.9）中，C_i 表示所有与节点相邻的节点重要度贡献值之和与节点效率值的乘积。从上式可以看出，节点的重要度取决于自身的效率值、度值、相邻节点的效率值和度值的大小。综合考虑了节点的全局重要性和局部重要性，能够提高节点重要度评估的准确度，符合节点重要度评估的实际需要。

7.4.3.3 关键节点确定算法

综合考虑了节点的效率、相邻节点的重要度贡献以及去掉该节点后对整个网络的影响，相当于同时利用了节点的位置信息和度的信息。运用此方法对复杂网络中的节点进行重要度评价，可以获得比较理想的评价结果。下面给出评估节点重要度的算法步骤：

输入：复杂网络邻接矩阵 $A = (\propto_{ij})_{n \times n}$

输出：节点 i 的重要度 C_i

Begin

1）计算所有节点对之间的最短距离矩阵 $D = [d_{ij}]$ //Floyd 算法；

2）确定节点重要度贡献矩阵 H_{IC}

For i = 1 to n

（根据 A 确定节点 v_i 的度值和其相邻节点的信息，填入 H_{IC} 中）

3）确定节点重要度贡献矩阵 H_E

For i = 1 to n

（根据 D 确定节点 v_i 的效率值 I_i，将 H_{IC} 第 i 列乘以 I_i 作为 H_E 的第 i 列）

4）计算每个节点的重要度：

For i = 1 to n

（根据式（5.12），计算每个节点的重要度，输出 C_i）

End

7.4.3.4 算例

给出一个有 8 个节点的无向网络图，如图 7.9 所示。

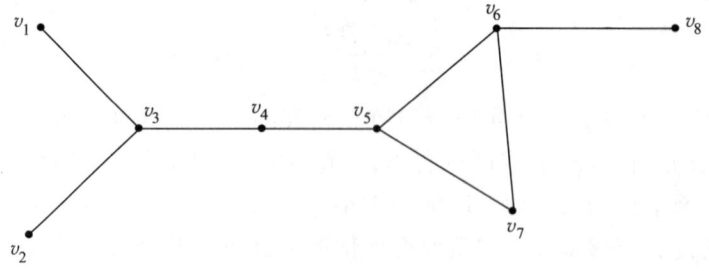

图 7.9　8 个节点的无向网络图

如图 7.9 所示，网络中有 8 个节点、8 条边。如果仅仅考虑节点的连接度值或节点去掉后的连通图个数，并不能很好地衡量节点的重要度。如节点 v_3、v_5、v_6 的连接度都为 3，但它们的重要度明显不同。而本文的模型则综合考虑了节点在网络中的全局重要性和局部重要性，既体现了节点自身度值及重要性，也体现了相邻节点的影响。运用此方法计算出各个节点的重要度值，并与其他方法的计算结果进行比较，如表 7.2 所示。

表 7.2 四种方法分别计算出的节点重要度

节点	介数法	节点删除法	节点收缩法	本文算法
v_1	0	0	0.188	0.205
v_2	0	0	0.188	0.205
v_3	0.393	1	0.594	0.332
v_4	0.429	1	0.473	0.603
v_5	0.429	1	0.544	0.698
v_6	0.214	1	0.544	0.545
v_7	0	0.667	0.351	0.528
v_8	0	0	0.205	0.200

可以看出，与介数法、节点删除法相比，本算法明显更加精确，具有区分度；本算法得出的结果与节点收缩法相同，各节点的重要度排序相同，均为 $v_5 > v_4 > v_6 > v_7 > v_3 > v_1 = v_2 > v_8$。

7.5 广东省成品油动员物流网络设计

广东省是我国的成品油生产大省、消费大省，战略位置重要，且具有多个能源设施重点防护目标，是抵御东南沿海方向入侵的前线。研究该地区成品油动员物流网络设计具有重要的现实意义。

7.5.1 构建目标

为及时满足成品油市场的平时、急时、战时需求，构建成品油动员物流网络主要是为了实现以下目标。

（1）整体覆盖

由于突发事件的不确定性，为了保证区域内任何可能点的应急物流服务，兼顾远近，必须考虑站点的出救半径以及在整个区域范围内的辐射能力。

（2）满足时限要求

构建成品油网络以满足应急需求为主要目标之一，时效性要求高是动员物流的主要特点。动员物流中心要在一定的时间内向指定的地点提供必要的保障，这就对动员物流系统的时间提出了严格要求，如果动员的时间过长，那么就失去了动员保障的作用。对于现代战争来讲，能源的及时供应对于战争的成败起着十分重要的作用；在突发事件发生时，对成品油的激增需求也是在短期发生的。

（3）合理的成本控制

虽然成本不是动员物流网络构建考虑的第一要素，但是不计成本的动员物流也是不可行的。对于成品油生产、销售企业来讲，总是希望在动员活动中既能满足成品油供应，又尽可能地控制成本，达到动员效益和经济效益的双赢。成品油动员物流网络的构建同时关注管理层面和战略层面，不仅要提高物流效率、降低物流成本，更要注重长期发展，并对油库位置进行合理的战略布局。

7.5.2 构建流程

成品油动员物流网络的构建应当由广东省经济动员办公室牵头，协同当地主要的石油公司，确定合适的投资方式。建设过程应当遵循《广东省加油站管理办法（暂行）》（2001）、《广东省水上加油站管理办法（暂行）》（2003）、《广东省成品油市场管理实施细则（暂行）》（2004）等政策法规，其具体步骤如图7.10所示：

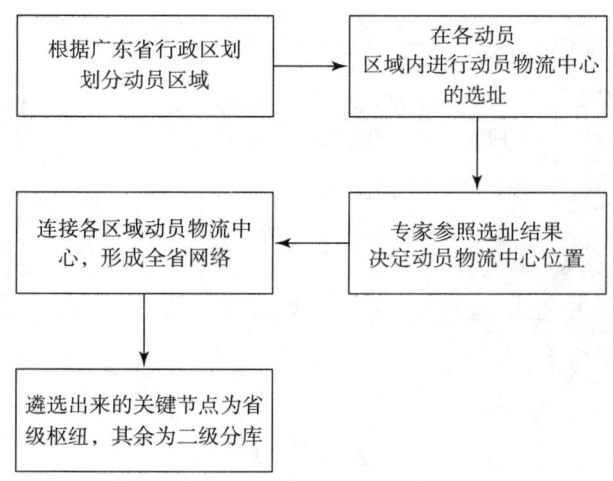

图 7.10　广东省成品油动员物流网络构建流程

7.5.3　广东省成品油动员物流网络构建方案

7.5.3.1　划分动员区域

广东省全境土地面积为 17.98 万平方公里,下辖 21 个市,其中副省级城市 2 个、地级市 19 个。按地级市这一级别划分动员区域后,根据区域大小确定成品油动员物流中心数量。在每个区域内,最短时间以及最小费用的目标一般不能同时达到,但可以计算出在达到最小费用的情况下,所选位置与最远加油站的距离,即可以得知最大救援时限。

7.5.3.2　动员物流中心的布局

广州市是珠三角地区的中心城市,是成品油的特大消费区。本节主要以广州市为例,以此说明动员物流中心布局的方法。

1) 用 Google Earth 搜索广州市境内的全部中国石化加油站,可以得到加油站分布的直观图像以及每个站点的地址及经纬度。例如,广州市天河区的加油站分布大致如图 7.11 所示。

2) 经过对信息的搜集,可知中国石化在全广州市有 200 余座加油站,在中心六个中心城区(越秀区、荔湾、天河、白云、海珠、黄埔区)得到 23 个结果,标记出每个站点的经纬度、地址及所属行政区域,如表 7.3 所示。

图 7.11　Google Earth 视图下的广州市天河区加油站分布

表 7.3　广州市六城区中石化加油站经纬度

序号	纬度	经度	地址	区域
1	23°8′12.41″北	113°16′54.13″东	建设中马路	越秀区
2	23°4′21.51″北	113°16′31.98″东	工业大道中 379 号	海珠区
3	23°10′06.85″北	113°19′32.94″东	沙太南路 125 号	天河区
4	23°3′50.86″北	113°18′08.01″东	南洲路 36 号 -6	海珠区
5	23°11′28.52″北	113°14′05.32″东	石潭路	白云区
6	23°11′50.05″北	113°13′45.61″东	石潭西路 30 号	白云区
7	23°11′59.26″北	113°13′31.17″东	增槎路	白云区
8	23°12′38.62″北	113°13′49.43″东	石沙路 139 号	白云区
9	23°4′44.12″北	113°20′49.51″东	华洲路	海珠区
10	23°10′41.05″北	113°21′04.68″东	沙太南路	天河区
11	23°7′15.50″北	113°24′21.15″东	中山大道中	天河区
12	23°7′31.89″北	113°17′43.98″东	农林下路 17 号	越秀区
13	23°12′42.25″北	113°15′54.21″东	鹤龙路 1 号	白云区

续表

序号	纬度	经度	地址	区域
14	23°4′15.08″北	113°14′18.21″东	鹤洞路263号	荔湾区
15	23°8′19.06″北	113°14′44.79″东	站前路20	荔湾区
16	23°4′29.92″北	113°13′40.24″东	龙溪大道85号	荔湾区
17	23°11′29.21″北	113°13′34.04″东	庆槎路	白云区
18	23°4′18.03″北	113°12′49.58″东	龙溪大道东教镇	荔湾区
19	23°6′39.91″北	113°12′49.01″东	芳村大道西	荔湾区
20	23°4′56.01″北	113°16′34.95″东	南泰路168号	海珠区
21	23°4′47.49″北	113°15′43.39″东	南边路34号	海珠区
22	23°5′08.61″北	113°16′44.35″东	宝岗大道与昌岗路交界	海珠区
23	23°5′13.84″北	113°16′12.53″东	宝岗大道	海珠区

将上述经纬度转换为以度数为单位的坐标，如表7.4所示。

表7.4 广州市六城区中石化加油站坐标值

序号	坐标
1	(23.1368，113.2817)
2	(23.0726，113.2756)
3	(23.1686，113.3258)
4	(23.0641，113.3022)
5	(23.1913，113.2348)
6	(23.1972，113.2293)
7	(23.1998，113.2253)
8	(23.2107，113.2304)
9	(23.0789，113.3471)
10	(23.1781，113.3513)
11	(23.121，113.4059)
12	(23.1255，113.2956)
13	(23.2117，113.2651)

续表

序号	坐标
14	(23.0709, 113.2384)
15	(23.1386, 113.2458)
16	(23.075, 113.2278)
17	(23.1914, 113.2261)
18	(23.0717, 113.2138)
19	(23.1111, 113.2136)
20	(23.0822, 113.2764)
21	(23.0799, 113.2621)
22	(23.0857, 113.279)
23	(23.0872, 113.2701)

3）将所有站点的地理位置在地图上标注出来，可以看到部分站点之间呈现出分散—集中的特点。

图 7.12　部分站点分布示意图

4）根据坐标值（经纬度），可以利用距离计算公式得出各站点两两之间的直线距离（四舍五入到公里）；

地球上两点的坐标分别为 v_1（x_1，y_1）和 v_2（x_2，y_2），则两点之间的球面距离公式如下：

$$d = r \times \arccos\left[\sin x_1 \times \sin x_2 + \cos x_1 \times \cos x_2 \times \cos(y_1 - y_2)\right]$$

（地球半径 $r = 6\,371\,004$ m）

因为运输工具不是直线行驶，而是在公路、铁路或海运航线的网络中行驶的，因此需要一个迂回系数调整计算出的距离，其中，公路的迂回系数近似为 1.21。以此计算得出该 23 个站点之间的实际距离，如表 7.5 所示。

表 7.5　23 个站点两两之间的实际距离　　　单位：公里

	1	2	3	4	5	6	7	8	9	10	11	12	13	14	15	16	17	18	19	20	21	22	23
1	0	9	7	10	9	10	11	12	11	10	16	2	10	10	4	11	10	12	9	7	8	7	7
2	9	0	14	3	17	18	18	19	9	17	8	19	5	10	6	17	8	9	1	2	2	2	
3	7	14	0	14	12	13	13	13	12	3	12	7	9	17	11	17	13	19	16	13	14	13	13
4	10	3	14	0	19	20	21	22	6	16	5	8	20	8	12	9	20	11	13	4	5	4	5
5	9	17	12	19	0	1	3	2	15	23	12	5	16	9	16	1	16	11	15	15	0	15	15
6	10	18	13	20	1	0	1	2	22	15	24	13	5	17	8	16	1	17	12	17	16	16	16
7	11	18	13	21	2	1	0	2	22	16	25	13	5	17	9	17	1	17	12	17	17	17	16
8	12	19	13	22	3	2	2	0	23	16	25	14	4	19	10	18	3	19	14	18	18	18	17
9	11	9	12	6	21	22	22	23	0	13	9	21	3	15	2	17	9	7	9	11	8	10	
10	10	17	3	16	15	15	16	16	13	0	10	10	12	2	9	14	2	16	8	22	15	7	15	10
11	16	8	12	5	23	24	25	25	9	10	0	14	21	22	20	2	23	4	25	24	17	19	16	17
12	2	19	7	8	12	13	13	14	9	12	14	0	15	2	6	10	6	11	2	12	10	6	7	6	6
13	10	19	9	20	5	5	5	4	21	12	21	12	0	19	9	6	20	15	17	18	17	17	
14	10	5	17	8	16	17	17	19	3	14	22	10	19	0	9	1	16	3	6	5	3	5	4
15	4	10	11	12	7	8	9	10	15	14	20	6	10	9	0	9	8	10	5	8	8	8	8
16	11	6	17	9	16	16	17	18	15	21	23	11	19	1	9	0	17	2	5	6	4	6	5
17	10	17	13	20	1	1	1	3	21	16	24	12	6	16	8	16	0	16	11	16	16	16	15
18	12	8	19	11	16	17	17	19	7	17	22	12	20	3	10	2	16	0	5	8	6	8	7

续表

	1	2	3	4	5	6	7	8	9	10	11	12	13	14	15	16	17	18	19	20	21	22	23
19	9	9	16	13	11	12	12	14	17	19	24	10	15	6	5	5	11	5	0	9	7	9	8
20	7	1	13	4	16	17	17	18	9	16	19	6	17	5	8	6	16	8	9	0	2	1	1
21	8	2	14	5	15	16	17	18	11	17	19	7	18	3	8	4	16	6	7	2	0	2	1
22	7	2	13	4	15	16	17	18	8	15	16	6	17	5	8	6	16	8	9	1	2	0	1
23	7	2	13	5	15	16	16	17	10	16	17	6	17	4	8	5	15	7	8	1	1	1	0

5）部分站点之间距离非常近且在一条公路上，可以采用节点收缩的思想，将其看作一个站点（规则是两公里以内），因此站点减少至 13 个；同时根据公路地图，将各站点进行合理的连接，得出无向网络图，如图 7.13 所示。

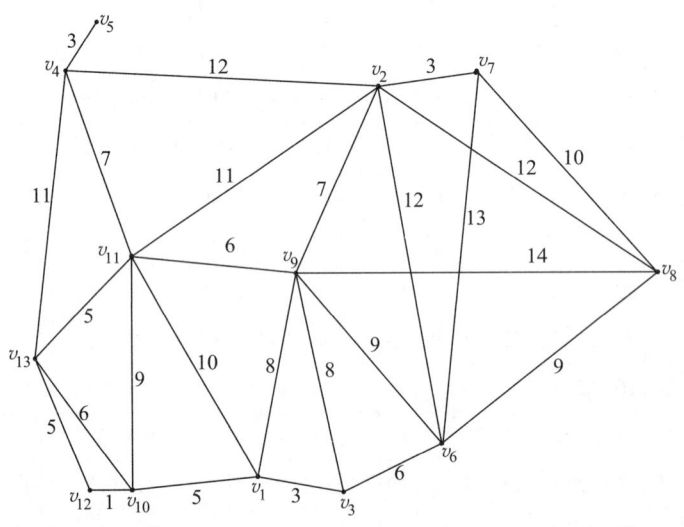

图 7.13 缩减站点后的广州市六城区中石化加油站网络示意图

6）抽象出图后，根据邻接矩阵计算其最小距离矩阵及最短路径矩阵。

通过构建上图的邻接矩阵，根据 Floyd 算法得出其最小距离矩阵，如表 7.6 所示。

表 7.6 13 个站点的最小距离矩阵图

序号	1	2	3	4	5	6	7	8	9	10	11	12	13
1	0	15	3	17	20	9	18	18	8	5	10	6	11
2	15	0	15	12	15	12	3	12	7	20	11	21	16
3	3	15	0	20	23	6	18	15	8	8	13	9	14
4	17	12	20	0	3	22	15	24	13	16	7	16	11
5	19	14	22	2	0	24	17	26	15	18	9	18	13
6	9	12	6	22	25	0	13	9	9	14	15	15	20
7	18	3	18	15	18	13	0	10	10	23	14	24	19
8	18	12	15	24	27	9	10	0	14	23	20	24	25
9	8	7	8	13	16	9	10	14	0	13	6	14	11
10	5	20	8	16	19	14	23	23	13	0	9	1	6
11	10	11	13	7	10	15	14	20	6	9	0	10	5
12	6	21	9	16	19	15	24	24	14	1	10	0	5
13	11	16	14	11	14	20	19	25	11	6	5	5	0

可得最短路径矩阵,如表 7.7 所示。

表 7.7 13 个站点的最短路径矩阵图

序号	1	2	3	4	5	6	7
1	1	192	13	1(11)4	1(11)45	136	1 927
2	291	2	293	24	245	26	27
3	31	392	3	31(11)4	31(11)45	36	367
4	4(11)1	42	4(11)3	4	45	4(11)96	47
5	54(11)1	542	54(11)13	54	5	54(11)96	5 427
6	631	62	63	69(11)4	69(11)45	6	67
7	7 291	72	763	724	7 245	76	7
8	8 631	82	863	824	8 245	86	87
9	91	92	93	9(11)4	9(11)45	96	927

续表

序号	1	2	3	4	5	6	7
10	(10)1	(10)192	(10)13	(10)(11)4	(10)(11)45	(10)136	(10)1 927
11	(11)1	(11)2	(11)13	(11)4	(11)45	(11)96	(11)27
12	(12)(10)1	(12)(10)192	(12)(10)13	(12)(13)4	(12)(13)45	(12)(10)136	(12)(10)1 927
13	(13)(10)1	(13)(11)2	(13)(10)13	(13)4	(13)45	(13)(11)96	(13)(11)27

序号	8	9	10	11	12	13	
1	1 368	19	1(10)	1(11)	1(10)(12)	1(10)(13)	
2	28	29	29(10)	2(11)	291(10)(12)	2(11)(13)	
3	368	39	31(10)	31(11)	31(10)(12)	31(10)(13)	
4	428	4(11)9	4(11)(10)	4(11)	4(13)(12)	4(13)	
5	5 428	54(11)9	54(11)(10)	54(11)	54(13)(12)	54(13)	
6	68	69	631(10)	69(11)	631(10)(12)	69(11)(13)	
7	78	729	7 291(10)	72(11)	7 291(10)(12)	72(11)(13)	
8	8	89	8 631(10)	89(11)	8 631(10)(12)	89(11)(13)	
9	98	9	91(10)	9(11)	91(10)(12)	9(11)(13)	
10	(10)1 368	(10)19	(10)	(10)(11)	(10)(12)	(10)(13)	
11	(11)98	(11)9	(11)(10)	(11)	(11)(13)(12)	(11)(13)	
12	(12)(10)1 368	(12)(10)19	(12)(10)	(12)(13)(11)	(12)	(12)(13)	
13	(13)(11)98	(13)(11)9	(13)(10)	(13)(11)	(13)(12)	(13)	

由此计算出各行的局部半径：
$$r(x_i) = (20, 18.5, 20.5, 23, 23, 20, 21.5,$$
$$26, 15, 21, 17, 21.5, 19.5)$$

则绝对半径 $r(x_0) = \min r(x_i) = 15$。

绝对中心是在路径 [9 (11) 45] 上，从 v_9 到 v_{11} 前进 1 的距离，得到的结果为 v_r 点，如图 7.14 所示。在实际地图上，该点的位置位于越秀区逸仙路。

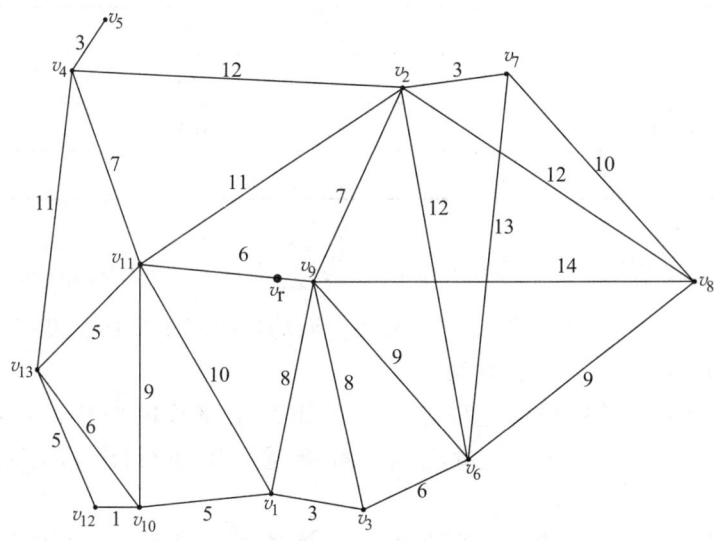

图 7.14　使得总距离最短的选址结果

由最小距离矩阵可得每个节点到其他各节点的最短总距离，如表 7.8 所示。

表 7.8　到各节点的最短总距离结果

v_i	$\sum_{i=1}^{n} d(v_i, x)$
1	140
2	159
3	152
4	176
5	197

续表

v_i	$\sum_{i=1}^{n} d(v_i, x)$
6	169
7	185
8	221
9	129
10	157
11	130
12	164
13	157

由表 7.8 可知，最小值在 i 等于 9 时，$\sum_{i=1}^{n} d(v_i, v_9) = 129$，故 $r(x_m) = 16$，绝对中位点 x_m 在节点 v_9 上。可知，当动员时限 $T < 15$，没有可行解；当 $T > 16$，$x_m(v_9)$ 为最优解。

7) 确定每条路线的道路等级，得出每条路线的费率，从而得到每条路线的费用。假设流量相同，等级越高则通行能力越大，成本越低。

《中华人民共和国道路交通安全法实施条例》第四十五条及第七十八条规定，没有道路中心线的道路，城市道路为每小时 30 公里，公路为每小时 40 公里；高速公路上最低车速不得低于每小时 60 公里；同方向只有 1 条机动车道的道路，城市道路为每小时 50 公里，公路为每小时 70 公里。

因此，假定成品油运输时速为 60km/h，且都采用"汽车运输成本模型系数"中"中货"的参数，如表 7.9 所示。

$$C = \alpha \times V^2 + \beta \times V + \gamma$$

其中，C——汽车运输成本（元/百公里）；

V——速度（公里/小时）；

α, β, γ——参数。

表 7.9 汽车运输成本模型系数——中货

道路等级 参数	一级公路/快速路	二级公路/主干道	三级公路/次干道	四级公路/支路
α	0.046	0.1401	0.2552	0.2475
β	-7.29	-16.195	-24.867	-24.59
γ	397	643.94	832.75	831.12

计算出不同道路等级的公路运输成本,如表 7.10 所示。从中可得四级公路的运输成本。

表 7.10 不同道路等级公路运输成本

道路等级	一级公路/快速路	二级公路/主干道	三级公路/次干道	四级公路/支路
运输成本/(元·百公里$^{-1}$)	125.2	176.6	259.45	246.72

由此得出各条路线的费用。

8) 求总费用最低的情况下的选址地点及运输时限。

将该网络图用邻接矩阵表示,如表 7.11 所示:

表 7.11 13 个站点的费用邻接矩阵示意图 单位:元/公里

	1	2	3	4	5	6	7	8	9	10	11	12	13
1	0	0	6	0	0	0	0	0	19	9	25	0	0
2	0	0	0	15	0	15	6	15	19	0	14	0	0
3	6	0	0	0	0	11	0	0	15	0	0	0	0
4	0	15	0	0	3	0	0	0	0	0	18	0	19
5	0	0	0	3	0	0	0	0	0	0	0	0	0
6	0	15	11	0	0	0	17	12	15	0	0	0	0
7	0	6	0	0	0	17	0	17	0	0	0	0	0
8	0	15	0	0	0	12	17	0	24	0	0	0	0
9	19	19	15	0	0	15	0	24	0	0	16	0	0
10	9	0	0	0	0	0	0	0	0	0	17	3	11

续表

	1	2	3	4	5	6	7	8	9	10	11	12	13
11	25	14	0	18	0	0	0	0	16	17	0	0	9
12	0	0	0	0	0	0	0	0	0	3	0	0	9
13	0	0	0	19	0	0	0	0	0	11	9	9	0

将各边费率乘以各边长度可得费用矩阵。由 Floyd 算法可得费用矩阵的最小距离矩阵，如表 7.12 所示。

表 7.12　13 个站点的费用最小距离矩阵示意图

	1	2	3	4	5	6	7	8	9	10	11	12	13
1	0	32	6	39	42	17	34	29	19	9	25	12	20
2	32	0	26	15	18	15	6	15	19	31	14	32	23
3	6	26	0	41	44	11	28	23	15	15	31	18	26
4	39	15	41	0	3	30	21	30	34	30	18	28	19
5	42	18	44	3	0	33	24	33	37	33	21	31	22
6	17	15	11	30	33	0	17	12	15	26	29	29	37
7	34	6	28	21	24	17	0	17	25	37	20	38	29
8	29	15	23	30	33	12	17	0	24	38	29	41	38
9	19	19	15	34	37	15	25	24	0	28	16	31	25
10	9	31	15	30	33	26	37	38	28	0	17	3	11
11	25	14	31	18	21	29	20	29	16	17	0	18	9
12	12	32	18	28	31	29	38	41	31	3	18	0	9
13	20	23	26	19	22	37	29	38	25	11	9	9	0

根据算法步骤计算 $r(x_i)$，可得各行的局部半径：

$$r(x_i) = (35.5, 32, 37.5, 40, 40, 35, 36, 39.5, 34,$$
$$37.5, 30, 39.5, 31.5)$$

则绝对半径 $r(x_0) = \min r(x_i) = 30$。

绝对中心是在路径 [(11) 9] 上，从 v_{11} 出发 1 (0.58)，设为 v_m，如图 7.15 所示。体现在实际地图上，该点的具体位置位于荔湾区站前路。

第 7 章　成品油动员物流网络设计　　207

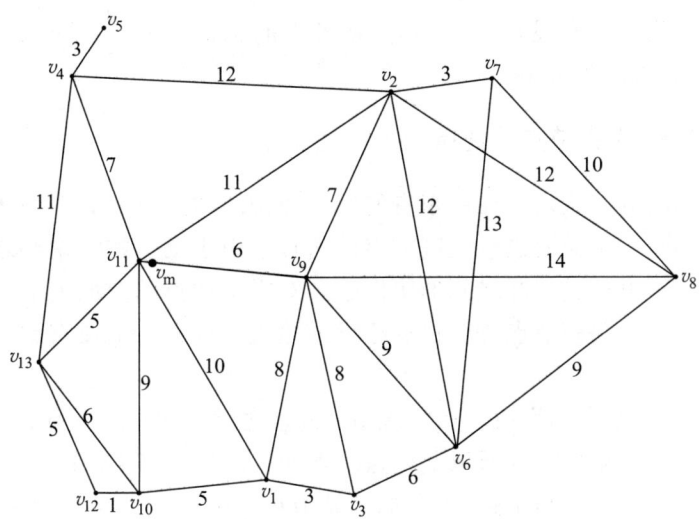

图 7.15　使得总费用最小的选址结果

各节点到其他各点的费用如表 7.13 所示。

表 7.13　到各节点的最小总费用结果

序号	$\sum_{i=1}^{n} d(v_i, x)$
1	284
2	246
3	284
4	308
5	341
6	271
7	296
8	329
9	288
10	278
11	247
12	290
13	268

当动员物流中心设在 v_{11}，到其他各点的总费用最小，同时由前面的计算可得 v_{11} 的时限为 14。

7.5.3.3 关键节点的选择

按照前文的方法，可在广东省的 21 个地级市基本确定动员物流中心的地理位置，下一步需要进行关键节点的选择。由于动员物流中心之间是互相连接的，可以通过彼此之间的协作达到对需求地点的全面覆盖和快速响应。其中应当对关键节点进行重点建设或是重点保护，形成有层次的动员物流网络。

应当在 21 个市均完成动员物流中心选址之后，在其间进行关键节点选择，但由于工作量较大，所以此处暂时未计算其余 20 个结果。

本节主要利用广州市的 13 个加油站节点，来进行重要度计算的示例。按照第 4 节算法，可得到各节点的效率值，如表 7.14 所示。

表 7.14 13 个站点的效率值

节点	效率值
v_1	0.118
v_2	0.098
v_3	0.108
v_4	0.093
v_5	0.100
v_6	0.083
v_7	0.088
v_8	0.062
v_9	0.102
v_{10}	0.167
v_{11}	0.106
v_{12}	0.164
v_{13}	0.099

由表 7.14 可得，各节点的效率值由大到小排列分别是：v_{10}、v_{12}、v_1、v_{11}、v_9、v_{13}、v_3、v_4、v_2、v_5、v_6、v_7、v_8。

代入到式（7.9）中，可得各节点的重要度，如表 7.15 所示。

表 7.15　13 个站点的重要度

节点	重要度
v_1	0.014
v_2	0.022
v_3	0.008
v_4	0.013
v_5	0.001
v_6	0.015
v_7	0.009
v_8	0.013
v_9	0.019
v_{10}	0.013
v_{11}	0.020
v_{12}	0.003
v_{13}	0.009

由表 7.15，各节点的重要度由大到小排列分别是：v_2、v_{11}、v_9、v_6、v_4、v_1、v_{10}、v_8、v_3、v_7、v_{13}、v_{12}、v_5。

本章小结

本章研究聚焦于成品油动员物流网络。首先，对成品油动员物流网络的基本理论进行了深入探析。将动员物流网络的特点总结为逆向性、过程集成性、动态性等；对成品油动员物流网络的节点和线路进行研究，明确了物流网络结构以及成品油动员物流的运作流程。其次，提出了成品油动员物流网络的构建模式，从成品油动员物流中心的布局和成品油动员物流网络关键节点选择两方面来构建轴辐式网络结构的成品油动员物流网络，并提出了划分物流区域的原则与方法。再次，采用集合覆盖的思想，用图论的方法来计算动员物流中心的选址地点，并用一个算例证明通过此方法求得的动员物流中心选址,既可以满足费用最小,又可以满足动员时间限制;采用网络中的节点度值、介数、连通子图等指标,对重要度评价矩阵进行改进,从节点自身重要性、对相邻节点的贡献两方面来评价节点重要度,以此为依据进行网络中关键节点的选择,通过此算法选择的关键节点更加精确,并且具有区分度。最后,在分析广东省的经济环境、物流环境、相关物流政策、物流主体的基础上,从划分动员区域、动员物流中心布局、关键节点选择三个方面提出了该地区成品油动员物流网络的构建方案。

参考文献

[1] 张纪海. 经济动员物流问题探讨 [J]. 江苏商论, 2008 (2): 61 – 63.
[2] 卞文良. 物流信息网络: 构建与运作 [M]. 北京: 社会科学文献出版社, 2008.
[3] 吴清一. 物流系统工程 [M]. 北京: 中国物资出版社, 2004.
[4] 王健. 现代物流网络系统的构建 [M]. 北京: 科学出版社, 2005.
[5] 张亮. 响应需求差异的物流网络构建问题研究 [D]. 北京: 北京交通大学, 2008.
[6] 竺柏康. 油品储运 [M]. 北京: 中国石化出版社, 2006.
[7] 广州市成品油供给应急预案 (试行) [EB/OL]. (2007 – 12 – 26) [2012 – 02 – 16]. http://www.guangzhou.gov.cn/node_429/node_433/2007 – 12/1198661484228822.shtml.
[8] 张纪海, 张萌萌. 成品油动员网络内涵及结构 [J]. 北京理工大学学报 (社会科学版), 2012, (03): 93 – 97.
[9] 张纪海, 张萌萌, 柴欣宏. 成品油应急应战动员物流网络构建研究 [J]. 兵工学报, 2014, (S2): 390 – 402.

第 8 章 石油对外贸易动员

　　石油贸易动员分为对内贸易动员和对外贸易动员。尽管我国正在逐步开放国内石油市场，但是石油产业具有一定程度的垄断特征，尤其是产业的上游和中游。另外，由于我国经济的快速发展以及石油资源的稀缺性，我国对石油资源的需求激增，尤其是当发生战争或突发事件时，巨大的石油进口需求量将严重地影响我国石油供应安全以及经济社会的稳定。世界石油市场持续动荡、风云突变，不稳定因素众多，加之我国石油对外依存度的不断提高，中国石油安全受国际石油市场制约的程度也越来越高。本章在分析我国石油对外贸易的国际环境和世界石油贸易主要特点的基础上，阐述了我国石油对外贸易的现状，并分析了影响我国石油贸易的因素，进而根据我国石油对外贸易动员潜力和动员手段，构建了我国石油对外贸易动员的最优贸易组合模型。

8.1 我国石油对外贸易的国际环境分析

8.1.1 世界石油资源储量现状

　　全球石油储量丰富，但是由于客观条件的限制，人类能够探明并利用的部分却很小，目前全球已探明的石油资源仅占地球石油总储量的较小部分。表 8.1 的数据显示，从 1991 年到 2014 年全球已探明的石油储量总体呈上升趋势，这是由于石油勘探技术提高和石油勘探范围扩大两个因素共同影响所取得的成果。

表 8.1 全球 1991—2014 年已探明石油资源储量

年份	已探明储量/亿桶	年份	已探明储量/亿桶
1991	10 076	2003	12 032
1992	10 133	2004	12 093
1993	10 143	2005	12 197
1994	10 195	2006	12 341
1995	10 290	2007	12 535
1996	10 506	2008	13 346
1997	10 693	2009	13 766
1998	10 696	2010	13 832
1999	10 850	2011	16 541
2000	11 049	2012	16 689
2001	11 290	2013	17 010
2002	11 896	2014	17 001

资料来源：BP Statistical Review of World Energy 2015。

世界石油资源的地理分布是相对集中的。首先是油源集中，全世界共有 600 多个沉积盆地，已发现油气田的盆地只占其中的 1/4，其中 37 个盆地就集中了全世界 95% 的石油远景储量。其次是储量集中，截至 2013 年年底，全球共发现 1 119 个大油气田，占全球可采储量的 78% 和产量的 74%。最后是储油国家集中，全世界有 90 多个储油国，2016 年剩余探明石油储量在 10 亿吨以上的国家只有 16 个，它们合计占世界剩余探明总储量的 73.3%。

世界石油资源分布又是极不平衡的。2014 年欧佩克的石油探明储量占全球的 68.1%。从地区来看，中东石油资源最为集中，占全球的 30.27%，仅沙特阿拉伯就占 15.71%，其次是伊朗、伊拉克、科威特和阿联酋。在中南美地区，石油储量最多的委内瑞拉（占世界储量的17.55%），占有该地区80%以上的石油资源。在欧洲及欧亚地区，俄罗斯的石油探明储量占世界的6.07%，其次是哈萨克斯坦。在非洲地区，利比亚的石油探明储量最高，占到了世界的2.84%，其次是尼日利亚。北美的三个石油储量大国依次是加拿大、美国、墨西哥。在亚太地区，石油探明储量最多的是中国，其次是印度、马来西亚和越南。具体分布情况见表8.2。

表8.2 2014年世界主要产油国石油探明量储量排名表

排名	国家或地区	储量/亿桶	比重/%
1	委内瑞拉	2 983.50	17.55
2	沙特阿拉伯	2 670.00	15.71
3	加拿大	1 729.17	10.17
4	伊朗	1 578.00	9.28
5	伊拉克	1 500.00	8.82
6	俄罗斯	1 031.64	6.07
7	科威特	1 015.00	5.97
8	阿联酋	978.00	5.75
9	美国	484.63	2.85
10	利比亚	483.63	2.84
11	尼日利亚	370.70	2.18
12	哈萨克斯坦	300.00	1.76
13	中国	184.79	1.09

资料来源：BP Statistical Review of World Energy 2015，其中比重为占世界已探明储量的比重。

8.1.2 世界石油产量稳步上升

自2010年开始，世界石油产量稳步上升，至2014年达到了42.288亿吨，如表8.3所示。从国家分布来看，产油大国排名依旧，2014年沙特阿拉伯、俄罗斯、美国、中国和加拿大连续六年稳居世界石油产量前五位，如表 8.4 所示。

表 8.3 2001—2014 年世界石油产量

年份	产量/百万吨
2010	3 913.7
2011	4 012.4
2012	4 119.2
2013	4 126.6
2014	4 228.7

资料来源：BP Statistical Review of World Energy 2015。

表 8.4 2014 年世界石油产量国家排名

排名	国家	产量/百万吨	比重/%
1	沙特阿拉伯	543.4	12.9
2	俄罗斯	534.1	12.7
3	美国	519.9	12.3
4	中国	211.4	5.0
5	加拿大	209.8	5.0

资料来源：BP Statistical Review of World Energy 2015。

8.1.3 国际石油运输环境

石油的运输方式主要有汽车、火车、轮船和管道运输。就运量、运费和便利而言，轮船和输油管道已经成为原油的主要运输工具。特别是近几十年来，世界油气管道铺设与日俱增，在北美、俄罗斯、西欧、中东等地出现了稠密的管道网。由于石油地缘分布的不平衡，世界上形成了许多石油运输线。

中东地区石油运输路线：波斯湾—霍尔木兹海峡—好望角—西欧，波斯湾—霍尔木兹海峡—马六甲海峡（或者望加锡海峡）—日本、朝鲜，波斯湾—苏伊士运河—地中海—直布罗陀海峡—西欧、北美。

非洲石油运输路线：地中海—直布罗陀海峡—欧洲，地中海—直布罗陀海峡—好望角—马六甲海峡—中国、日本和韩国，西非—好望角—马六甲海峡—中国、日本和韩国，地中海或西非—巴拿马运河—北美。

俄罗斯石油运输路线：主要是通过管道将石油运送到欧洲国家，或者通过新罗西斯克港口—黑海—达达尼尔海峡—地中海—欧洲国家线路运油。其他的就是经过长输管网、铁路运送到中国。

中亚石油运输路线：俄罗斯管道—新罗西斯克港口—黑海—达达尼尔海峡—地中海—直布罗陀海峡—欧洲、美洲。

通过分析石油运输线路可以得出：首先，海峡是石油运输的重要环节。特别是地处波斯湾的霍尔木兹海峡、沟通太平洋和印度洋的马六甲海峡等地理上的"咽喉"，非常狭窄，但通过的运量却极大，随时会因突发事件遭到封锁，而且油轮在通过这些狭窄水道时易遭遇海盗的袭击和发生撞船事故。其次，地区动荡是影响石油管线通畅的重要因素。由于石油管线穿过许多有争议的边境，或反复发生危机和暴力的地区，而这些地区的动荡能够轻而易举地打断石油的全球流动。最后，石油产地的动荡也会影响石油运输的通畅。中东、中亚、东亚、东南亚、非洲等重要产油地区还存在许多领土争端和各种冲突，这将会妨碍和影响石油运输的通畅。

8.1.4　世界石油资源的地缘政治分析

地缘政治论是从地理环境角度研究国际政治、军事活动的理论，强调国家间的空间分布、海陆位置、资源人口环境地理因素对国家的经济实力、政治影响力乃至国际关系格局的影响。冷战后，国际地缘政治活动从未停止，这在油气地缘政治的真空地带（即俄罗斯的东西伯利亚和其远东部分、东北亚地区、里海和高加索地区、波罗的海、中欧和黑海等地区）尤为频繁。从世界石油地缘分布角度看，资源分布的格局将是"大石油中东地区"（指由中东、北非以及环里海地区组成的巨大的油气供应区）连同俄罗斯的油气将在全球油气供应、出口和定价方面相互影响，形成一个从北非的马格里布到波斯湾、里海、俄罗斯西伯利亚和远东地区的巨型带状区域，这里蕴藏着世界65%的石油储量和73%的天然气的储量。我国一些学者将其称为"石油心脏地带"。从消费情况来看，世界性的油气需求主要来自环绕"石油心脏地带"外部的两个部分：一是"内需求月型地带"，包括东北亚、东南亚、南亚和欧洲大陆，英国和日本分别处在"内需求月型地带"的外围；二是"外需求地块"，主要是北美、撒哈拉以南非洲、澳大利亚、新西兰和南太平洋部分。据预测，欧佩克在世界石油产量中所占份额将增加到50%以上，世界石油供应将更加依赖中东，而当前及今后相当长的时间里石油80%的消费将集中在北美、亚太地区和欧洲，这种资源分布与消费格局不相称，使石油供需不平衡问题更为突出。为此，我国学者徐小杰认为：相关国家围绕争夺中亚的油气资源和运输通道构成了内外两个三角之间的战略竞争关系（如图 8.1 所示）。内三角主要指中国、伊朗和土耳其三个国家在亚洲腹地油气运输通道上的竞争；外三角主要指俄罗斯、以美国为首的西方国家和中国三大实力之间的相互牵制关系，内三角的实力要受到外三角实力的极大影响。今后围绕石油资源的国际竞争将更加剧烈。由于各石油消费大国对运输通道的控制能力不同，加之恐怖主义、武器扩散、海盗因素等问题日益突出，这都对石油安全造成一定的威胁。

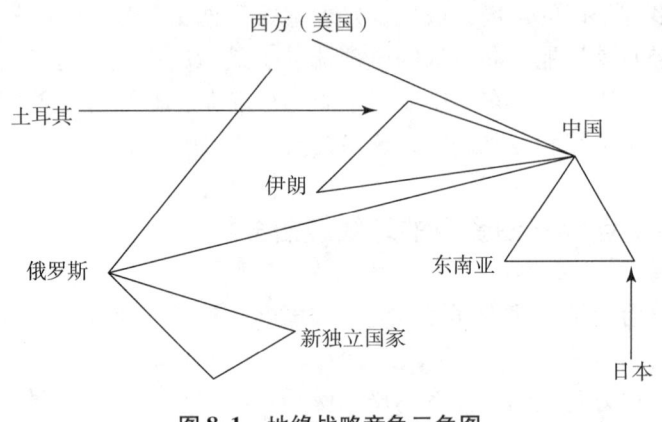

图 8.1　地缘战略竞争三角图

8.2　世界石油贸易发展的主要特点分析

世界石油资源和石油生产主要集中在经济落后或比较落后的少数发展中国家，它们的石油消费水平低，而石油资源匮乏的许多经济发达国家，却因石油消费水平高、石油炼制能力强而成为世界主要的石油进口国。石油资源的重要性及其供求特点决定了它具有不同于一般商品的贸易特点。

8.2.1　石油贸易地位的重要性

8.2.1.1　石油是全球性的稀缺商品

石油作为不可再生的资源，其储量是有限的。当前世界石油探明储量虽然持续增长，但是增速在放缓，并且其地理空间分布不均衡，主要集中在少数地区。世界上绝大多数国家（地区）缺乏石油资源，大多数国家在不同程度上依赖进口石油发展经济。

8.2.1.2 世界石油贸易量稳定增长

自 2000 年以来，世界石油日均贸易量保持 3.3% 的增长速度，2008 年下半年受全球金融危机影响，石油日均贸易量有所减少，但到 2010 年仍然增加到 5 351.0 万桶/日，比 2000 年增长了 23.4%。2010 年之后，世界经济逐渐复苏，全球石油贸易量保持了相对稳定的发展趋势，如表 8.5 所示。

表 8.5　2000—2014 年世界石油贸易量　　单位：万桶/日

年份	贸易量
2000	4 337.1
2001	4 478.7
2002	4 461.3
2003	4 675.2
2004	4 929.0
2005	5 118.2
2006	5 256.1
2007	5 555.4
2008	5 462.6
2009	5 233.3
2010	5 315.0
2011	5 416.0
2012	5 474.8
2013	5 624.3
2014	5 673.6

资料来源：BP Statistical Review of World Energy 2015。

8.2.1.3 国际石油贸易具有很强的垄断特征和浓厚的政治色彩

石油是一种应用极为广泛的重要战略资源。长期以来，谁垄断了世界石油生产和销售，谁就在世界政治经济发展中处于有利地位。特别是中东产油国与西方石油消费大国的经济、政治、军事和外交结为一体，围绕石油贸易充满了利益斗争和政治色彩。

8.2.2 大国主导的世界石油统一市场已经形成

自 20 世纪 90 年代末，世界经济进入了多元化的发展阶段。在经济全球化的背景下，世界石油市场的垄断格局逐渐被打破。由西方主要石油消费国和中东主要产油国组成的世界石油市场格局被以美国为主导、多元化的世界市场所代替。俄罗斯、非洲在世界石油市场的地位显著提高。国际石油市场的竞争程度明显增强，石油贸易量显著增加，这些变化使得石油期货市场得以建立，并迅速发展。纽约商品交易所和伦敦国际石油交易所成为全球最具影响、规模最大的石油期货市场，其价格成为全球石油市场价格的风向标。由石油期货市场、准现货市场等构成的多层次的世界石油统一市场格局初步形成。

8.2.3 国际石油价格波动剧烈

从图 8.2 可以看出，2001 年之前国际石油价格虽有波动，但基本上处于平稳状态。自 2001 年美国发生"9·11"事件后，国际市场石油价格波动剧烈，原油价格在短时期内急剧上升，布伦特原油期货价格一度达每桶 31.05 美元。自此以后，国际油价一直处于上升态势，2008 年突破 100 美元/桶大关，并在 2008 年 7 月达到历史最高点 147 美元/桶。之后，国际油价一度回落，直至 2009 年 7 月以后，油价再度回升。2010 年 5 月—9 月，受欧洲主权债务危机等因素影响，国际油价在低位徘徊，油价月均维持 73~76 美元/桶。自 2010 年 10 月以来，受美联储量化宽松货币政策影响，国际油价持续上涨。而且 2011 年初，中东、北非的动乱局势进一步加剧了市场担忧，导致油价继续大幅上升。

2014 年 6 月，国际油价创出全年最高点，布伦特油价达到每桶 115.06 美元，可到下半年油价急速下降，布伦特油价跌至每桶 57.33 美元，较年内高点下跌了 50.2%。如图 8.3 所示，自 2014 年国际油价高位下跌后，2015 年油价延续了 2014 年下跌的走势。

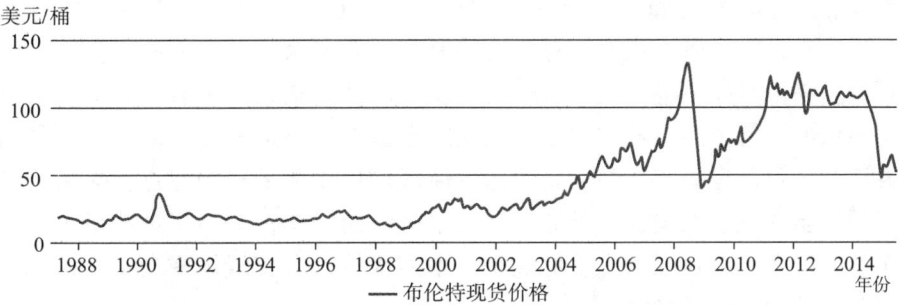

图 8.2　1988－2015 年欧洲布伦特原油现货离岸价走势图

数据来源：美国能源署 EIA：www.eia.gov。

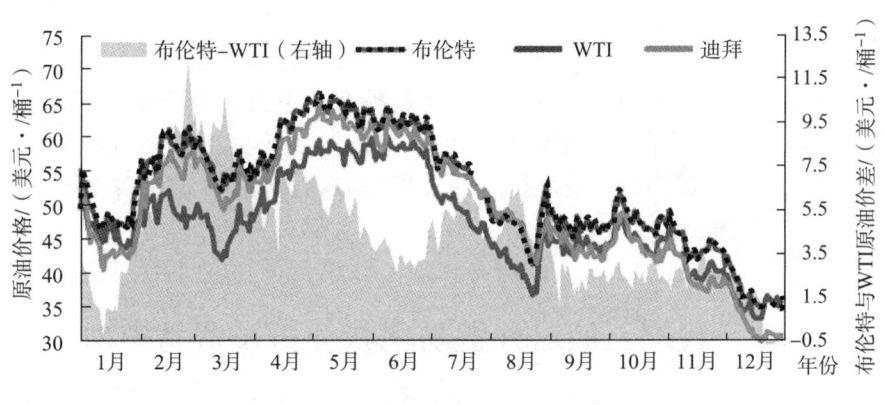

图 8.3　2015 年国际原油价格走势图

数据来源：路透社。

8.2.4　国际石油进出口及流向分布相对集中

从石油净进出口情况看，美国、欧洲、亚太地区是主要的石油流进地，而中东、俄罗斯、非洲是主要的石油流出地；从流向来看，中东的大部分石油流向亚太，俄罗斯和北非的石油主要流向欧洲，西非石油主要流向美国。

8.2.5　国际石油贸易形成了以海洋运输为主的庞大的运输体系

国际石油贸易运输体系涉及范围广，它由数十万公里的管道、数百个港口、数千艘油轮和庞大航线网构成。当前世界石油运输方式主要有海运、铁路运输和管道运输。海洋运输具有运输量大、运费低的优点，因此石油贸易以海路运输为主，管道运输次之。从运输成本上看，海运成本也是最低的，管道运输成本次之。但铁路运输在调整运输量方面具有很强的灵活性。目前世界三条最主要的运输航线均以中东港口为起点：一条通过好望角至西欧、北美；一条通过马六甲海峡至日本；一条穿过苏伊士运河至西欧、美国。这三条主干航线与一系列支线及分支线纵横交错，构成了国际石油贸易运输网络。

8.2.6 石油贸易方式多样化

目前，国际石油贸易由长期供应合同、现货合同、准现货合同和期货交易等多种贸易方式构成。传统准现货贸易方式主要有易货贸易、回购贸易、以油换油、以油抵债的，在市场需求疲软的形式下，还有延长付款期、减免运费和保险费、贷款换石油等折扣方式。另外，近年来石油期货交易规模增长迅速。

8.3 我国石油对外贸易现状分析及贸易模型

8.3.1 我国石油对外贸易的发展进程

我国石油对外贸易发展可以分为三个阶段：第一阶段是从1949年到1960年，中国石油资源供给完全依赖国外进口。第二阶段是从1961年到1992年，由于我国石油地质勘探取得突破，相继发现了大庆、辽河等大油田，石油工业快速发展，彻底摆脱了依赖进口石油资源的局面，实现了石油自给自足，进而我国进入石油出口增长阶段。1979年之后，我国的石油出口量虽然也在不断增长，但是增速不断下降。1993年我国从石油净出口国变成石油净进口国；1996年我国从原油净出口国变成原油净进口国，净进口量逐年增加，自此我国石油对外贸易进入了国内石油供需缺口不断扩大，石油进口量逐年增长的第三个阶段。

8.3.2 我国石油对外贸易方式分析

我国主要采用签订短期合同的方式进口原油,长期合同数量虽然有所增加,但与短期合同相比比例还很小。以签订短期合同为主要方式进口原油存在一定的风险,例如短期合同受国际油价波动的影响大,在油价大幅上涨时进口原油将耗费大量的外汇储备,同时短期合同稳定性较差,不能形成稳定的石油供给,将危及我国的石油安全。同时,世界各国对石油资源的争夺异常激烈,仅靠短期合同,不能形成稳定的石油供给,我国石油供给可能会面临中断的危险。

8.3.3 我国石油进口分布分析

我国石油进口来源主要集中在中东和非洲。2014 年,我国进口石油的主要来源国家依次是沙特阿拉伯、安哥拉、俄罗斯、阿曼、伊拉克和伊朗等六个国家,占我国进口总量的 68%,其中中东国家石油占我国进口总量的 48%。近年来,我国石油进口的另一个显著特点是:我国从欧佩克国家进口的原油量一直保持增长态势。

表 8.6 2014 年中国石油进口分布表   单位:百万吨

来源	数量	来源	数量
沙特阿拉伯	49.7	巴西	7.0
安哥拉	40.6	澳大利亚	2.7
俄罗斯	33.1	尼日利亚	2.0
阿曼	29.7	加蓬	1.6
伊朗	27.5	利比亚	1.0
伊拉克	28.6	厄瓜多尔	0.7
委内瑞拉	13.8	其他国家及地区	59.4
科威特	10.6		

资料来源:BP Statistical Review of World Energy 2015。

8.3.4 我国石油贸易运输方式

通过分析可以发现，我国进口石油除一部分从俄罗斯和哈萨克斯坦进口通过管道、铁路运输外，绝大部分是通过海上运输实现的，其中海上石油运输又必须通过马六甲海峡（如表 8.7 所示）。另外，我国进口石油的海上运输主要依靠国外航运公司，国内船东所承运的进口原油为 680~700 万吨，仅占我国进口原油的 10% 左右。

我国石油进口的海上运输路径是主要经由波斯湾（经霍尔木兹海峡）—印度洋—马六甲海峡—南海线路，其中，霍尔木兹海峡和马六甲海峡是我国从中东和非洲进口石油的必经之地，是我国石油贸易重要的运输通道，这一运输路线的周边环境复杂，存在巨大的安全隐患。

表 8.7 中国石油进口的主要交通运输路线

铁路运输路线	
俄罗斯	贝加尔斯克—满洲里
哈萨克斯坦	哈萨克斯坦—中哈边境阿拉山口
管道运输	
哈萨克斯坦	里海的阿特劳—阿克纠宾—中哈边界阿拉山口
俄罗斯	俄罗斯远东管道斯科沃罗季诺分输站—大庆
缅甸	缅甸若开邦马德岛—中国西南地区
海洋运输路线	
中东	波斯湾—霍尔木兹海峡—马六甲海峡—台湾海峡—中国
西非	北非—地中海—直布罗陀海峡—好望角—马六甲海峡—台湾海峡—中国
东南亚	马六甲海峡—台湾海峡—中国
委内瑞拉	巴拿马运河—太平洋—中国

8.3.5 中国石油贸易模型

为了科学地分析我国石油进口贸易，建立封闭—开放条件下的中国石油贸易模型，并对我国改革开放前后的石油贸易形势做进一步的解释。

8.3.5.1 模型假定条件

1) 石油属于矿产能源，为不可再生性资源，即其总供给在相当长时间内可视作是不变量。由此假设在封闭经济条件下，我国石油的供给曲线、资源约束曲线垂直并且重合，如图 8.4 所示。

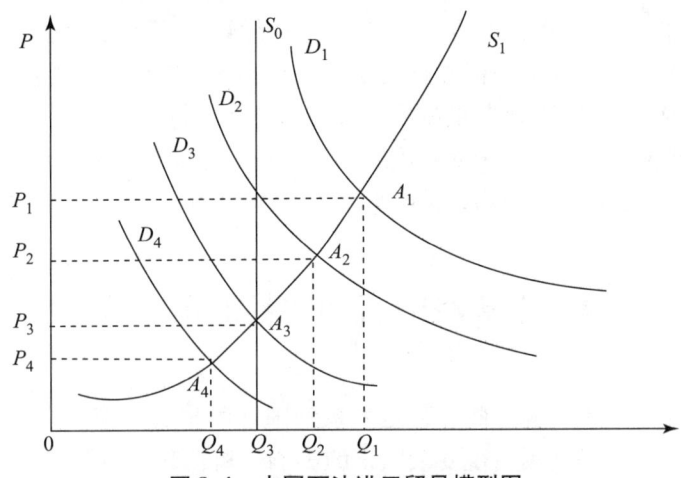

图 8.4　中国石油进口贸易模型图

2) 在开放经济条件下，我国石油国内供给不足可以由进口石油补充，因此此时的供给曲线将是有弹性的，为向上弯曲的曲线，假设符合古典经济学中的供给曲线性质，如图 8.4 中的 S_1 所示。

3) 20 世纪 90 年代以来，随着经济的高速增长以及经济结构的转变，我国的石油消费大幅度增加，1993 年之后成为石油净进口国。我国石油消费曲线满足古典经济学理论中的需求曲线性质，即为一系列向右下弯曲的曲线，即图 8.4 中的 D_1、D_2、D_3、D_4。

8.3.5.2 中国石油进口贸易模型

如图 8.4 所示，改革开放前我国石油供给曲线可近似认为是 S_0，我国石油基本可以自给自足，也就是封闭条件下我国石油平衡的条件，可以看作是 S_0 与 D_4 的交点。此时我国经济发展水平较低，石油消费量与价格水平都保持在较低水平。

改革开放以后，随着我国经济的迅速发展，对石油的消费需求也大幅度增加，表现在图中便是石油需求曲线不断向右移动，即沿 D_4、D_3、D_2、D_1 移动。同时，石油供给曲线也变得富有弹性，即图 8.4 所示 S_1。S_1 与各供给曲线的交点分别为 A_4、A_3、A_2、A_1，代表不同时期我国石油市场的供需平衡点。其中 A_4、A_3 代表的时期是 1978 年到 1993 年，此时我国可以实现石油自给自足并有出口，并在 1985 年达到出口量的最大值；A_3、A_2 代表的时期是 1993 年到 2000 年，1993 年开始中国成为石油的净进口国，到 2000 年原油进口突破 7 000 万吨；A_2、A_1 代表 2000 年至今，石油进口量增长加速，并在 2002 年超过日本成为世界第二大石油进口国。从价格水平来说，虽然国际石油价格一直波动，但是其总的趋势是向上的。

今后国内石油产量增加的幅度不大，而消费量将会继续攀升，即我国今后新增的石油需求量几乎全部要依靠进口，石油的缺口将进一步加大。这一状况使得我国石油对外贸易动员的难度越来越大，提高动员效率迫在眉睫。

8.4　影响我国石油贸易的因素分析

石油作为一种资源性商品，是关系到国计民生和国家安全的重要战略物资，其国际贸易受到多重复杂因素的影响，概括起来主要有以下几个。

8.4.1　世界经济形势

从历史发展进程来看，世界经济的发展状况会对石油需求造成很大影响，1973 年以来发生的几次经济危机就说明了这点，这些经济危机曾导致世界石油需求出现持续的负增长，1973—1975 年的第一次经济危机使得世界石油需求连续 2 年出现负增长，1979—1982 年经济危机甚至导致世界石油需求连续 4 年出现负增长，1997—1999 年亚洲金融危机使得世界石油需求连续 2 年增长缓慢，亚太地区出现负增长，2008 年的金融危机也或多或少地影响到了 2009 年的石油贸易。

8.4.2　国际地缘政治因素

石油已经不是一种简单的经济商品，它更是一种战略物资，是政治商品。石油资源争夺的背后往往是国与国之间的较量。纵观历史，每次石油价格的大幅波动都受到政治因素的影响。从第一次石油危机至今，国际石油市场呈现出欧佩克（OPEC）和非欧佩克石油生产国、石油消费国及石油公司相互制约的格局，这使得政治因素在石油贸易中扮演了重要角色。

几乎所有的战争冲突归根结底都是为了争夺对稀有资源的控制权，近几十年来由于争夺石油资源而发生的冲突屡屡上演。我国自1993年成为石油净进口国之后，石油需求急剧增长。我国石油消费的增长一直为世界瞩目，美国、日本等国已经把我国视为争夺世界石油资源的主要对手。

8.4.3　国家之间对石油资源的竞争与合作

在国际石油市场，世界主要石油出口地区都是石油资源比较丰富的地区，如中东、俄罗斯、非洲、中南美洲等，世界石油主要进口地区都是石油供需缺口较大的地区，如亚太、欧洲、北美地区等。我国石油资源比较稀缺，如果遇到突发事件，出现石油供需缺口较大的情况，那么就要寻求国外的石油资源。由于石油资源对每个国家的政治经济生活具有重要影响，石油应急贸易意义重大。但是石油资源是有限的，国与国之间围绕石油的竞争就在所难免，博弈时时存在。

8.4.3.1　中日在世界范围争夺石油资源

日本虽然是经济强国，但石油资源极度匮乏，因此日本几乎所有的石油资源都要依赖进口，这种情况导致日本的石油贸易依存度非常高，石油贸易的发展严重制约着其国内经济的发展。日本积极寻求国外石油资源，进入国际石油市场的时间比较早。近几年随着我国经济的不断发展，对石油需求不断加强，使得我国对海外石油资源的依赖不断增长，尤其是当发生突发事件导致出现较大石油供需缺口时，我国就更需要开展应急对外贸易，从其他国家进口石油。我国和日本都缺少石油这种资源，而且两个国家进口的来源相似，加上其他政治经济因素的共同影响，就使得中日两国对石油资源的竞争变得越来越激烈。

8.4.3.2　中印石油贸易和投资竞争愈演愈烈

近年来印度凭借出色的科技发展成为经济快速增长的国家之一，随之对石油资源的需求也在不断增长，超过了国内自身的生产能力，因此也需要靠进口来弥补。近两年印度的石油产量只能满足国内需求的三成，大约七成的石油需求需要进口来满足。面对严峻的石油供需形势，同样作为经济高速发展的发展中国家，我国和印度均面临石油供给的瓶颈问题。为确保满足各自的石油资源需求,中印两国的在石油贸易和石油投资项目上的竞争愈演愈烈。

8.4.3.3 中美在石油领域成为战略竞争对手

中国和美国都是石油消费大国,两国不可避免地竞争全球的石油资源。中国与美国的石油进口来源地非常相似,都主要集中在中东和非洲等石油富集的地区。美国作为经济强国,企图建立国际能源新秩序,控制国际石油市场,牵制其他国家的石油贸易,对中国更是意图遏制。在这种情况下,如果我国发生突发事件,出现较大的石油供需缺口,需要进行应急石油进口贸易时,美国很有可能会阻碍我国石油进口,从而会对我国石油对外应急贸易动员产生干扰和影响。

8.4.4 汇率利率变化

近年来,我国石油企业的海外业务发展迅速,石油贸易规模不断壮大,业务范围涉及多个领域,结算涉及美元、英镑、欧元等几十种货币。在这种情况下,各种货币的汇率变化对我国石油对外贸易的影响日益显现出来。近几年人民币汇率的上调对我国的石油对外贸易起到了正面积极的作用——人民币汇率上升,有利于我国进口石油,降低石油进口贸易的成本。

8.5 我国石油对外应急贸易动员国家潜力分析和动员手段分析

8.5.1 我国石油对外应急贸易动员国家潜力分析

当我国发生重大突发事件而国内的石油资源储备量不足以应对时,就需要向其他国家或地区进口石油以满足我国石油资源的超常规需求。但是,临时性增加石油进口有别于常态下的进口。开展相关研究首先要从分析我国石油进口潜力入手,确定我国石油对外贸易动员的重点动员潜力,以便更好地满足我国石油紧急需求量,提高石油对外贸易动员的效率。这里运用聚类分析的方法分析这些石油出口国的贸易动员潜力。

8.5.1.1 样本及变量的选取

本书以 BP、EIA 和 OPEC 等 2010 年发布的数据为基础，选取 2010 年出口我国石油量排名前 20 位、具有贸易动员潜力的国家作为样本，以资源储量、产量、出口量和出口中国量 4 个指标为变量。当我国发生突发事件需要大量的石油，而我国石油供需存在较大缺口时，就需要开展石油对外贸易，向其他国家进口石油，这往往需要在很短的时间内完成应急石油进口，这样才能取得石油对外贸易动员的效果。根据资源储量和产量这两个指标，可以知道这些国家的石油资源丰富程度，而通过出口量和出口中国量这两个指标，可以知道这些国家可供出口中国石油的潜力，因此选取资源储量、产量、出口量以及出口中国量这四个指标为变量可以在一定程度上提高我国石油对外贸易动员的效率，如表 8.8 所示。

表 8.8　贸易动员潜力聚类分析数据样本表　　单位：万吨

国家	储量	产量	出口量	出口中国量
沙特阿拉伯	363 000	46 780	43 644	4 463
安哥拉	18 000	9 070	9 001	3 938
伊朗	188 000	20 320	12 001	2 132
阿曼	7 000	4 100	2 969	1 587
俄罗斯	106 000	50 510	27 153	1 525
苏丹	9 000	2 390	1 519	1 260
伊拉克	155 000	12 040	9 551	1 124
哈萨克斯坦	55 000	8 160	6 726	1 005
科威特	140 000	12 250	11 746	983
巴西	20 000	10 570	2 851	805
委内瑞拉	304 000	12 660	10 911	755
利比亚	60 000	7 750	7 711	737
阿拉伯联合酋长国	130 000	13 080	13 501	529
刚果共和国	3 000	1 510	1 206	505
也门	3 000	1 250	1372	402
澳大利亚	4 000	2 380	1 560	287
马来西亚	8 000	3 210	2 560	208
哥伦比亚	3 000	3 990	1 470	200
阿尔及利亚	15 000	7 770	9 456	175
印度尼西亚	6 000	4 780	1 610	139

数据来源：BP、EIA 和 OPEC 等 2010 年发布的数据整理而成。

根据以上数据，运用 SPSS 进行系统聚类，得出图 8.5 树形图。

```
                CASE          0         5        10        15        20        25
    Label        Num    +---------+---------+---------+---------+---------+

哥伦比亚          18    -+
印度尼西亚        20    -+
澳大利亚          16    -+
马来西亚          17    -+
刚果共和国        14    -+
也门              15    -+---------------+
阿曼               4    -+               |
苏丹               6    -+               |
哈萨克斯坦         8    -+               |
利比亚            12    -+               |
巴西              10    -+               +------------------------+
阿尔及利亚        19    -+               |                        |
伊拉克             7    -+               |                        |
科威特             9    -+               |                        |
阿拉伯联合酋长国  13    -+-+             |                        |
伊朗               3    -+ +------+      |                        |
委内瑞拉          11    ---+      +--------+                      |
安哥拉             2    ----------+                               |
沙特阿拉伯         1    ------------------------------------------+
俄罗斯             5    ----------+
```

图 8.5　聚类分析树形图

8.5.1.2　聚类分析结果分析

根据聚类分析的结果，可将这 20 个样本国家大致分为 3 类：动员潜力较大国家、动员潜力一般国家以及动员潜力较小国家。

动员潜力较大的国家有沙特阿拉伯和俄罗斯，这类国家石油储量大，出口量占产量比重大，且出口中国量也很大。

动员潜力一般的国家有伊朗、委内瑞拉、安哥拉和阿拉伯联合酋长国，这类国家石油储量较大，出口量绝对量很大，但相对量不高，有动员的空间。

其余为动员潜力较小的国家，如科威特、哈萨克斯坦、利比亚等国家，这类国家石油储量和出口量都较小，出口中国的相对量也较小，动员潜力较小；虽然，苏丹、刚果共和国以及阿曼等国家的石油储量和出口量都较小，但是出口中国的相对量却很大，如苏丹达到了其全部出口量82.9%，急时可以优先考虑从苏丹动员进口石油。

8.5.2 我国石油对外贸易动员手段分析

石油是一种战略资源，石油的供给情况关系到国家的经济安全。石油进口价格的高低会对其他行业的产品成本产生影响，进而对我国国民经济产生促进或阻滞作用。本章研究的主要目的是通过对石油对外贸易动员手段的分析，找出石油进口最优组合模型，确定最合理的组合购买策略，进而保障我国能以合理的价格和较低的成本满足石油对外贸易动员需求。

如图 8.6 所示，石油贸易动员手段主要有三种：石油期权交易、石油期货交易以及石油现货交易。这三种方式各有利弊，需要将三种贸易动员手段结合在一起，扬长避短，使组合后的石油贸易费用最低，节省国家财政开支。

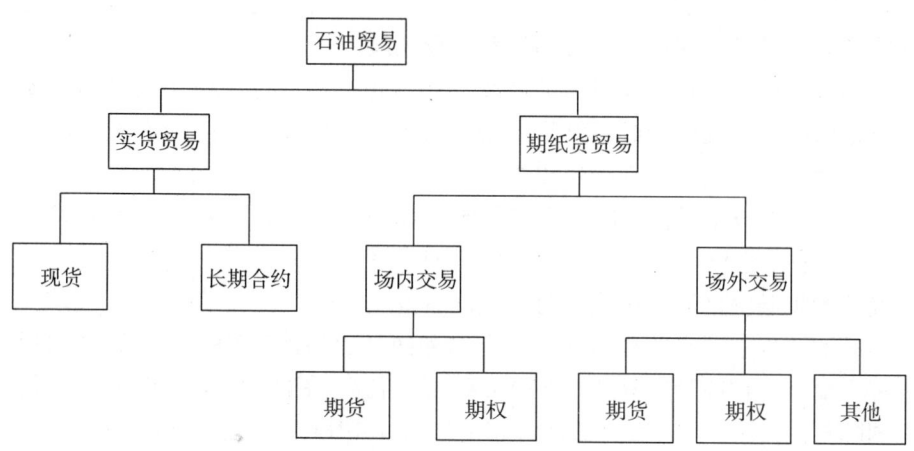

图 8.6　主要石油贸易方式

8.5.2.1　石油现货

石油危机前，现货贸易占石油贸易的比重不到 5%，是世界石油供应的剩余市场即长期合同的超产部分。20 世纪 70 年代爆发的石油危机促进了现货贸易的发展。现货市场价格逐渐成为消费国制定石油政策的依据。

现货市场由剩余市场演变为反映石油生产、加工成本和利润的边际市场。20世纪80年代以来，现货市场更加繁荣，石油市场出现了供过于求、油价下跌的局面，更多的交易走向现货市场，固定价格的长期合同面临困境，出现了现货市场价格与长期合同挂钩的做法，并成为目前世界石油市场广泛采用的合同模式。

现货贸易的形式主要有物物交换、即期现货交易、近期现货交易和远期现货交易等四种。现货交易主要是通过招投标或双方协商的方式签订合同（包括长期合同和即期现货采购合同），并以实物交割方式来完成合同。

从动员角度来看，石油现货的优点是动员效率高，可以即买即用，可以较快地满足石油贸易动员的需求；但是，由于贸易动员的需求量一般都很大，这时可能会受到价格波动的影响。

8.5.2.2 石油期货

期货交易是指在商品交易所通过公开竞价买卖期权标准合约，并在合约到期前通过平仓或进行实物交割来完成合约的交易方式。在期货交易中，实物交割量一般仅占总成交量的3%以下。期货交易的主要目的不是获得商品，而是实现价格发现和规避市场风险。

期货市场是现货市场发展的高级形式，是一种发达的信用经济运行方式，是商品经济发展的必然结果。期货市场更是由商品衍生交易发展起来的，而商品衍生交易出现的历史极为悠久，最早可以追溯到古希腊与古罗马时代。自从美国芝加哥期货交易所（CBOT）和英国伦敦金属交易所（LME）先后于1848年、1874年创立以来，期货市场已经成为发达国家生产经营者规避价格波动风险不可或缺的有效工具。

石油期货主要有两种原油期货合约和四种成品油期货合约。原油期货品种主要是纽约商品交易所（NYMEX）的西德克萨斯中质油（WTI）和伦敦国际石油交易所（IPE）的北海布伦特油（BRENT）。成品油期货有纽约商品交易所的无铅汽油、取暖油，伦敦国际石油交易所的轻柴油和新加坡金融交易所（SIMEX）的燃料油。

从动员角度来看，石油期货具有价格发现和套期保值的功能。首先，期货价格可以综合反映出供求双方对未来某个时间的供求关系和价格走势的预期，这种价格信息增加了市场的透明度，有助于提高资源配置的效率，并且提高动员效率，减少动员成本。其次，石油期货的套期保值功能体现在通过石油期货市场买入石油期货合约，以防止因现货价格上涨而遭受损失。由于一般石油贸易动员需求量都很大，很容易受到价格上涨风险的影响，而石油期货的套期保值功能可以帮助锁定价格，减少价格波动风险。

8.5.2.3　石油期权

期权又称为选择权，是在期货的基础上产生的一种衍生性金融工具。在期权交易时，购买期权的一方称作买方，而出售期权的一方则叫作卖方；买方即是权利的受让人，而卖方则是必须履行买方行使权力的义务人。

从动员角度来看，石油期权具有增加石油购买量柔性的作用。因为当买入石油期权时，就获得了到期执行该权利的选择权利，买方有执行的权利也有不执行的权利，如果石油现货价格大于执行价格则选择执行该权利，否则不执行。这样就多了一定的数量柔性，并且也减少了价格波动风险，从而提高石油贸易动员的效率。

8.6　我国石油对外应急贸易动员的组合贸易模型构建

8.6.1　马柯维茨投资组合模型

H. Markowitz 于 1952 年发表的论文《证券投资组合选择》，标志着现代金融投资理论的开始。该论文中提出的均值—方差资产选择模型，成了一种重要的投资组合计量模型。他提出了用资产收益率的期望来度量预期收益，用资产收益的标准差来度量风险的思想，是最先对资产进行量化的模型。马柯维茨证券组合理论认为：投资者进行决策时总希望用尽可能小的风险获得尽可能大的收益，或在收益一定的情况下，尽可能地降低风险。

8.6.1.1　马柯维茨理论的基本假设

1）可以在投资者面前呈现每一项投资在一段时期内预期收益的概率分布，即投资者用其收益的概率分布来描述一项投资。

2）投资者为理性的个体，服从不满足和风险厌恶的假设，投资者的目标是单期效用最大化,而且他们的效用函数呈现边际效用递减的特点。

3) 投资者以投资的预期收益波动性来估计投资的风险。

4) 投资者仅依靠预期的投资风险和收益来做出投资决定,所以他们的效用函数只是预期风险和收益的函数。

5) 在给定预期风险后,投资者偏好更高的预期收益;另一方面,在给定预期收益后,投资者偏好更低的风险。

6) 市场是完全的,即市场不存在交易费用和税收,不存在进入或者退出市场的限制,所有的市场参与者都是价格的接受者,市场信息是有效的,资产是完全可以分割的。

8.6.1.2　投资组合的预期收益和预期风险

根据马柯维茨理论的前提假设:投资者仅依靠投资的预期收益和预期风险来做出决定。下面介绍预期收益和风险的表示方式。

(1) 期望收益率

单一证券的期望收益率表示为:E_i。

(2) 证券组合的期望收益率

在了解了单一证券的期望收益率后,就可以计算证券组合的期望收益率了。E_p表示包含在组合中各种资产的期望收益率的加权平均数,其表达式为:

$$E_p = \sum_{i=1}^{N} x_i E_i \tag{8.1}$$

式中,E_p——投资组合的期望收益率;

E_i——组合中投资证券i的期望收益率;

x_i——组合中证券i所占的比例,即权数;

N——组合中证券的种类。

(3) 预期风险

风险本身有多种含义,并随着时间的推移,风险的含义也在不断地发展变化。在马柯维茨理论中,把风险定义为投资收益率的波动性。收益率的波动性越大,投资的风险就越高。收益率的波动性,通常用标准差或方差表示。

标准差是各种可能的收益率偏离期望收益率的综合差异,是用来衡量证券收益的风险程度的重要指标,标准差越大,证券的风险也就越大。

单一证券i的预期风险及方差和标准差的计算公式如下。

方差:

$$\sigma_i^2 = \sum_{i=1}^{N} [E_i - E_p]^2 \quad (8.2)$$

标准差：

$$\sigma_i = \sqrt{\sum_{i=1}^{N} [E_i - E_p]^2} \quad (8.3)$$

证券组合的风险不仅与每种证券的风险有关，而且证券之间的相互关系也会对组合的风险产生影响。证券之间相互影响产生的收益的不确定性可以用协方差 σ_{ij} 来表示。协方差是衡量两个随机变量例如证券 i 的收益率和证券 j 的收益率之间的互动性的统计量。

如果两种证券之间的协方差为正值，表明两种证券的收益率倾向于同一方向变动，即一种证券的实际收益率高于期望收益率的情形可能伴随着另一种证券相同的情形发生。如果两种证券之间的协方差为负值，则表明两种证券之间存在着一种反向的变动关系，一种证券的收益率上升可能伴随着另一种证券收益率的下降。一个相对较小或者为零的协方差则表明两种证券的收益率之间只有很小的互动关系或者没有任何互动关系。证券之间的协方差越大，那么由它们构成的证券组合的风险也就越大。

投资组合的预期风险的公式为：

$$\sigma_p^2 = \sum_{i=1}^{N} \sum_{j=1}^{N} x_i x_j \sigma_{ij} \quad (8.4)$$

或

$$\sigma_p^2 = \sum_{i=1}^{N} x_i^2 \sigma_i^2 + \sum_{i=1}^{N} \sum_{N} x_i x_j \sigma_{ij} \quad (8.5)$$

8.6.1.3 马柯维茨的投资组合模型

根据投资者均为理性经济人的假设，马柯维茨理论认为投资者在证券投资过程中总是力求在收益一定的条件下，将风险降到最小；或者在风险一定的条件下，获得最大的收益。为此，马柯维茨提出了以下两种单目标的投资组合模型。

（1）在收益一定的条件下使风险最小

$$\min \sigma_p^2 = \sum_{i=1}^{N} x_i^2 \sigma_i^2 + \sum_{i=1}^{N} \sum_{N} x_i x_j \sigma_{ij}$$

$$\text{s. t.} \begin{cases} \sum_{i=1}^{N} x_i = 1 \\ x_i \geq 0, i = 1, 2, \cdots, N \end{cases} \quad (8.6)$$

（2）在风险一定的条件下使收益最大

$$\max E_p = \sum_{i=1}^{N} x_i E_i$$

$$\text{s. t.} \begin{cases} \sum_{i=1}^{N} x_i = 1 \\ x_i \geqslant 0, i = 1,2,\cdots,N \end{cases} \tag{8.7}$$

8.6.2 数据选择

本书以 BP、EIA 和 CFTC 等 2011 年发布的数据为基础，经整理得到 WTI 原油离岸现货价、WTI 国际石油期货价格以及 NYMEX 石油期权执行价格，分别如图 8.7、图 8.8、图 8.9 所示。

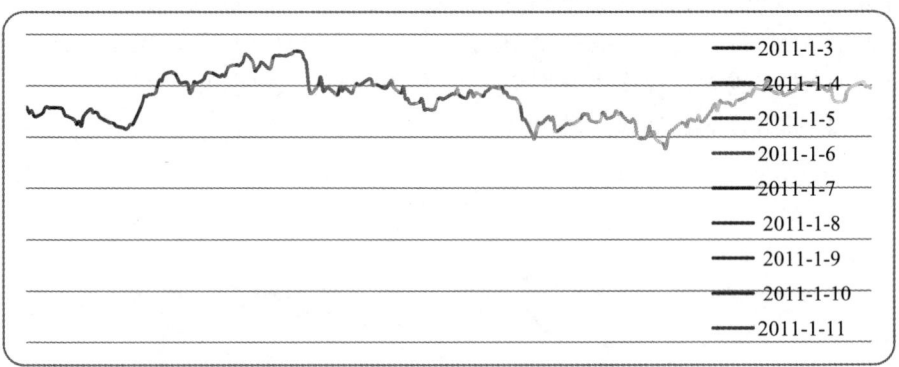

图 8.7　2011 年 WTI 原油离岸现货价

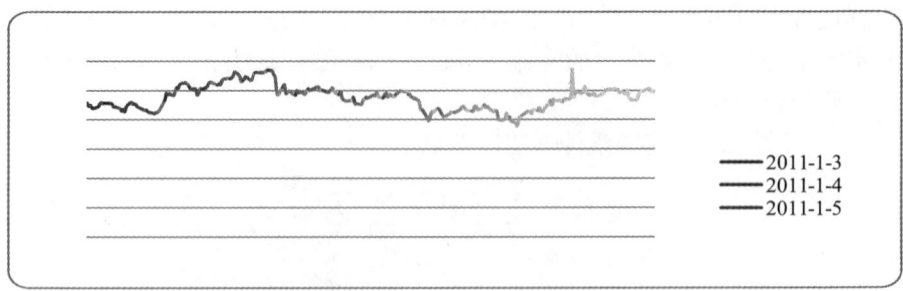

图 8.8　2011 年 WTI 国际石油期货价格

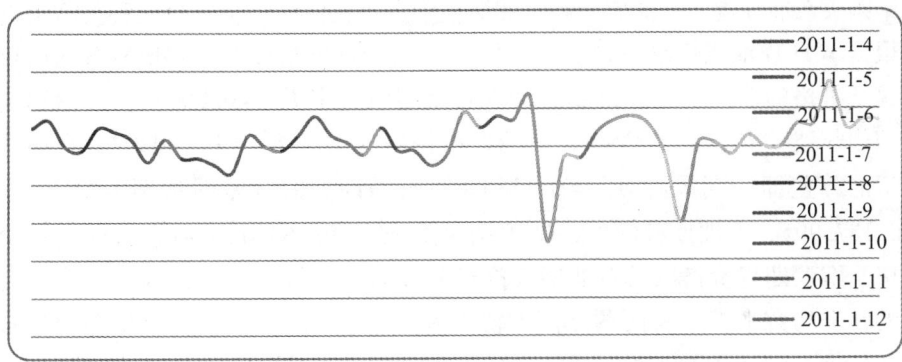

图 8.9　NYMEX 国际石油期权执行价格

数据来源：以上数据均以 BP、EIA 和 CFTC 发布的数据为基础经整理得到。

8.6.3　模型建立

马柯维茨投资组合的目标模型有两种，即：

（1）在收益一定的条件下使风险最小

$$\min \sigma_p^2 = \sum_{i=1}^{N} x_i^2 \sigma_i^2 + \sum_{i=1}^{N} \sum_{N} x_i x_j \sigma_{ij}$$

$$\text{s.t.} \begin{cases} \sum_{i=1}^{N} x_i = 1 \\ x_i \geq 0, i = 1, 2, \cdots, N \end{cases}$$

（2）在风险一定的条件下使收益最大

$$\max E_p = \sum_{i=1}^{N} x_i E_i$$

$$\text{s.t.} \begin{cases} \sum_{i=1}^{N} x_i = 1 \\ x_i \geq 0, i = 1, 2, \cdots, N \end{cases}$$

通过分析可知，模型（1）和模型（2）是等价的，即无论是使用模型（1）还是使用模型（2），得到的投资组合结果都是一样的。本书就以模型（1）为例进行计算。

本书中投资对象有三种，即三种贸易动员手段，x_1、x_2 和 x_3 分别是组合中购买石油现货、石油期货和石油期权所占的比例,组合中投资种类 $N=3$;根据 WTI 原油离岸现货价、WTI 国际石油期货价格以及 NYMEX 石油期权执行价格的数据,可以得到石油现货期望收益率 $E_1=0.00054$,石油期货期望收益率 $E_2=0.000688$,石油期权期望收益率 $E_3=0.000202$;石油现货的方差即预期风险 $\sigma_1^2=0.118536$,石油期货的方差即预期风险 $\sigma_2^2=0.1873995$,石油期权的方差即预期风险 $\sigma_3^2=0.068502$。由于石油现货价格、石油期货价格以及石油期权价格的数据的个数不一致,因此选取各自的月平均数来求三者两两之间的协方差,得到 $\sigma_{12}=\sigma_{21}=0.0000163459$,$\sigma_{13}=\sigma_{31}=-0.00000904398$,$\sigma_{23}=\sigma_{32}=-0.00000954282$。

由以上的数据可得,本书所求的模型为:

$$\min \sigma_p^2 = \sum_{i=1}^{3} x_i^2 \sigma_i^2 + \sum_{i=1}^{3} \sum_{\substack{j=1 \\ j \neq 1}}^{3} x_i x_j \sigma_{ij}$$

$$\text{s. t.} \begin{cases} \sum_{i=1}^{3} x_i = 1 \\ x_i \geq 0, i=1,2,\cdots,N \end{cases},$$

并且 $\sigma_1^2=0.118\,536$,$\sigma_2^2=0.187\,399\,5$,$\sigma_3^2=0.004\,453$,$\sigma_{12}=\sigma_{21}=0.000\,016\,345\,9$,$\sigma_{13}=\sigma_{31}=-0.000\,009\,043\,98$,$\sigma_{23}=\sigma_{32}=-0.000\,009\,542\,82$。

8.6.4 模型求解

对上述模型求解时,可以采用 Lagrange 乘数法,通过构造 Lagrange 函数求解。利用 Lagrange 乘数法,作 Lagrange 函数:

$$L(x_1,x_2,x_3,\lambda) = \sum_{i=1}^{3} x_i^2 \sigma_i^2 + \sum_{i=1}^{3} \sum_{3} x_i x_j \sigma_{ij} + \lambda \left(\sum_{i=1}^{3} x_i - 1 \right)$$

式中,λ 为 Lagrange 乘数。函数 L 对 x_1,x_2,x_3,λ 的偏导数,并令其为零,可得:

$$\begin{cases} L_{x_1} = 2x_1 \sigma_1^2 + x_2 \sigma_{12} + x_3 \sigma_{13} + \lambda = 0 \\ L_{x_2} = 2x_2 \sigma_2^2 + x_1 \sigma_{12} + x_3 \sigma_{23} + \lambda = 0 \\ L_{x_3} = 2x_3 \sigma_3^2 + x_1 \sigma_{13} + x_2 \sigma_{23} + \lambda = 0 \\ L_{\lambda} = x_1 + x_2 + x_3 - 1 = 0 \end{cases}$$

上述方程组共有 4 个未知数 x_1,x_2,x_3,λ 和 4 个方程,因此可以求出 x_1,

x_2, x_3 的解，即：

$$\begin{cases} x_1 = 0.035426928 \\ x_2 = 0.022387727 \\ x_3 = 0.942186345 \end{cases}$$

2011 年我国原油进口总量为 2.5378 亿吨，即 13.9579 亿桶。由 BP、EIA 和 OPEC 的数据整理得到，2011 年国际石油现货平均价为 94.15 美元/桶，石油期货平均价为 95.34 美元/桶，石油期权平均价格为 94.88 美元/桶。2011 年实际的原油进口总支出为 1.967×10^3 亿美元，而根据模型求得的数据可算出 2011 年的石油进口总金额为 1.31478×10^3 亿美元，小于实际支出额，所以模型可行。

本章小结

本章研究聚焦于石油对外贸易动员。首先，构建了我国石油贸易模型，通过模型分析可知，今后国内石油产能增幅不大，而消费量将会继续攀升，即我国今后新增的石油需求量几乎全部要依靠进口满足，石油缺口将进一步加大。其次，对影响我国石油进口贸易的因素进行了分析，这些因素包括：世界经济形势、国际地缘政治因素、国家之间对石油资源的竞争与合作、汇率利率的变化等。再次，对我国石油对外贸易动员的相关问题进行了研究，一是运用聚类分析方法，选取 2011 年出口我国石油前 20 位的国家作为样本，将这些国家分成动员潜力较大国家、动员潜力一般国家以及动员潜力较小国家 3 类。当需要进行石油对外贸易动员时可以参考此分类进行重点动员，提高动员效率。最后，采用马柯维茨投资组合模型，以降低价格波动风险为目标，将石油现货、期货、期权三种贸易动员手段结合，建立了我国石油对外贸易动员的最优贸易组合模型。

参考文献

[1] 梁桂枝. 中国原油进口风险实证分析及战略探讨 [D]. 长沙：湖南大学，2007.

［2］ 忻华. 地缘政治论：世界末的再思考［J］. 国际观察，1999（06）：26.
［3］ 徐小杰. 新世纪的油气地缘政治［M］. 北京：社会科学文献出版社，1998：50 – 60.
［4］ 白泽生，杨志. 石油：世界与中国［M］. 北京：石油工业出版社，2006.
［5］ 侯建卫. 中国石油对外贸易发展战略研究［D］. 北京：首都经济贸易大学，2006.
［6］ 郭爱琴，李紫薇. 中国石油进口贸易及影响因素分析［J］. 知识经济，2007（12）：129 – 130.
［7］ 李延明. 基于经济增长和能源安全双重约束下的中国石油对外贸易策略选择［D］. 北京：对外经济贸易大学，2007.
［8］ 闫文娜，刘慧芳，汪安佑. 国际石油价格形成机制对我国的启示［J］. 资源与产业，2011（05）：23 – 30.
［9］ 张娟. 中国石油对外贸易研究［D］. 北京：中国地质大学（北京），2010.
［10］ 李庆东，李颖. 证券投资分析方法新探索——聚类分析方法应用［J］. 现代情报，2005，（11）：225 – 227.
［11］ Jihai Zhang, Qi Xue, Jing Yang. Research on the Combination of China's emergent oil trade mobilization. WIT Transactions on Information and communicial Technologies, 2013.
［12］ 薛琦. 我国石油对外应急贸易动员策略研究［D］. 北京理工大学，2012.

第9章 石油动员法律体系

石油动员法律法规是平时进行动员准备、战时或急时实施动员、战后复员的法律依据和重要保障。而推进石油动员法制化建设,能够理顺管理体制、规范动员活动,确保动员活动有法可依、高效进行。本章在分析世界各国石油动员法律体系建设现状与特点的基础上,针对我国能源管理与国民经济动员管理的现实需求与特点,提出从健全法律体系结构、完善法律内容、增强法律适用性三个方面完善我国石油动员法律体系的建议。

9.1 石油动员法律法规体系的内涵

9.1.1 石油动员法律法规体系的概念

法律体系指在一个国家里,按照一定的原则和标准划分的同类规范性法律文件所构成的有机整体。法律体系是指由一国现行的各法律部门组成的相互协调、和谐统一、有机联系的整体。建立社会主义法律体系,不仅要求对现有法律按照一定标准和原则进行分类和组合,而且要求根据调整各方面社会关系的需要和法律体系的总体要求,逐步制定和完善门类齐全、体系结构合理的各种法律。[1]

石油动员法律体系是规定国家、部门、行业、企业及个人在石油动员中的责任、权利和义务的法律规范集合。调整对象包括石油动员监管主体、石油产品使用者和石油产品供应者三方。其中监管主体是相关政府部门，如国家发展与改革委员会、国防动员委员会、国家以及各省国民经济动员办公室、国家能源局等。石油产品使用者是危态下的救助对象。石油产品供应者是石油供应企业和相关组织。调整关系是石油动员时序中的各项制度，包括石油储备制度、动员实施流程、复员及补偿流程等。而石油动员法律体系不同于通常意义上的一国法律体系，而是与石油动员相关的一切法律法规组成的、有内在联系的有机整体。具体是指调整石油动员准备、实施、复员全过程的法律规范和法律制度集合。

9.1.2 石油动员法律体系的作用

9.1.2.1 提高石油动员工作的正规化水平

以国家立法的形式把有关石油动员准备、实施、复员的各项方针、政策与程序固定下来，建立统一的法律制度，有利于消除石油动员管理过程中存在的"法律法规政出多门、标准不一、缺乏协调"的现象。同时，也有助于政府部门、企事业单位等主体明确石油动员应当遵循的原则，能够使各主体在石油动员时统一行动，顺利对接，达到较高的正规化水平。

9.1.2.2 提高战时或急时石油动员的效率

战争和突发事件的重要特点之一就是在有限的时间里对石油产品的需求大大增加。而石油动员的核心目的是保障战时或急时石油产品的超常规供给。石油动员法律可以明确石油动员的组织机构、运行机制、应急保障等方面的内容，使得各主体依法开展动员活动，进而提高石油动员的效率。

9.1.2.3 明确社会各界在动员中的权利和义务

石油动员的效率取决于全体公民以及各类社会组织在动员过程中的态度和行为。石油动员法律能够运用法律的强制力，明确社会各界在动员过程中的权利和责任，促进石油动员目标的实现。

9.2 国外石油动员法律体系建设现状与总体特点

9.2.1 国外石油动员法律体系建设现状

国外石油动员相关法律的出现与其他法律相比较晚。早期的能源问题主要是通过制定政策性文件的形式解决。20 世纪 70 年代世界石油危机后，随着对石油紧缺问题认知的不断深入以及开发新能源技术的迫切需要，世界各国的石油动员法律体系日臻完善。

美国是普通法国家，石油动员的相关内容在联邦法律、各州法律及判例中都可以找到。美国的能源法数量极为庞大，涉及能源领域的各个方面，也包括石油动员的重要内容。2005 年美国通过了首部综合性能源政策法规——《2005 年能源政策法案》。该法案着眼于能源的未来方向，同时又确保满足当今的能源需求，它将会对美国未来很长一段时间的能源供需产生深远影响。从宏观上讲，美国石油动员法律体系主要从以下几个方面维护本国石油安全：提供多元化能源供应；加强石油储备；建立石油安全应急反应系统；提高国内石油产量；降低石油进口比例；加强能源领域国际合作；增加能源领域技术研究投入。

欧盟在能源法律体系中，规定了一些石油动员方面的内容。如在石油和天然气的供应与储存方面，规定由于原油和汽油供应困难，应制定降低对主要传统能源依赖程度的共同目标，各成员国政府有保持最小原油或汽油存储量的强制义务。德国 60% 的能源依赖进口，高于欧盟国家的平均水平，而且进口的比例还在不断提高。德国石油动员立法的主要特点之一就是通过多种措施保证石油安全，其中建立石油储备体系是保障石油动员能力的重要手段。1966 年德国开始兴建多元化石油储备体系。1978 年德国颁布了《石油及石油制品储备法》，决定建立石油储备联盟作为联邦直接的储油组织，负责具体管理联邦石油储备。根据《石油及石油制品储备法》，如果市场出现严重的供应短缺，德国联邦经济部可以通过发布紧急投入法令动用石油储备，并就投放量和品种做出决定。法国政府在石油动员领域也制定了一系列法律法规。如通过制定两个紧急反应计划协调发生石油泄漏事件时所采取的救护措施，1989 年通过颁布法令对管道输送石油的安全管理进行规范。

日本针对本国能源储量匮乏和能源需求量大问题，较早地就注重在调控国家能源政策的同时，运用法律对相关能源产业、能源供需制度进行调节和监管。先后对石油、煤炭、电力、天然气等资源的开发和利用进行了规制，通过法律制度强化贯彻国家不同时期的能源政策。20世纪70年代初，日本先后制定了《石油储备法》和《天然气储备法》，通过立法来强制国家和企业储备石油。2002年6月14日施行的《日本能源政策基本法》从宏观上规范了能源管理与动员等诸多方面的工作。

澳大利亚具有较高的能源安全水平。澳大利亚石油、煤炭、天然气储量丰富、储备量大；可再生能源的动员潜力大；能源进口渠道畅通。澳大利亚石油动员法律体系由综合性法律规范及石油单行法组成。综合性能源法律规范有《能源效率法》《（澳大利亚能源市场）贸易惯例法》《澳大利亚能源市场法》等。《石油零售市场建立法》是典型的石油单行法。澳大利亚通过综合性法律和单行法对石油的国内贸易、进出口、储备、利用和动员进行了明确的规定。

9.2.2　国外石油动员法律体系的总体特点

9.2.2.1　通过石油动员立法提供多元化石油供应

国外石油动员法律普遍重视多元化能源供应。如《北美能源自主法》的立法目的是组建北美能源自主委员会，为制定具有协调性和广泛性的北美能源政策提出建议。通过实施该法将使美国、加拿大、墨西哥这三个毗邻的北美洲国家在2025年之前通过多元化供应实现能源自给自足。

9.2.2.2　立足实际需要，开展石油动员立法

美国、德国等国立足本国实际需要开展石油动员立法工作。美国的石油动员立法具有很强的应急性和现实针对性。美国历史上出现过两次石油动员立法高峰，第一次发生在20世纪30年代"大萧条时期"之后的罗斯福新政时期，第二次出现在20世纪70年代中东战争引发的石油危机时期。这两次立法高峰都出现在爆发了全国甚至全球经济危机的背景下，而这两次立法高峰的焦点也都在于化解经济危机给能源领域带来的不利影响。德国自20世纪70年代世界石油危机之后，为分散风险逐渐改变了以石油为主的能源结构，通过一系列的立法工作建立了多元化石油储备体系。

9.2.2.3　各国石油动员相关法律法规具有较强的可操作性

国外石油动员法律体系体现了国家的各项能源政策，这些能源政策每一个具体方面都有一系列的法律条款与之相呼应，并明确了主管部门、财政措施、相关目标和法律责任，具有较强的可操作性。如美国的《2005年能源政策法案》为联邦能源部、环保局、农业部等与能源开发利用相关的政府机构规定了270余项新的责任或授权，要求这些机构依法执行相关规定或开展研究工作。该法案在法律条款上避免了原则性规定，用准确而具体的语言提出规范和要求。具体明确的法律条款可以减少法律上的漏洞和解释上的歧义，方便人们清晰无误地理解法律、遵守法律。

9.2.2.4　建立了多层次石油动员法律体系，综合运用多种动员手段

世界各国都有各自的能源基本法律，其中包含石油动员的相关内容，也存在各种单行法律、法规以及政策文件，构成了相对完善的法律体系。另外，各国普遍注重综合运用多种手段维护能源安全，如各国的重要能源资源都通过法律或法规形式规定了政府储备和民间储备制度。[2]

9.2.2.5　法律先行，为满足能源需求提供制度保证

发达国家的石油动员立法是在遭遇不同程度的能源危机后才大量兴起的，其对能源安全问题的考虑具有战略性和全局性。石油动员立法为石油动员准备、实施、供给和消费提供了制度保证，并以法律形式对逐渐形成的能源战略加以巩固。

9.3　我国石油动员法律体系的现状及存在的问题

9.3.1　我国石油动员法律体系现状

目前，我国石油动员领域还缺少一部专门性法律，石油动员工作主要以能源领域和国防领域的法律、法规作为主要依据。我国最早的石油动员相关法规条款可见于1982年的《中华人民共和国对外合作开采海洋石油资源条例》，其中第二十六条规定："在战争、战争危险或其他紧急状态下，中国政府有权征购、征用外国合同者所得的和所购买的石油的一部或

全部。"多年来，我国石油行业主管部门和立法机构不断加强我国石油法制建设，2001年施行了《石油天然气管道保护条例》，2010年施行了《中华人民共和国石油天然气管道保护法》。

我国法律位阶共分六级，从高到低依次是根本法律、基本法律、普通法律、行政法规、地方性法规和行政规章。我国石油动员法律体系总体结构如图9.1所示。

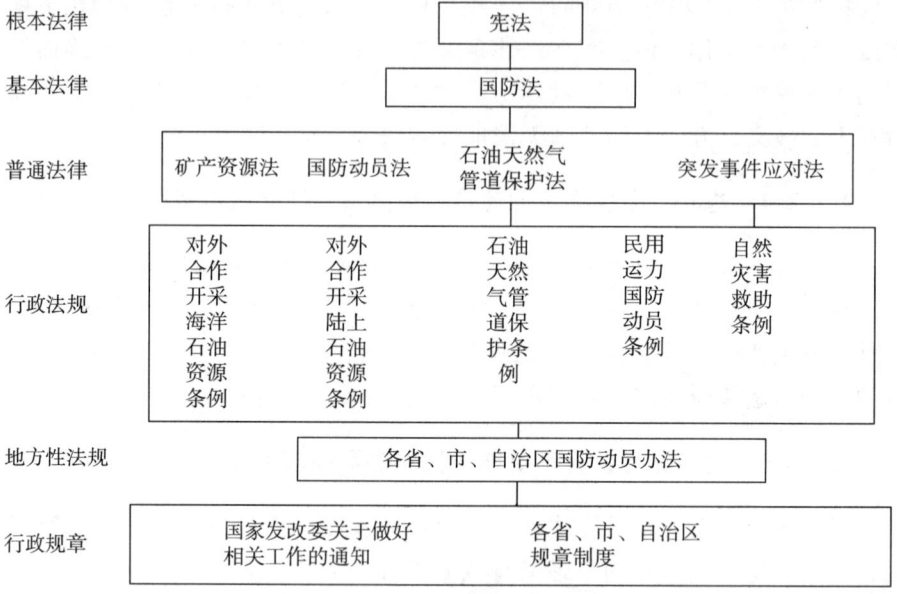

图9.1 我国石油动员法律体系结构

9.3.1.1 根本法律

全国人民代表大会是我国最高国家权力机关，主要负责社会生活中最重要的利益关系的调节工作，即国家权力的归属及其纵向和横向的分工配置（国家权力的组织规范）、公民人权的尊重与保障（公民人权规范）。全国人民代表大会主要通过《中华人民共和国宪法》（以下简称《宪法》）配置国家权力以及保障公民人权。《宪法》作为根本法具有最高的法律位阶，其他任何法律均不能与《宪法》相抵触。《宪法》是包括石油动员法律在内我国所有法律法规的立法基础。

9.3.1.2 基本法律

基本法律的适用和执行主体是国家司法机关和法律授予权力的行政机关。基本法律的调整事项是社会生活中重要的利益归属和配置。世界各国普遍制定《能源法》作为本国能源领域的基本法律，对单行法律起指导和协调作用。《能源法》适用于能源开发利用和管理活动，规定了能源管理体系、能源战略与规划、能源开发与加工转换、能源节约等方面的内容。目前，我国在能源领域尚未出台统一规范各类能源管理活动的基本法律。《中华人民共和国能源法》正处于制定当中，其中也涵盖了能源动员的相关内容。另一项重要的基本法律是《中华人民共和国国防法》，其协调我国国防领域的基本活动关系。

9.3.1.3 普通法律

普通法律由全国人大常委会负责制定和修订。普通法律的制定依据是作为根本法律的《宪法》和《宪法》之下的基本法律。普通法律所调整的事项包容于基本法律调整事项之下，其内容为普通社会关系中的利益问题。石油动员领域的普通法律主要有《中华人民共和国国防动员法》《中华人民共和国突发事件应对法》《中华人民共和国矿产资源法》《中华人民共和国石油天然气管道保护法》等法律。

9.3.1.4 行政法规

行政法规的制定主体是中央人民政府（即国务院）。行政法规可以就下列事项做出规定：一是为执行重要法律制定行政法规事项；二是具体规定宪法规范的国务院行政管理职权事项，如由国务院、中央军事委员会颁布的《民用运力国防动员条例》等。

9.3.1.5 地方性法规、自治条例和单行条例

省级人民代表大会及其常务委员会根据本区域的具体情况和实际需要，在不与《宪法》、基本法律、行政法规相抵触的前提下，可以制定地方性法规。我国绝大部分省、市、自治区均有规范本地区能源管理工作的法规。

9.3.1.6 行政规章

行政规章在法律体系中处于最低的位阶,行政规章分为部门规章和地方规章两种。国务院各部委、中国人民银行、审计署和具有行政管理职能的直属机构,可以根据法律和国务院的行政法规、决定和命令,在本部门的权限范围内,制定部门规章。部门规章规定的事项应当属于执行法律或者国务院的行政法规、决定、命令的事项。

9.3.2 我国石油动员法律体系存在的问题

9.3.2.1 地方法制不统一

由于我国幅员辽阔,省份众多,各省、市、自治区的地质状况、石油储备及利用情况各不相同,发生自然灾害事件的频率差异较大,进而对石油产品的需求程度各不相同。同时,地方法规由各省以及下属市、县的政府部门制定,而地区经济状况、社会发展状况不尽相同,法规制定部门会依据本地的实际情况来制定相应法规,因此形成了地方性法规众多、法制不统一的局面。众多的地方性法规能够补充国家立法上的不足,实现地方政府在石油动员过程中依法动员的目的,但是法制不统一不利于跨区域石油动员的准备与实施工作。

9.3.2.2 石油动员法律体系不健全

在我国,石油、天然气等领域的专门性法律严重缺乏,进而造成我国石油动员法律体系不健全。石油天然气资源是维护国家能源安全的重要战略资源,也是保障经济持续稳定发展的重要基础,尤其需要依法开展相应的工作,但相关法制建设工作极为薄弱。在石油储备和油气田保护等方面,主要以政策性文件为主。目前,仅有的《石油天然气管道保护法》主要针对石油天然气运输安全问题,其他相关问题的立法工作比较薄弱。

9.3.2.3 石油动员相关法律法规操作性不强

我国能源领域的现行法律、法规指导性较强,但操作性较弱。包括石油动员相关法律在内的现行法律实施不力是我国法制建设工作中普遍存在的问题。由于现有能源立法涉及众多领域,其中的内容又"长于原则指导、短于可操作性",在我国经济持续、快速发展过程中愈发显得无法发挥必要的协调与监督作用。从美国的《2005年能源政策法案》中可以看到,美国这部新的能源法不仅内容充实,而且可操作性强,对各项政策目标尽可能的量化,同时还制定了具体的财税措施、管理程序和奖惩办法,通过一系列措施保证立法目标的实现。因此,未来我国石油动员法律体系建设的目标将会更侧重于石油动员的可操作性。

9.4 完善我国石油动员法律体系的建议

根据我国石油动员法律体系建设的现状以及国外石油动员法律体系建设的经验,可以从健全法律体系结构、完善法律内容、增强法律适用三个方面提出完善我国能源动员法律体系的建议。

9.4.1 健全石油动员法律体系结构的建议

9.4.1.1 加强石油动员多层次立法工作

目前我国石油动员法律体系存在的最主要问题是缺乏专项的石油动员法律,石油动员的相关内容分散于各层次法律之中。相关的法律主要有《国防动员法》以及部分单行能源法。由于还没有一部全面体现石油动员战略、原则与方法的专门性法律,难以解决石油动员过程中全局性、战略性的问题。因此,从战略高度出发,应加强多层次石油动员立法工作,解决长期制约石油动员有效开展的综合性问题和关键问题。当前的主要目标是:在基本法方面,制定《中华人民共和国能源法》;在普通法方面,制定《中华人民共和国国民经济动员法》;在专项法方面,制定《中华人民共和国石油动员法(条例)》;在其他层次的法律制定过程中综合考虑石油动员因素。

9.4.1.2 抓紧制定缺失的单行能源法

我国严重缺乏石油、天然气等领域的法律。因此,研究制定《石油天然气法》不仅十分紧迫,而且意义重大。将石油动员、天然气动员等方面的内容列入相关法律,不仅可以为构建能源综合保障体系奠定基础,而且有利于加快我国石油工业的发展,保障石油产品的持续、稳定供应。

9.4.1.3 构建完善的石油动员预案体系

石油动员预案是石油动员管理工作的载体，是保障石油动员目标实现的重要手段。详细而完备的预案体系直接影响石油动员的效果。完善的石油动员预案具有综合反映、有序组织各有关动员要素的作用。"重点突出、要素齐全、责任明确"的动员预案，对于顺利、高效处置突发事件有着一般动员活动无法替代的作用[3]。因此，应当将石油动员预案体系作为石油动员法律体系的重要组成部分，在立法过程中应重点增强石油动员预案的法律效力，保证预案的有效启动和实施效果。

9.4.2 完善能源动员法律内容的建议

9.4.2.1 通过立法，明确石油动员决策、执行、监督机构的设置

建立统一、高效的石油动员管理部门已经不仅是应对战争和突发事件的需要，而且是落实我国石油安全法律保障体系的重要基础。国家能源委员会是我国能源管理的最高议事协调机构，本书认为应当在国家能源委员会下设专门负责石油动员组织、协调的分支机构，或将石油动员具体组织工作交由国家经济动员办公室或国家能源局负责。在石油动员相关法律的起草与修订的过程中应当明确石油动员的决策机构、执行机构和监督机构，并具体规定战时、急时各机构的权力和职责。

9.4.2.2 通过立法，加强石油储备工作

我国既没有美国那样强大的经济实力，也没有德国成立中介机构的制度环境，因此，石油储备可以采取日本式的政府与企业储备相结合的方式。政府储备由中央政府出资建设和维护，日常经营管理可以通过招标的形式委托给石油企业。企业储备是企业为适应市场需要，自主建立的储备形式。当前，我国在积极探索石油储备机制的基础上，应重点加强石油储备的立法工作。通过石油储备立法明确石油储备的资金来源、石油储备的规模、石油储备动用的方式和石油储备监督的模式。

9.4.2.3 通过立法，建立能源预警机制

与发达国家相比，我国能源综合与单项预警机制还不健全。如在石油领域亟须建立全社会石油库存统计信息体系，以监控石油的保障水平。对

石油中断的标准，我国可以参照 IEA 的规定，以上年度石油消费量的 7% 作为启动紧急对策的参数。以此为基础，按 5 个级别划分预警的等级，具体为短缺量占上年消费量的 3%、5%、7%、10%、15%。能源预警制度应包括确定不同程度危机的标准、建立能源信息报告制度的方式等方面内容。在能源动员基本法立法过程中对能源综合预警的内容和方式进行明确规定，在普通法和各单行法立法过程中应详细规定各能源预警机制与模式。

9.4.2.4 通过立法，健全石油动员复员与补偿制度

2007 年施行的《中华人民共和国物权法》对征收征用补偿、保护被征收人利益等问题做出了明确规定，确定了"对被征收征用者必须进行补偿"的原则。这些规定涉及石油动员实施的最基本问题。在石油动员法律的制定中，应当制定相应的条款对动员复员、征用补偿加以约束和调节，并明确石油动员复员的程序与补偿的标准，保障被征用单位或个人的利益。

9.4.3 提高石油动员法律适用性的建议

9.4.3.1 在立法过程中，注重法律的实践性

从国外石油动员立法进程中可以发现，我国应当根据国家能源发展形势制定实用的法律、法规与政策。随着经济社会的快速发展，我国应当构建相应的石油动员法律体系来调整与石油动员相关的各类经济和社会问题，用法律的形式将国家的能源战略和长期能源政策、能源安全保障措施和能源管理体制等固定下来，保障它们的顺利实施，才能彻底解决能源管理中长期存在的"重政策、轻法律，重部门、轻管理"的问题。

9.4.3.2 在立法过程中，注重法律的可操作性

针对我国石油动员法律条款较为"粗放"的问题，在制定和修订法律条款时根据具体情况细化法律法规条款，以保证法律法规的可操作性。同时，在制定法律条款时要规定时限，明确执法主体，理清不同主体之间的权利、责任关系，并增加程序性规定，对于易变的或者短时期内难以制定的技术标准或者其他事项，可以采取授权立法，将其留于行政法规或规章来制定，通过这些具体的规定来加强能源动员法律的可操作性[4]。此外，法

律条款应尽可能使用准确而规范的语言，这样既可以减少法律上的漏洞和解释上的歧义，也有利于相关政府部门依法行政和开展有效的监督工作。

本章小结

石油动员法律体系是规定国家、部门、行业、企业及个人在石油动员中的责任、权利和义务的法律规范集合。世界主要国家制定了符合本国需求的石油动员法律法规。我国石油动员法律体系由根本法律、基本法律、普通法律、行政法规、地方性法规和行政规章六个层级的法律法规构成。目前，我国石油动员领域还缺少一部专门性法律，石油动员工作主要以能源领域和国防领域的法律、法规作为主要依据。我国石油动员法律体系存在地方法制不统一、相关内容操作性不强等问题。根据我国石油动员法律体系建设的现状以及国外石油动员法律体系建设的经验，可以从健全法律体系结构、完善法律内容、增强法律适用性三个方面完善我国石油动员法律体系。

参考文献

[1] 王艳林. 中国法律基础 [M]. 北京：中国政法大学出版社，2005.
[2] 刘华. 我国能源安全立法体系问题研究 [J]. 法制与社会，2008，(07)：152-153.
[3] 周兴昌，裴沈华. 论国民经济动员预案编制工作的基本要求 [M]. // 蒋应时，周兴昌，朱庆林. 动员之光：新时期国民经济动员理论与实践探索. 北京：军事科学出版社，2008：292-298.
[4] 周敏. 美国《2005年能源法案》评析——兼论对中国能源立法构建的借鉴 [D]. 厦门：厦门大学，2008.

第 10 章 石油行业动员预案体系

石油行业动员预案是和平时期石油动员准备工作的重要内容，是为了提高石油行业和石油企业在应对未来战争、各类重大突发事件及其他安全威胁过程中的应变能力和平战转换速度，依据可靠的预测和需求分析，在平时预先制定的动员实施方案。构建石油行业动员预案体系可以在平时不增加石油行业和石油企业负担的情况下，使石油动员工作实现预先准备。石油行业动员预案体系是实现敏捷动员、集成动员，将寓于石油行业和石油企业中的动员潜力快速有效地转化为实力的重要保障。本章首先分析了建设我国石油行业动员预案体系的目的及原则，其次从动员职能和石油产业链两个维度入手提出了我国石油行业动员预案体系的总体结构，最后提出完善我国石油行业动员预案体系的建议。

10.1 构建石油行业动员预案体系的目的及原则

10.1.1 构建目的

从总体上看，石油行业动员预案体系建设是为维护国家石油安全，保障国内石油产品的稳定供应，预先开展的石油动员准备工作。危及一国石油安全的因素可以概括为两个方面：一个方面来自于石油供给变化，另一方面来自于石油需求变化。影响石油产品供给中断的因素主要有两个：一是石油系统内部发生事故引起石油供应中断。比如2010年英国石油公司（BP）在墨西哥湾外海的"深水地平线"钻井平台于夜间发生爆炸并引发大火，造成11名工作人员死亡，钻井平台沉入墨西哥湾，319万桶原油持续泄漏了87天，不仅造成了海洋污染灾难，也严重影响了美国的石油资源供应。二是由于突发事件或战争的发生而影响石油供应。2003年的伊拉克战争和2011年的利比亚事件都是战争影响石油供应的典型案例，尤其是伊拉克战争，由于伊拉克国内石油产业遭受战争重创，石油产品供应不足，国内油价居高不下；同时，在美国通过武力手段控制伊拉克后，也就意味着其控制了伊拉克国内石油的生产和供应，这也使得世界石油供应格局发生了较大变化。

影响石油需求变化的原因主要有三个方面，分别是常态需求的异常波动、应急需求和应战需求。常态需求的异常波动主要指由于某种原因（如车辆的迅猛增长、拉闸限电等）造成市场对石油产品的需求急速增加，此时，如果政府或相关领域无法做出及时应对和调整，那么所谓的"油荒"现象就会出现，这势必危及社会经济发展；应急需求指当国家发生突发事件，如自然灾害或公共卫生事件等，应急动员活动需要在短期内消耗大量的石油产品，对于石油产品的需求处于非常状态，国家应根据突发事件特点采取相应措施，如调运国家战略石油储备或应急生产石油产品等；同样，战争也会造成石油产品需求量的迅猛增加，各类武器装备以及运输环节都需要消耗大量的石油产品，这对石油生产、运输、采购等环节的应急能力提出了巨大挑战，严重危及国家石油安全。战争和突发事件对石油产品供给和需求都会产生影响，为了维护我国的石油安全，必须提前做好应对各种突发状况的准备，加强石油行业动员预案体系建设。

具体来说，构建石油行业动员预案体系是为了实现以下四个目的：第一，战时能够采取适当应战动员措施，维护国家安全；第二，维持石油供需的动态平衡，在发生突发事件或战争时，保证石油产品的及时供给，维护国家石油安全；第三，尽量保证普通石油消费者的正常利益，尤其是战时和急时；第四，面对如油（气）泄露等突发事故采取有效措施，最大限度地降低事故对人民生命、财产安全的威胁。这四个具体目的既是构建石油行业动员预案体系所要达到的重要目标，也是对相关预案设计提出的总体要求。

10.1.2 构建原则

10.1.2.1 以人为本、兼顾财物

当发生破坏性事故，如油（气）泄露、井喷等事件，应急工作应以挽救生命为第一要义，指挥和协调部门应尽快调集资源，首先抢救最需要救助的对象，其次是保护环境，最后考虑将财物损失降到最低。对于暂未受到生命威胁的潜在受害者，相关部门应及时采取措施，处理事故现场，防止危害进一步扩大。举例来讲，某海上油田发生漏油事故，附近海域发现油带，平台漏油可能发生井喷，因此救援队伍应尽快隔离现场，对事故周边进行交通管制，防止人员伤亡。其次，专业清污船应尽快抵达污染水域进行清污工作，降低漏油事故造成的环境污染和生态破坏。在达到了上述两项目的前提下，应急工作可适度考虑降低经济损失的问题。

10.1.2.2 分层管理、有效沟通

应按照管理层级，自上而下、由粗到细地逐步完善石油行业动员预案体系，各有关部门也要做到实时有效的沟通，并在沟通的基础上对预案进行合理修订并逐步完善。顶层的石油行业动员预案由国家能源局编制，并经国家经济动员办公室批准后颁布实施。石油企业和地方政府等下级主体在此基础上进一步细化各类动员预案，具体落实动员组织结构、运行机制和人员配备。在各级动员预案制订的过程中，各协调部门应加强沟通，力求形成相互支撑、可操作性强的预案体系。

10.1.2.3 指令准确、操作灵活

对于各专项预案或下级主体（如分公司、作业现场）动员预案的编制，应强调预案的可操作性，做到动员工作流程的指令具体准确，同时预案要特别注明在具体操作中，为了实现动员目标，运行流程应兼顾权威性和灵活性，即动员预案中应包含明确的管理层级和指挥体系，但在特殊状况下，可根据实际情况灵活处理，以国家利益为重。

10.1.2.4 应急应战、结合处理

石油行业动员预案体系具有应急应战一体化的特点，预案运行机制和操作流程不仅适用于应对突发事件，在面对战争这类极端事件时也同样适

用。预案体系的应急应战一体化是建立在石油产品相关信息和储备资源军民共享的基础上的,其特点在于预案编制中要强调军队、地方政府和企业的共同参与和相互协调。

10.2 我国石油行业动员预案体系总体结构

石油行业动员预案体系包含国家、地方和石油企业等管理层级的动员预案,根据动员管理内容的不同编制各专项预案和区域级预案,全面覆盖应急、应战领域及石油产业链的全过程,其关系如图 10.1 所示。

10.2.1 我国石油行业总体动员预案

石油行业总体动员预案是石油行业中某一层级或某一区域动员预案的总体纲要,是组织石油行业各项动员工作的规范性文件之一,是各级部门编制相关专项预案的指导文件和根本依据。石油行业总体动员预案通常是在对石油行业动员任务进行分类分级的基础上,预先制定的确定动员活动的管理机构和运行机制,规范动员工作流程,明确相关制度和保障措施的方案。

石油行业总体动员预案按管理层级划分可分为国家级动员预案、省(自治区、直辖市)级动员预案、石油集团(总公司)动员预案及其分公司动员预案。石油行业国家级总体动员预案由国家能源局负责编制,包括战略级和操作级两类动员预案:战略级动员预案强调预案的政策性,其中要提出石油行业各动员预案的指导思想,明确动员活动的总体指导方针,不需要细化操作流程,该类预案应结合当前国内外石油行业发展形势,依据科学的动员管理理论编制;操作级预案实质上是动员行动整体指导纲要,其将作为石油企业及地方政府等相关主体编制动员预案的行为指南,起到综合协调的作用,该类预案不仅要规范突发事件或战争发生时应急应战活动的石油资源调配行为,还应明确各主体的行为责任。在国家级总体动员预案的基础上,地方、石油集团及其所属分公司应根据自身的特点编制自己的总体预案。地方能源管理部门编制的石油动员预案强调应急应战石油动员的协同配合工作,需要明确石油动员的具体程序。石油企业的动员预案应更为具体,做到指令明确、可操作性强。

第10章 石油行业动员预案体系 255

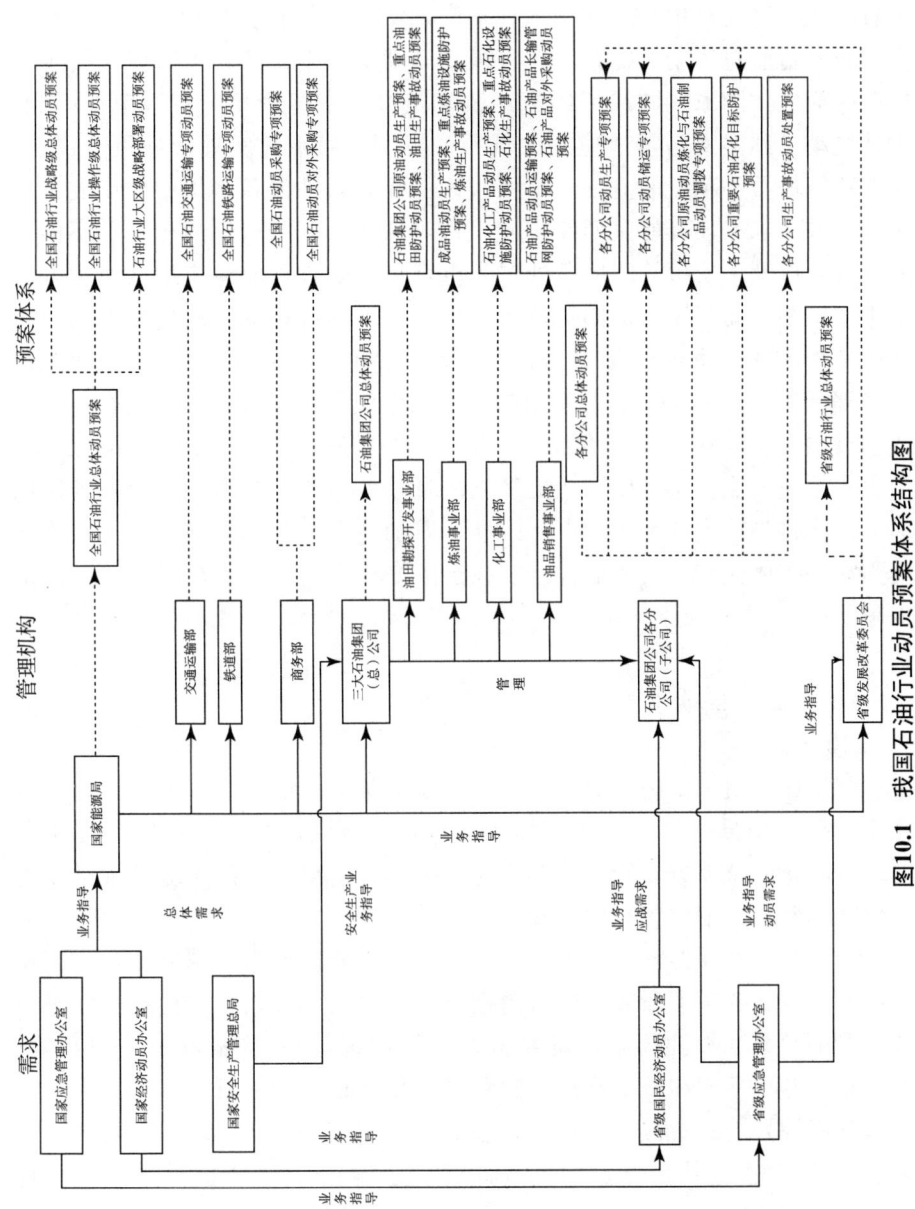

图10.1 我国石油行业动员预案体系结构图

石油行业总体动员预案按区域划分可分为国内总体动员预案和涉外总体动员预案。国内总体动员预案除了包括省级总体动员预案外，还可包括跨省市大区级动员预案，如华东、华南、华中、华北、西北、西南和东北大区石油行业总体动员预案。大区级总体动员预案由于缺乏对应的管理主体，因而应由国家能源局或国家经济动员办公室组织相关省级单位编制，大区级动员预案是为了适应各区域石油资源的特点，实现区域重点保护，规范跨区域石油动员的流程。举例来说：我国石油储备多集中于东北、华中等区域，未来还可能是西北区域。针对这些大区所构建的相关预案体系应将重点放到突发事故的应急处置、重点目标防护和应急应战动员中的石油生产调配；而对于石油储备较少的大区，如西南地区，动员预案的重点则应是跨区域石油动员的调运机制。涉外石油动员总体预案由国家相关部门（商务部）统一编制，是针对参与主体中包含外国政府或外国企业的总体动员预案。涉外动员活动如石油资源对外贸易动员、海上石油勘探事故应急救援等可能会遇到比国内更复杂的环境和流程，与涉外企业或外国政府的协作将是预案编制的难点。因此，石油行业涉外动员预案的重点内容是与涉外主体交涉的具体流程以及在国际合作中对我国人员及相关资源的保障制度。

10.2.2　专项动员预案

国家还应组织编制石油行业各专项动员预案，如原油（成品油、石油化工产品）动员生产、石油产品动员调拨、石油产品动员运输等专项预案。石油企业及地方政府有关部门应根据具体情况，在国家级石油动员专项预案基础上，编制各专项预案。

石油行业专项预案的类别既可以按动员职能进行横向划分，也可以按照石油产业链的各个环节进行纵向划分。按动员职能划分，包括突发事故处置专项预案（石油体系内部事故、自然灾害等）、应战动员专项预案、应急动员专项预案和重点目标防护专项预案（重要石油石化设施、大型石油储备库等）。按石油产业链环节进行划分，包括产业上游动员预案（勘探和开发）、产业中游动员预案（储备和运输）、产业下游动员预案（炼制、化工和销售）。石油企业各管理协调部门应以满足实际动员需求为目标制定专项动员预案，并注重预案间的对接，避免重复，力求做到科学全面。

编制内容主要包括：动员预案编制的背景、目的和依据；工作原则；需求分析；承担主体及各主体职责范围；实施程序；实施方案；预案适用范围；评价方法；奖惩制度。为了适应不同动员预案的特点可适当增减编制内容。

10.3 按动员职能划分的专项动员预案

10.3.1 石油企业突发事故处置专项预案

石油企业突发事故处置专项预案是企业在对突发事故进行分类和分级的基础上，建立事故处置组织机构（指挥机构、协调机构和专家组等），明确不同类别不同等级突发事故应急管理的启动条件、处置流程和后期恢复工作的专项方案。动员预案中应明确突发事故应急处置流程，并拟定预案演练的初步方案。三大国有石油企业在石油企业突发事故处置专项预案领域已经取得了初步成效：2006年，中国石油集团已初步构建了应急预案框架，发布了1项总体应急预案和16项专项预案；2007年，中海油集团编制并向所属二级单位发布了《中国海洋石油总公司应急指挥中心的建设指南》；2011年，中国石化集团修订了《中国石化重特大事件应急预案》。综上可见，我国石油企业在突发事故应急处置专项预案方面已具备了一定的编制基础，但是，一些预案在科学性、可操作性等方面仍存在不足。

编制此类预案应注意以下两点：第一，国家应该制定统一的突发事故分级分类标准，一般来讲，突发事故可以划分为事故灾害、自然灾害、社会安全事件和公共卫生事件等；第二，企业应逐步完善突发事故应急处置专项预案体系，并对预案进行动态更新。

10.3.2 石油应战动员专项预案

当战争发生时，一方面应加强对石油储备地和重要石油设施的防护，另一方面还要做好应战石油动员工作。战争使国家处于危机状态，武器装备和运输设备都需要消耗大量的石油产品，这对石油应战动员提出了严峻挑战。

石油应战动员专项预案可分为三大类：应战生产动员预案、应战运输动员预案和应战采购动员预案。应战生产动员预案是应对战争中的石油产品需求，采取紧急生产方式的动员方案。该预案的有效性依赖于石油生产体系的灵活性，需要为应战石油生产过程中的组织协调，特别是设备和人员的超负荷工作建立保障制度。应战运输动员预案主要针对石油产品运输环节，所运输石油产品的来源包括国家石油储备、石油企业紧急生产和国内外石油贸易，此外运输过程中的安全性至关重要。该预案编制的重点在于建立石油应战运输动员的组织协调机构，规范运输工具和运输路线选择、协调的程序。应战贸易动员指通过贸易手段从本国市场或他国获取石油产品以满足战争需求。其中，对外贸易采购预案属于涉外动员预案，该预案重点为与涉外主体交涉时应遵循的依据和流程。

10.3.3 石油应急动员专项预案

自然或社会灾害事件的发生需要政府迅速做出响应，尽快启动应急动员工作。石油应急动员专项预案可分为三大类：应急生产动员、应急运输动员和应急采购动员预案。预案的框架内容与上述应战石油动员专项预案类似。特别要强调的是应战应急动员专项预案可做一体化处理，这样做可以节约各类资源，简化预案体系，缩减动员组织和人员，也符合国家提出的向应急应战一体化变革的战略要求。

10.3.4 石油行业重要目标防护预案

石油行业重要目标是产业链中维持石油企业稳定运行的关键组成部分，也是战争中敌人实施对我方打击的主要目标。石油行业重要防护目标包括油田、大型石油储备库、关键设施和重要石油运输线路等，对这些重要目标的防护影响着社会甚至整个国家的稳定。因此，重要目标防护预案应由国家相关部门统一编制并对诸如国家级石油储备库、输油管道等特别重要目标的防护工作进行严密部署。石油企业在此基础上，结合自身情况编制内部重要目标的防护专项预案。

构建石油行业重要目标防护预案应力求做到以下几点：第一，搭建实时防护信息平台。综合运用情报侦察和预警系统，组织专业人员，以重要目标为核心建立预警网络，及时准确地获取相关信息。第二，构建科学的防护体系。在对防护目标进行充分研究的基础上,实行有重点地防护,改变围绕防护目标紧密部署的做法,采用混合部署,有层次地展开防护措施,力求做到事前防护。第三,统筹应急动员人员,增强专业应急动员力量。比如当输油管道遭受突袭后,有目标防护任务的组织需要立刻采取行动,专业抢险队伍迅速到达事故现场进行抢险抢修,管理协调机构迅速成立指挥部负责指挥调度。

10.4 按石油产业链划分的专项动员预案

10.4.1 产业上游动员预案

产业上游动员预案是围绕石油产业链上游环节的应急处置工作而编制的专项动员预案,可具体划分为石油勘探和石油开发专项动员预案。石油产业上游主要包括石油勘探、开发、生产等环节。我国的石油产业上游主要由中国石化集团、中国石油集团和中海油集团三大企业垄断经营,这三家中央企业形成了战略上的纵向一体化经营,因此产业链上游的动员预案应由石油企业总公司编制,再委托相关分公司编制更为具体的预案。编制的框架与传统动员预案框架相类似,内容应重点突出产业链上游环节应对突发事故的处置、应急应战生产动员的流程和勘探开发过程中对重要目标的防护工作,如中国石油集团某分公司含硫气田勘探开发动员预案、中国石化集团某采油厂突发事故动员预案或某分公司突发危险化学品中毒事故动员预案等。

10.4.2 产业中游动员预案

产业中游动员预案是围绕石油产业链中游(主要指储运环节)的应急处置而编制的专项动员预案,包括石油、天然气和石油化工产品储运中突发事故处置预案、应急应战运输动员预案以及国内或涉外重要油(气)管道防护预案。编制主体为国家能源局、地方政府和石油企业及其所属分公司。国家能源局负责编制的是涉外油(气)管道的防护和动员预案,如中俄输油管道防护和事故动员预案,重点内容为抢险救援的活动流程和降低环境污染的处置工作。地方政府负责编制的是区域油(气)管道事故动员预案和应急应战石油运输动员预案,如某省液氯运输突发事故动员预案和某市应急石油运输动员预案,这类预案的重点在于地方政府在突发事故处置或应急应战动员活动中如何协调各方资源,协同石油企业进行事故抢险救援工作或完成石油运输动员任务。石油企业负责编制的是企业内部油(气)运输动员预案,如中国石化集团石油运输突发事故动员预案等。由集团(总)公司统一编制总体动员预案,提出指导思想和行动方针,再由所属分公司对相关预案进一步细化,明确具体操作流程,重点内容为突发事故分级、应急报警系统的建立、应急救援系统的组建等。

10.4.3 产业下游动员预案

产业下游动员预案是围绕石油产业链下游(主要包括炼制、化工和销售三个环节)的应急处置而编制的专项动员预案,包括石化生产中突发事件动员预案和销售点(如加油站)事故动员预案。生产中突发事件动员预案的编制工作由石油企业及其所属分公司负责,由集团公司明确总体指导思想,规范事故应急处置的基本流程;再由各分公司在此基础上,依据自身情况编制详细动员预案,明确应对不同等级突发事故的具体流程。销售点(如加油站)的事故动员预案由各大石油企业的集团(总)公司编制,对销售点的突发事故,如漏油、电气火灾和加油机起火等,规定统一的应急处置流程和相关机制,做到"一套预案,多站套用"。

10.5 加强我国石油行业动员预案体系建设的建议

10.5.1 完善石油行业动员预案体系的顶层设计

从我国石油行业动员管理体系的现状来看,国内石油行业急需加强动员预案体系的顶层设计,尽快完善实施石油动员的法律基础环境,持续改进动员体制。目前,我国石油动员领域的法律法规还不健全,各层次主体在开展石油动员时缺乏必要的法律依据。因此,顶层设计的重点在于以法律基础作为保障,明确石油动员的指导思想、基本原则和行动纲要,构筑动员预案管理的基本框架,为预案体系提供规范、稳定的运行环境。

10.5.2 注重预案间的有效衔接

地方政府、石油企业及其所属分公司在编制动员预案，特别是动员专项预案的过程中要注重各预案的有效衔接，避免重复；在预案编制完成后，还应强调预案的动态监控和持续改进。

石油行业动员预案体系是一个庞大的整体，其中所包含的预案数量众多，如何明晰体系结构，明确各类预案的责任主体及权责关系，避免重复现象，这给预案体系的构建工作提出了较大挑战。因此，相关部门应建立预案管理系统，引入预案对接机制，以此保障预案间的有效衔接。

此外，预案体系建设是一项长期工作，要根据实际工作以及动员演练中所暴露的问题定期修订各类预案，并适时调整预案体系结构。目前，我国国民经济动员预案的修订工作还不够及时，相较于发达国家的预案修订频率，我国还处于较低水平。因此，相关部门应适度参照国外成功案例，加快动员预案更新速度，及时对预案中的政策、组织体系、协调机制和人员配备等进行评估并做出合理调整，提高预案的质量。

10.5.3 预案编制应加强风险管理意识

在预案编制过程中引入风险管理理念能有效提高预案的科学性。目前，我国的石油动员预案主要局限于事故发生后的救助工作或应急动员活动的处置环节，使得动员预案更类似一套应急救援行动指南，这是远远不够的。实际上，石油动员预案应该是一套涵盖事前预警预报与准备，事中应急处置，事后恢复、评估等周期性活动的行动方案。因此，石油动员预案的编制不仅需要强调救援方案和各项资源保障问题，更重要的是引入风险管理理念，将石油动员看作一个完整且动态的流程，增加或加强风险评价、脆弱性分析和动员能力评估等内容。

10.5.4 明确后期评价和奖惩制度，加强监管力度

任何方案的实施都需要有效的监管、合理的绩效评估机制和奖惩制度。目前，我国的石油动员监管部门还不明确，石油动员的评估体系还不完善，这些问题制约了石油动员预案体系的建设。因此，石油动员各级、

各类参与主体在编制预案时应加强对相关主体的监管力度,强调动员任务的后期评价与相关人员的奖惩。

本章小结

　　本章研究聚焦于石油行业动员预案体系。首先,从全局出发,明确了构建我国石油行业动员预案体系的目的和基本原则。其次,设计了石油行业动员预案体系的总体结构,包括中国石油行业总体动员预案和专项动员预案两大类,并且按动员职能将专项动员预案分为石油企业突发事故处置、石油应战动员、石油应急动员、石油行业重点目标防护四类专项预案;按石油产业链将专项动员预案分为产业上游、产业中游和产业下游三类专项预案。最后,结合我国石油行业的中国特色,从加强石油行业动员预案体系顶层设计,注重预案间的有效衔接,加强风险管理意识,明确后期评价和奖惩制度等方面提出了加强我国石油行业动员预案体系建设的建议。

参考文献

[1] 毛文锋,袁纪武,于学春. 浅谈石油化工企业应急预案编制 [J]. 安全、健康和环境,2010,(4):4-8.

[2] 范淮. 探讨中国石油数字化应急预案系统 [J]. 中国石油和化工标准与质量,2014,(11):262.

[3] 刘铁民. 突发事件应急预案体系概念设计研究 [J]. 中国安全生产科学技术,2011,7(8):5-13.

[4] 庞宇. 英国郡级辖区应急预案的做法及启示——以牛津郡为例 [J]. 中国行政管理,2012,(5):32-36.

[5] 张海波. 中国应急预案体系的运行机理、绩效约束与管理优化 [J]. 中国应急管理,2011,(6):28-33.

附录1　省级石油行业总体动员预案

1　省级石油行业总体动员预案编制主体

省（自治区、直辖市）能源管理部门会同同级发展改革委员会在国家国民经济动员主管部门（国家经济动员办公室）指导下，负责编制省级石油行业总体动员预案。

2　省级石油行业总体动员预案编制内容

根据国家经济动员办公室、国家国防动员委员会和省国防动员委员会有关指示，结合本省石油行业的实际情况，为保障国民经济动员的需要，切实加强应战应急石油动员的协同配合工作，编制省级石油行业总体动员预案。

2.1　总则

（1）编制单位和承担单位

列出组织石油行业总体动员预案编制的国民经济动员主管机构名称和承担预案规划的石油行业动员任务的有关企事业单位名称。

（2）编制目的

坚决贯彻上级国民经济动员办公室和本级国防动员委员会的决定，通过对石油行业的动员潜力底数的调查分析，确定可动员比例；加强石油行业生产的计划管理；调整石油行业布局和资源配置，满足战争和重大突发事件对石油行业生产的需求；在尽可能短的时间内快速地为作战部队和灾区提供石油产品支持。

(3) 编制依据

石油行业动员预案的编制依据有《中华人民共和国国防法》《中华人民共和国国防动员法》和《国家国民经济动员综合预案》等。

(4) 动员原则

1) 统一领导，分级实施。在本级国防动员委员会和上级国民经济动员办公室统一领导及三大石油集团（总）公司的协调配合下组织实施，建立军民结合的领导机构，明确各项工作任务；成立石油行业动员组织，按级负责日常事务。

2) 依法动员，军民兼顾。以《中华人民共和国国防动员法》和有关法规为依据，结合本地区石油工业企业的实际，合理安排动员任务，做到既要满足应战应急保障需求，又要保持持续动员潜力，还要充分考虑民众生活，按一定比例组织动员。

3) 合理布局，确保重点。加强重点地区石油行业的动员基础建设，提高石油产品的快速动员能力。凡是有动员任务的企业，应加强设备、人才和技术管理工作，保持动员潜力，保证战时和急时持续生产。

4) 以点带面，整体推进。加强石油动员中心建设，全面推进本地区石油动员工作。

2.2 潜力分析

主要阐述本地区石油相关工业企业的基本概况，对动员潜力状况和完成动员任务的利弊条件进行分析。

(1) 基本概况

可动员的规模以上企业数量、资产总值、固定资产原值、职工总人数、上年度生产总值、石油产品产量等。

(2) 完成动员任务的有利和不利因素

主要阐述本地区石油相关工业企业完成动员任务的优势和影响完成动员任务的不利因素，比如区位因素、交通情况、配套设施等。

2.3 动员任务

明确动员的石油产品名称、动员数量、交付时间及其他要求。

根据上级国民经济动员办公室和本级国防动员委员会赋予的石油动员任务，结合本地区的战略地位、经济状况、石油产品动员潜力，对上级下达的动员任务进行细化。石油产品动员任务细化应本着军民兼顾的原则，科学预测石油企业可动员量。选择石油动员企业应该遵循以下原则：一是分清主次，依据石油产品的动员任务，先国有企业、后民营企业，逐步扩大动员范围；二是就近就便，根据石油产品动员任务的交货地点，就近选定生产企业组织供货；三是好中选优，应选择石油行业中技术最强、质量最好的企业承担石油产品动员任务。

2.4 组织指挥

确定石油动员工作的组织形式和动员指挥机构。

（1）指挥机构

各级国民经济动员办公室负责组织建立石油动员指挥机构，成员由国民经济动员办公室、能源局和石油企业主要领导组成。指挥机构的主要职能是：掌握石油行业动员潜力信息；根据上级命令指示，及时提出石油行业动员保障任务；拟制石油行业动员保障计划、方案；修订石油行业动员地方性法规和有关制度；调整石油企业生产和转扩产计划。

（2）组织形式

根据石油动员任务和本省石油企业实际情况，由省国民经济动员办公室牵头，石油行业部门配合，省级成立石油行业动员指挥部，市级成立石油行业动员中心，县级成立石油行业动员基地。

1）动员指挥部。主要任务是：掌握本地区石油动员潜力；贯彻本级国防动员委员会赋予的石油动员任务，编制石油动员计划，下达石油动员命令。

2）动员中心。下设组织计划组、技术指导组、物资保障组，隶属市国民经济动员办公室。主要任务是：组织完成省国民经济动员办公室和市国防动员委员会下达的石油产品生产和转扩产任务；掌握中心所辖石油产品动员基地生产潜力的变化和预测动员任务；制订动员中心各项活动计划，建立有关制度；负责对动员基地的检查指导。

组织计划组。由市国民经济动员办公室牵头，负责组织计划、协调，掌握所需石油产品的数量、用途；协调落实经费。

技术指导组。由设计部门和部分企业技术人员建立，主要负责生产和转扩产方案的拟制；对企业进行技术指导；负责重难点问题的攻关及石油产品验收。

物资保障组。由行业相关部门抽调人员建立，负责物资、设备等筹措；负责生产和转扩产经费的预算、决算。

3）专业动员基地。县级建立动员基地，由本地石油企业组成，隶属市专业动员中心和县国民经济动员办公室。主要任务是：组织相关石油企业完成生产和转扩产任务，按照部队或灾区的石油产品需求进行生产，并储备原油或石油产品。

2.5 动员程序

(1) 管理机构动员程序

1) 受领任务。各级国民经济动员办公室接到国防动员委员会的指示、命令后,研究确定动员地区和单位,报请本级国防动员委员会批准启动动员预案。

2) 动员准备。受领石油动员任务的地区和单位领会上级意图,下定决心,做好生产和转扩产技术、设备、材料准备工作。

3) 成本核算。对上述准备进行成本核算,确定动员补偿的原则和方式,通过对石油行业动员任务的需求、性质、影响、责任、经验教训等进行分析,选取最优的动员方式。

4) 修订预案。石油行业动员中心应根据上级的动员命令、指示和实际需要,及时修订预案,并报请本级国民经济动员办公室批准。

5) 实施动员。石油行业动员企业按照批准后的方案分阶段、有针对性地开展生产和转扩产。

6) 检查督促。石油行业动员中心和能源局对实施计划进行检查、督促、落实。

7) 交付使用。按规定时间、地点,将合格石油产品送达有关单位或使用部队。

8) 总结评估。对石油行业动员任务完成情况进行总结评估。

(2) 石油产品生产企业动员程序

战时和急时情况复杂多变,对石油行业动员的需求也是变化的。因此,当接受石油产品动员任务后,首先以生产扩产为主,特殊情况时应组织部分企业转产,满足战时或急时需求。

1) 调用。石油产品生产企业受领任务后,首先摸清现有库存情况,在能满足任务要求时,可直接调用库存石油产品。

2) 生产。如果现有库存数量不够,按照企业平时生产程序进行生产。

3) 扩产。如果现有生产能力不足,必须进行扩产。扩产时应加强集中管理,实行战时劳动制度,调动广大职工的创造性,提高生产效率。扩产的形式主要有三种:一是延长生产时间,企业员工的生产时间由 8 小时延长到 10 小时或双休日照常生产;二是增加生产班次,组织两班制或三班制轮流生产;三是增加生产线,当需求量超过其生产能力时,可通过启用备用生产线来扩大生产能力,满足部队(专业保障队伍)的需求。

4）转产。转产是为满足战争的需要，有计划地将工业企业或民品生产线的部分或全部生产能力转为石油产品生产能力的活动。这是战时或急时最大限度地满足石油产品需求的有效办法和主要途径。动员转产会影响国民经济的正常运行，调整和组织工作相当复杂，且需要较长时间。因此，只有在石油企业实施紧急增产和启封复产仍不能满足应战应急需要的情况下，方实施动员转产。转产要尽量选择生产技术、工艺类别和设备品种与石油产品相近的工业企业，按照经济合理、布局适当和协作便利的原则进行。

实施转产的企业必须做好以下几方面工作。

①组建转产领导小组。由企业法人代表及分管生产、技术领导等组成，主要负责组织企业转产协调工作。

②做好企业员工思想政治工作。发扬爱国热情，充分调动企业员工积极性。

③拟制转产方案。为了提高动员转产的速度和效率，动员企业（基地）必须在平时做好转产预案，明确动员转产的方向和规模，并在平时进行必要的技术储备。

④编制转产计划。按照生产石油产品的需要重新设计，研究配方，准备原材料。

⑤搞好转产保障。平时，适当进行储备，建立多渠道、多层次的材料供应保障网络；战时，适时启用储备，建立特供、专供保障渠道，以满足扩转产需要。

⑥调整转产生产线。增加转产需要的必要设备。

2.6 保障措施

明确预案实施所需提供的保障条件和措施。

（1）加强动态维护

根据形势和需求的变化、动员预案编制条件的变化以及演练中发现的问题等，对石油行业总体动员预案进行必要的补充、变更、调整、修改和完善。

（2）组织必要演练

组织石油行业动员演练是实施快速有效动员的重要保证，平时应不定期地结合生产和动员任务，组织演练，检验预案的正确性，使预案更加贴近实战的需求，使之更具有操作性、实用性。根据要求与形势任务的需要，适时进行动员中心、动员基地、动员企业间的生产和转扩产实兵演练,了解和熟悉预案内容和程序,以提高平战转换速度和效率。

(3) 健全法规制度

为确保石油行业动员工作的顺利开展,在全国国民经济动员法律法规尚未出台的情况下,结合本地区实际,研究制定地方性法规,并建立会议制度、管理制度、工作联系制度、保密制度等各项制度,确保石油行业动员预案落到实处。

(4) 加强沟通协作

各级国民经济动员办公室要积极与当地军事部门配合协调,准确掌握作战部队对石油产品的需求;要经常与国防动员委员会有关办公室相互沟通,掌握各方面情况,落实动员工作。

附录2　企业成品油动员生产专项预案

1　企业成品油动员生产专项预案编制主体

三大石油企业炼油事业部及其各炼油厂需要根据所承担的成品油动员职责，编制本单位的成品油动员生产专项预案。

2　企业成品油动员生产专项预案编制内容

2.1　总则

（1）预案名称、实施单位和责任人

1）预案名称。

①预案名称由企业所属地域、企业全称、企业性质、动员的具体成品油名称等内容组成。明确企业的地域信息，是便于对预案按地域进行管理协调、数据汇总和组织实施。

②为防止紧急情况下下达预案实施指令出现混淆，预案名称需统一使用企业在工商行政管理部门登记注册的完整名称。

2）实施单位。

①实施单位须与预案名称中采用的企业全称一致。

②强调预案实施单位是按照规定开展成品油动员生产预案编制工作的企业，即作为该预案实施的主体，负有完成动员预案规定的成品油动员生产任务的职责。

3）预案责任人。

预案的责任人是企业的法人代表。规定预案责任人，即规定了法人代表对本企业完成预案规定的成品油动员生产任务负责。

（2）编制目的

预案编制目的可从以下几个方面进行论述：指导企业平时开展成品油动员生产准备工作；提高平战转换速度和紧急突发事件应变能力，最大限度地保障成品油动员生产任务的执行；系统并实时地掌握企业的动员潜力状况；制订周密方案，实现动员生产的预案准备；实现军民深度融合，促进社会经济全面、协调和可持续发展。

（3）编制依据

企业成品油动员生产预案的编制依据：各级国民经济动员管理机构批准该预案编制的文件号、批准时间和文件名称，预案编制所依据的其他政府文件、法律法规，以及预案编制参考和执行的本企业规划和内部文件。

（4）编制原则

贯彻"兵民是胜利之本"和"人民战争"的战略思想，坚持"平战结合、军民兼容、寓军于民"的方针，以动员需求为牵引，以区域经济建设为依托，以保障"打赢"高技术局部战争为基点，周密计划，精心准备，使成品油动员生产企业形成快速反应能力和应急保障能力，确保快速、有序、高效地完成成品油动员生产任务。

（5）编制范围

明确企业承担的成品油动员生产职责，确定成品油动员生产任务。

（6）预案方案概述

方案概述是对预案主要内容简明扼要、突出重点的总结性描述，该节内容须在预案基本编制完成后才能进行编写，其目的是使有关经济动员管理机构在调阅预案时，能够首先快速熟悉预案的重点内容。

（7）预案主要数据指标

主要数据指标是对预案中各类量化指标的汇总统计，包括：成品油动员生产能力、动员生产所需人员数量、设备数量、厂房场地面积、燃料动力需求数量、补充资金数量和动员时限等，为便于表述，可采用表格方式。

（8）结论和建议

对预案的实施效果进行前瞻性分析，论述预案实施对提高企业国民经济动员工作水平和动员快速响应能力的积极作用。对企业在开展动员准备和组织动员实施过程中，提出需要各级经济动员管理机构和国家有关部门予以协调和解决的问题。

2.2 预案实施单位概况

编制预案实施单位概况的目的,一是为了使各级国民经济动员管理机构和有关部门的领导和相关人员,在临战和紧急条件下进入动员指挥体系,能迅速熟悉企业情况,及时做出正确的动员决策。二是通过深入研究企业的基本情况、成品油储备情况和成品油生产情况,保证动员生产方案制订得更加科学、合理。

(1) 预案实施单位基本情况

详细说明企业性质、企业(单位)代码、企业主要业务活动、行政区划代码、行业名称及代码、隶属关系、地理位置和发展沿革情况等信息;列表给出企业的生产占地面积、生产建筑面积、设备情况、人员构成情况(参见附录2表1);给出企业的区域位置图,标明企业的地理位置。

附录2表1 企业基本情况表(××××年)

序号	名称	单位	数量	备注
1	生产占地面积	万平方米		
2	生产建筑面积	万平方米		
3	现有职工总数	人		
	其中:基本生产工人	人		
	辅助生产工人	人		
	工程技术人员	人		
	管理人员	人		
4	现有设备总数	台(套)		
	其中:金属切削设备	台(套)		
	锻压设备	台(套)		
	非标专用设备	台(套)		
	仪器仪表	台(套)		
	计算机	台(套)		
	其他设备	台(套)		
5	固定资产原值	万元		
6	固定资产净值	万元		
7	流动资产	万元		
8	销售收入	万元		
9	利润	万元		

(2) 经济运行情况

企业本年度的综合经营状况，包括生产能力利用情况、资金面情况、成本盈利及投资情况、用工情况等内容；该企业工业总产值，与上年增长百分比；企业在生产经营中遇到的主要问题等。

(3) 历史生产情况

列明企业曾生产过的主要油品及产量。通过对该信息的汇总，经济动员管理部门可以更加全面地掌握企业的成品油产量情况，一旦对某一历史上曾经生产过的产品有动员需求，可依据产品信息，迅速查询到有关企业，安排动员复产。

(4) 目前具备的生产能力

说明企业目前生产的成品油信息，以及平时所具备的成品油生产能力。

(5) 现有生产条件

按子公司、车间或生产线，分别叙述其承担的主要生产任务、生产设备和加工能力、生产人员和生产面积情况；给出企业的总平面布置图和主要生产车间的工艺平面图。

(6) 企业组织机构

说明企业现有组织机构设置情况，以及企业各职能部门承担的管理职责，以便于确定企业的成品油动员生产应急指挥机构，明确各职能部门的动员职责。如需要，可绘制企业现有组织结构示意图进行辅助说明。

2.3　动员方案

动员方案是企业国民经济动员预案的核心内容，为使成品油动员生产预案真正达到指导企业平时动员准备和紧急条件下动员实施的目的，动员方案必须做到内容翔实、数据准确、方案合理，充分考虑到动员实施过程中各种可能出现的问题。同时，为便于预案实施和动员决策，动员方案还必须完整明确、任务落实。

(1) 动员需求分析

动员需求是确定动员方案的重要依据。预案编制单位须通过对军事订货或市场需求信息分析、形势和环境分析、历史情况和国外经验分析等手段，依据科学的预测，研究本企业的成品油动员需求情况，科学合理地储备成品油动员生产所需的物资、人员和相关技术，提高成品油生产体系应对危机时的响应能力和应急保障能力。

（2）成品油动员生产方案

根据动员需求情况，确定本企业动员的具体油品。对企业的动员需求可分为三种主要情况。

1）维持生产：在紧急条件下维持平时生产规模，保障战时或其他紧急情况下的正常生产和供应。由于战时或紧急情况下企业的生产条件较平时可能发生很大变化，因此，须采取必要的动员措施，保证战时或紧急情况下企业生产的正常进行。

2）扩大生产：通过采取动员措施，扩大某种成品油的生产能力，满足战时或其他紧急情况的超常的动员需求。

3）扩散转产：通过对企业实施技术扩散，利用企业的生产条件，紧急动员转产其他类型的成品油，满足战时或其他紧急情况的动员需求。

在1）、2）两种情况下，企业生产的产品对象不发生变化，其中情况2）要求企业能够扩大产品战时或其他紧急情况下的生产能力；而在情况3）中，企业生产的产品对象也发生了变化。

（3）动员纲领

确定成品油动员生产方案中，各成品油在战时和其他紧急情况下的动员生产能力。动员纲领，实质上是企业在动员实施过程中要完成的动员任务和达到的动员目标。该动员任务和动员目标应该详尽和明确，选取适当的时间单位，确定动员企业的成品油动员生产任务量。动员纲领应与动员需求相适应，既要防止纲领过低造成战时或其他紧急情况下成品油供应出现缺口，又要防止过度动员造成资源浪费。为保证动员预案实施的可靠性，在确定动员纲领时可适当留有余量。

（4）动员生产方案

1）生产工艺。

①详细论述成品油动员生产的工艺，绘制相应的工艺流程图，标出关键工艺环节。

②为保证动员预案实施的可靠性，成品油动员生产工艺应尽量采用企业现行工艺和成熟工艺，防止工艺变化对动员生产造成影响。

2）动员生产方案。

①对于进行维持生产的企业，动员生产方案的编制重点是针对战时和其他紧急情况下生产条件变化，提出相应的保障技术方案，使动员生产能够正常维持和进行。

②对于进行扩大生产的企业，可结合企业和产品的生产特点，选择可

靠的动员扩产途径。企业可选择的动员扩产途径包括：采用动员工作制度，通过延长工作时间，利用现有生产条件，扩大动员生产能力；适当简化生产工艺，采用动员标准组织生产，通过合理缩短产品制造工时，扩大动员生产能力；对生产工艺中的窄口部位和瓶颈环节加工能力进行补充，通过补充少量关键设备，扩大动员生产能力；采用动员扩产途径，需对补充设备的型号、数量进行论证，并在后续投资估算中，对固定资产投资情况进行分析；其他符合该成品油生产特点的动员扩产途径和方法；在动员生产方案制订过程中，通过对上述动员扩产途径的综合运用，使产品的动员生产能力达到动员纲领。

③对于进行转产的企业，动员生产方案的编制重点是：转产油品的生产工艺分析；企业现有生产条件转产动员产品的技术可行性和转产方案；实现动员转产需补充的专用工艺设备。补充设备需在后续投资估算中，对固定资产投资情况进行分析。填写新增动员生产设备表。

3）动员生产利用设备。

生产设备是企业实施成品油动员生产的重要物质基础。对成品油动员生产利用设备情况进行统计汇总的目的，是使经济动员管理部门掌握企业成品油动员生产使用的主要设备情况，在必要时，通过征用和调用，解决企业动员生产过程中设备使用出现的问题。填写动员生产利用设备表。

4）动员生产涉及的建、构筑物。

对企业动员生产所利用的建、构筑物情况进行说明，包括生产厂房、原材料和成品库房等，相关信息可在总平面布置图中进行标注。

5）动员生产工艺技术文件。

列出企业动员生产所执行的工艺技术文件名称及企业内部技术档案编码。

6）动员生产技术标准。

①列出企业动员生产所执行的生产技术标准和产品检验标准的文件名称和标准代码。

②在预案批准后，企业需在平时动员准备工作中，完成上述工艺技术文件和技术标准文件的整理和储备，以备动员实施使用。

（5）配套保障

企业的动员生产不是孤立和封闭的个体行为，动员任务的完成和动员目标的实现，需要有关部门和相关企事业单位的大力支持和配合。根据现代企业管理制度，企业仅能对其自身的生产条件实施动员，而一旦进行动员，随着企业生产规模的扩大，对生产所需的配套产品、原材料和能源动力供应的需求也会相应增大。而配套保障能力的提高，不能依靠企业自身实现，在这种情况下，预案编制就需要对相关的配套保障方案做出周密安排，防止外部保障问题对动员生产造成影响。

1）配套产品、原油需求与保障。

①明确本企业动员生产所需的配套产品情况，填写成品油动员生产所需配套产品及原油情况表。

②明确各类配套产品及原油的动员需求量和配套产品的主要供应单位。由于石油行业内的三大石油集团形成了战略上的纵向一体化经营，因此在集团内部就可以供应原油，但一旦本集团内的原油无法满足需求，则需要与其他两个集团沟通调配原油，因此需要在成品油动员生产预案中制订相应的动员保障方案。

2）能源动力需求与保障。

计算企业动员生产所需的电、水、汽等能源动力的需求量。当企业现有能源动力供应能力不能满足动员生产需要时，制订相应的动员生产能源动力补充方案，以便战时或其他紧急情况下，经济动员管理机构协调安排调剂和补充。填写动员生产所需能源动力情况表。

3）运输需求与保障。

计算企业动员生产时原油和成品油的运入、运出量，分析企业自有运力能否满足动员生产需要，如有不足，可将运力差额情况和运输条件要求编入预案，以便经济动员管理机构在动员实施过程中协调解决。

（6）动员生产人员需求和培训

1）利用人员情况。

①汇总统计企业参与动员生产的各类人员，包括管理人员、技术人员和生产人员。

②汇总统计内容应包括在实施动员时，动员生产人员的具体的工作内容、工作时长和工作表现等。

2）补充人员情况。

为了满足动员保障的需要，针对企业的动员提出企业动员生产需补充的人员数量，包括管理人员、技术人员和生产人员。其中：可以从企业近年退休、身体健康的人员中实施动员召回的，由企业自行安排解决；需在战时和其他紧急情况下向社会公开招募的，需在动员预案中明确招募人员的素质要求和需求数量，以便经济动员管理机构协调解决。

3）培训方案。

①在企业中，应设定具体的部门负责管理本企业的动员保障队伍，落实人员职责，制订人员收拢和集结等方案，并拟定对本企业人员和面向社会招募人员的动员技术培训方案。

②适时进行演练，将实际演练与计算机仿真演练有机地结合起来，切实提高各参与主体的实际能力，确保一旦需要，便能执行应急保障任务。

（7）成品油动员生产计划和动员时限

根据动员纲领制订成品油动员生产计划，确定动员生产的批次和每批计划产量。确定动员生产准备时间和动员生产任务完成时间。

（8）动员生产核算和成本评估

1）动员生产所需新增固定资产投资估算。

根据动员生产方案确定的补充生产设备情况，计算预案实施所需的固定资产投资情况。

2）动员生产所需流动资金估算。

计算实现动员纲领所需的流动资金。

3）执行动员任务的成本估算。

①在动员任务完成后，对执行动员过程中的所有成本进行详细的核算，包括原油成本、人力成本、能源成本、运输成本等。

②依据相关动员机构确定的动员补偿原则和方式，依法向相关的政府部门申请补偿。

2.4 动员措施

（1）成品油动员生产应急指挥体系

确定成品油动员生产的组织指挥体系，明确各企业、车间和职能部门承担的动员职责。对照企业平时组织机构示意图，说明企业平时生产与动员生产在组织管理方面的主要差别。

1）企业平时动员准备制度。

制订落实企业平时动员准备工作的相关制度措施。

2）动员转换程序和动员实施步骤。

①明确预案启动实施的详细步骤和企业实施动员转换的具体方案。

②企业动员实施的一般步骤：接收经济动员机构下达的动员任务，进行任务区分，修订动员预案；向企业承担动员任务的部门下达动员指令，被动员对象进入实施相关动员保障措施的程序；贯彻实施动员任务和组织

经济动员复员等环节。

（2）成品油动员生产措施制度

对战时和其他紧急情况下，成品油动员生产实施过程中所执行的管理制度和管理方法进行描述，此外需要建立成品油动员生产责任认定与奖惩制度。成品油动员生产实行责任追究制。对成品油动员生产中做出突出贡献的先进集体和个人要给予表彰和奖励。对成品油动员生产过程中有失职、渎职行为的，对有关责任人给予行政处分；构成犯罪的，依法追究刑事责任。